Knaur

D1984173

Vollständige Taschenbuchausgabe 1989
Droemersche Verlagsanstalt Th. Knaur Nachf., München
Lizenz für diese Ausgabe:
Loewes Verlag Ferdinand Carl GmbH & Co. KG, Bindlach 1988
TM & © 1988 Alien Productions. All Rights Reserved.
Licensed by: Agentur für Urhebernebenrechte GmbH
MERCHANDISING MÜNCHEN KG
Kardinal-Faulhaber-Str. 15, 8000 München 2
Umschlagillustration Ines Vaders
Druck und Bindung Ebner Ulm
Printed in Germany 5 4 3 2 1
ISBN 3-426-02075-0

Rainer Büttner:

ALF

Hallo, da bin ich

Knaur

Der Abend senkte sich über das Haus der Familie Tanner und über das von Mr. und Mrs. Ochmonek, den Nachbarn der Tanners.

Mrs. Ochmonek saß vor dem Fernseher, was eine ihrer beiden Lieblingsbeschäftigungen war. Ihre zweite Leidenschaft bestand darin, am Fenster zu stehen und zu ermitteln, was sich so alles bei den Tanners tat. Das war an sich meist spannender als das Fernsehprogramm, aber momentan war Dämmerstunde, und um diese Zeit gingen die Tanners in der Garage ihrem Hobby nach.

„K 726 X AA, Los Angeles ruft Belgrad . . .“

Willie Tanner furchte die hohe Stirn über seiner Brille und bearbeitete eines der Funkgeräte, mit denen die Garage vollgepfropft war. „K 726 X AA, Los Angeles . . .“

Sein Sohn Brian, mit erst sechs Jahren der jüngste in der Familie, schaute angestrengt durch das Teleskop. Tochter Lynn, die gerade wieder mal verliebt war, wie das bei Teenagern so ist, schwebte verklärt auf Wolken. Sie fragte: „Paps, kann ich mit Natalie sprechen, wenn du durchkommst?“ Natalie war Lynns Brieffreundin.

„Ja, gern.“

„Ich will ihr von meinem neuen Freund erzählen.“

„Oh, wie heißt er denn?“ fragte Paps geistesabwesend.

„Lash“, antwortete Lynn verträumt und sah Willie erwartungsvoll an.

„Lash? Komischer Name. Heißt er wirklich so?“

Willie runzelte wieder die Stirn und hantierte an verschiedenen Knöpfen.

Lynn bekam die Frage in die falsche Kehle. „Du magst ihn wohl nicht?“ Es klang entrüstet. Dabei hörte Paps gar nicht richtig hin, weil er Belgrad einfach nicht auf seinen Empfänger bekam. Lynn schmollte nun und zog einen Flunsch. Es gab für sie nun mal nichts Wichtigeres als ihre große Liebe, Lash.

Paps kannte seine sechzehnjährige Tochter natürlich besser. Dieser Lash, den er nicht einmal kannte, war für ihn bereits abgehakt, so wie Lynns vorherige große Lieben mit Namen George und Bertie. Aber er bekam Belgrad nicht herein. Im Äther rauschte es nur.

Bevor Lynn ihr Lieblingsthema weiter an sein Unverständnis vergeuden konnte, betrat Mrs. Tanner das Allerheiligste, mit Lucky, dem Hauskater, auf dem Arm. Kate Tanner war schlank und rothaarig und von schneller Auffassungsgabe. Sie brauchte ihre Tochter nur anzusehen und wußte, daß Seelenschmerz angesagt war.

„Mam, Paps mag Lash nicht“, wandte sich Lynn denn auch gleich empört an ihre Mutter, was die etwas verwirrte, weil auch sie keine Ahnung hatte, wer dieser Lash war. Kate zog es vor, das Thema vorerst nicht weiterzuverfolgen. Sie versprach Lynn, mit Paps über Lash zu reden, wenn Lynn erst einmal den Kater fütterte.

Inzwischen hatte Brian durch das Teleskop etwas entdeckt, was er erwähnenswert fand. Er hatte zwar die Venus gesucht, war aber irgendwie in Ochmoneks Wohnzimmer gelandet und stellte fest: „Hey, Ochmoneks sehen einen Western.“

„Hör auf zu spionieren“, wies ihn seine Mutter zurecht. „Du kannst gleich mit Lynn ins Haus gehen, und dann ab ins Bett.“

„Ist ja eigentlich nur Gegenspionage", stellte Brian beleidigt klar. „Die Ochmonek guckt doch dauernd von drüben bei uns rein." Aber Kate konnte sehr resolut sein, und ihr Sprößling wußte, wann Rückzug geraten war. Brian verzog sich und hoffte, daß er Lucky wenigstens den Rest seines Kartoffelbreis vom Abendessen andrehen konnte. Brian haßte Kartoffelbrei.

Bevor Kate ihren Mann, der Belgrad immer noch nicht erreichte, fragen konnte, wer Lash war und warum er ihn nicht mochte, brachten schnell hintereinander folgende Signale Bewegung in Willie Tanner: Das hörte sich an wie ein Satellit. Aufgeregt meldete er sich: „Hallo, hallo, hier ruft K 726 X AA. Hören Sie mich?"

Das war offensichtlich der Fall, wie Willie und Kate Sekunden später feststellten. Ganz eindeutig antwortete eine rauhe Stimme aus dem All. Willie drehte sich fassungslos zu Kate um. „Die antworten, aber ich kenne die Sprache nicht."

„Meine Güte, es werden doch nicht die Russen sein", befürchtete Kate und beugte sich über Willie. „Oder sind wir verrückt?"

Noch ehe jemand eine Antwort auf diese Frage fand, geschah es: Etwas stürzte mit großer Wucht und viel Gewicht auf das Garagendach. Holz splitterte, ein Lichtstrahl brach sich grell durch die Staubwolke, die mit dem Verputz von oben herunterkam. Dann herrschte Totenstille.

Kate und Willie hatten sich hinter den Funkgeräten in Deckung gebracht und blinzelten jetzt vorsichtig nach oben. Durch die zerborstene Decke hing halb ein nicht sehr großes Gebilde, das stark an eine Untertasse erinnerte, mit einer Käseglocke unten dran. Und ganz deutlich sahen die Tanners durch das Glas einen Kopf, den nun auch Lynn und Brian staunend betrachteten, nachdem sie von dem Lärm angelockt worden waren.

„Ein Schwein", entfuhr es Brian spontan bei dem Anblick, der sich ihm bot, denn tatsächlich erinnerte die Gestalt beim ersten Hinsehen genau an das; an ein Wildschwein mit merkwürdig geriffelter Schnauze, das besinnungslos schien und nun über ihnen hing.

Willie schluckte mehrmals, bevor er sich faßte. Dann meinte er heiser: „Was immer das Ding da oben ist, wir müssen es bergen und schauen, ob es noch lebt."

Kurz darauf schleppten Vater und Sohn das Wesen aus dem All auf einer Wolldecke ins Wohnzimmer, gefolgt von Kate und Lynn und dem verstörten Lucky, der sich ganz eng an Kates Beine schmiegte und ängstlich fauchte. Dazu hatte der Kater mehr Grund, als sein Katzengehirn im Moment ahnen konnte. Aber das sollte sich erst später herausstellen. Jetzt war die Frage, wohin mit dem fremden Besucher.

„Nicht auf die Couch, um Himmels willen, so behaart wie der ist." Kate wurde unruhig. Sie mochte keine Haare auf der Couch. Willie keuchte: „Lynn, räum den Kaffeetisch ab . . . es ist verdammt schwer."

„Haarig und schwer", zog Brian ein erstes Fazit.

Lynn wollte natürlich wieder alles auf einmal wissen: „Was ist das überhaupt?"

„Ja, Willie, was ist das?" forderte auch Kate so ungeduldig eine Antwort, als hätte ihr Gatte ein fremdes, parfümiertes Taschentuch aus der Jackentasche hängen.

Willies Antwort erstaunte Kate.

„Ein Wunder, ein Traum, ein ALF*", jubelte Willie, der sonst nicht zu solchen Ausbrüchen neigte.

* Außerirdische Lebens-Form, Anm. des Autors

Kate dachte nüchterner: „Wir müssen es loswerden", sagte sie bestimmt. Im Geiste sah sie bereits überall rote Haare in der Wohnung. Alf hatte rote Haare, soviel stand schon fest.

„Wir müssen es den Behörden melden", gab Willie widerwillig nach. „Es könnte feindselig sein oder infektiös." Willie war ein sehr vorsichtiger Mann.

Dagegen war Brians Abneigung gegenüber Behörden, wozu er auch die Schule zählte, noch größer als gegenüber Kartoffelbrei. „Die würden vielleicht Nadeln in ihn hineinstecken", vermutete er deshalb düster.

„Igitt", schüttelte sich Lynn.

„Nein, das würde doch kein Mensch machen, oder doch, Willie?" Kate war verunsichert.

Willies Erfahrungen mit Behörden hatten ihn gelehrt, daß die alles könnten, wenn sie wollten, da sie sowieso taten, was sie wollten. „Vielleicht würden sie es tun", grübelte er deshalb. Brian schaute zufrieden. Er hatte den Stachel des Zweifels in die restliche Familie gebohrt.

Deshalb standen die Tanners nun rat- und wortlos um ihren Besucher herum. Alf verdiente eine nähere Betrachtung, zweifellos: Er war von oben bis unten rot behaart und höchstens einen Meter groß. Und etwas aus dem Leim geraten, besser gesagt, Alf war schlicht fett. Die Schnauze erinnerte sehr an ein prächtiges Rüsselschwein, die Ohren schienen außerordentlich beweglich zu sein. Allerdings hätten die über der Stirn hochstehenden Haarbüschel die Tanners warnen müssen: Sie ähnelten verteufelt den Hörnern eines Ziegenbocks. Und dieses Getier ist ja bekanntlich stets zu allerlei Schabernack aufgelegt.

„Was tun wir?“ verlangte Kate eine Entscheidung. Sie liebte klare Verhältnisse ebenso, wie sie Haare auf der Couch haßte.

„Ich hätte einen Vorschlag.“

„Bitte, natürlich“, sagte Willie.

„Meine Güte, er spricht.“ Kate registrierte als erste, daß die kratzige Stimme vom Kaffeetisch kam.

„Er ist haarig, er ist schwer, er spricht“, faßte Brian sofort wieder die wesentlichen Erkenntnisse zusammen.

Alf richtete seine kohlrabenschwarzen Augen auf ihn. Er schien ihm der intelligenteste unter diesen Erdenmenschen zu sein.

„Gut. Wenn ich meinen haarigen, schweren, sprechenden Körper wieder von hier fortbewegen soll, muß jemand mein Raumschiff reparieren“, schlug er vor, und übergangslos meinte er dann: „Bis dahin sollten wir auch einen Happen futtern.“

Kate erinnerte sich an die gute Sitte amerikanischer Gastfreundschaft, außerirdisch hin, haarig her. Hier war ein Schiffbrüchiger in Not.

„Was ißt du denn gerne?“ fragte sie höflich.

„Habt ihr eine schöne fette Katze?“ Alf bleckte die Zähne. „Wir könnten sie in den Toaster werfen.“

„Du ißt Katzen?“ Lynn war entsetzt.

Brian nicht weniger: „Aber doch nicht Lucky!“

„Hier werden keine Katzen gegessen. Nie und nimmer.“ Willie zeigte sich grimmig entschlossen, Luckys Leben unter Einsatz seines eigenen zu verteidigen.

Alf schwang sich vom Tisch auf seine pfannkuchengroßen Hintertatzen. Katze auf Toast mußte er sich wohl vorerst abschminken. Schien hier nicht zum üblichen Speiseplan zu gehören.

„Meinetwegen, dann vielleicht eine Dose Katzenfutter. Ich brauche Ballaststoffe“, lenkte er ein.

„Unglaublich“, sagte Willie und schaute sorgenvoll nach dem Hauskater, der soeben durchs Zimmer flitzte, scharf beobachtet von Alf.

„Er ist schnell, das muß man ihm lassen“, stellte Alf fest und dachte: „Keine leichte Beute, auch etwas zu mager.“

Wenigstens bekam Alf eine Dose Katzenfutter. Und einen Wäschekorb als Bett gerichtet.

Alf war zu erschöpft, um die weiteren Fragen zu beantworten, die auf ihn anschließend einstürmten. Aber immerhin erfuhren die staunenden Tanners, daß ihr Gast schon zweihundertachtundneunzig Jahre alt war.

Während Alf sich in seinen Wäschekorb kuschelte und sofort einschlief, blieben die anderen noch lange wach und fragten sich, was ihnen da wohl ins Haus geschneit war. Das sollte sich eher herausstellen, als es den Tanners lieb war. Aber erst einmal bargen sie das kleine Raumschiff, das mehr aussah wie ein Spielzeug aus dem Kaufhaus, und überdeckten das Loch im Garagendach mit einer Plane. Damit war Mrs. Ochmoneks Neugier erst einmal abgeblockt.

Am nächsten Morgen stand Willie sehr früh auf und ging ins Bad. Schließlich mußte jetzt genau überlegt werden, was weiter zu tun war. Und die besten Gedanken kamen Willie meist beim Rasieren. „Alle anderen schlafen noch“, dachte Willie. Doch noch jemand war früh auf den Beinen und schlich durchs Haus: Alf.

Nachdem er alle Räumlichkeiten kurz inspiziert hatte, war ihm nach einem zweiten Schläfchen. Und dazu war ihm jeder warme Platz recht. Er fand auch etwas nach seinem Geschmack und wälzte sich hinein. Allerdings hatte er gerade erst die Augen zugemacht, als er neben sich eine schläfrige Stimme hörte.

„Guten Morgen", wünschte Kate, bevor sie die Augen aufschlug.

„Guten Morgen", sagte Alf höflich.

Kate riß die Augen auf. Kate schoß kerzengerade in die Höhe. Kate kreischte: „Iiiihh!"

Alf riß die Augen auf. Alf schoß kerzengerade in die Höhe. Alf kreischte: „Iiiihh!"

Er hatte sich vorgenommen, sich den Gewohnheiten seiner Gastgeber anzupassen. Es gefiel ihm bei den Tanners, und er hoffte, so Eindruck zu schinden.

„Willie!" kreischte Kate und sprang aus dem Bett.

„Willie!" kreischte Alf und sprang aus dem Bett.

Bei diesen Erdlingen geht es früh schon hoch her, dachte Alf.

Willie kam aus dem Badezimmer geschossen, hellwach, aber verstört.

„Meine Güte, was ist passiert?" sorgte sich der Hausherr.

„Nichts, wir haben nur gekreischt", übernahm Alf für die nach Luft schnappende Kate die Erklärung.

„Aus dem Weg", forderte Willie streng.

„No problemo." Alf watschelte plattfüßig an ihm vorbei ins Badezimmer. Wenn alle Amerikaner sich schon nach Sonnenaufgang so aufführten, war das ein mehr als sonderbares Volk. Aber ihre Betten waren weich und bequem. Wirklich.

Es dauerte, bis Willie seine aufgelöste Kate wieder beruhigt hatte und mit strengem Gesicht ins Badezimmer nachkam. Alf dokterte dort schon an der Rasierschaum-Spraydose herum.

„Wir müssen reden", sagte Willie.

„Schön", freute sich Alf. „Besser als kreischen."

„Du mußt verstehen, daß du Kate nervös machst." Willie versuchte es nun mit Sanftmut.

„Wer ist Kate?" Alf kam nicht drauf.

„Meine Frau."

„Sie schnarcht." Alf erinnerte sich wieder.

Willie wurde ungeduldig. Er hatte das Gefühl, daß Alf und er aneinander vorbeiredeten.

„Sie schnarcht nicht", sagte er trotzdem.

„Bin ich ein Lügner?" überlegte Alf logisch.

„Auf jeden Fall zu wenig rücksichtsvoll. Du mußt mehr Rücksicht nehmen."

„No problemo." Alf drückte oben auf die Dose. Das Ding funktionierte.

Willie schäumte. Er kämpfte gegen die weißen Schlangen auf seinem Schlafanzug. Alf beäugte ihn interessiert. Willie schnaufte tief durch.

„Ah, was reg' ich mich auf. Gib das Ding her." Willie Tanner seifte sich das Gesicht ein, wohin Alf nicht getroffen hatte, und stierte in den Spiegel. Dann setzte er den Naßrasierer an.

„Junge, du bist ja blind wie eine Fledermaus", bemerkte Alf, der durch Willies Brille gesehen hatte.

Willie Tanner fiel nichts mehr ein, bis er hinter dem Vorhang der Dusche verschwand. Erst da wurde ihm klar, daß noch eine Gefahr drohte.

„Bleib vom Fenster weg", befahl er Alf. „Mrs. Ochmonek ist eine neugierige Nachbarin."

„Toller Name. Klingt nach einer echten Type." Alf schien begeistert.

„Die läßt dich glatt einsperren", dämpfte Willie, schon wieder leicht verzweifelt.

„Verbrauch nicht alles heiße Wasser", bat Alf und hampelte vor dem Fenster herum. Die ältere Dame, die von gegenüber zu ihm hin starrte, mußte Mrs. Ochmonek sein. Alf lief zu großer Form auf. Im Grimassenschneiden machte ihm keiner etwas vor.

„Trevor", rief Mrs. Ochmonek. „Gibt es so was wie eine Kreuzung zwischen einem Känguruh und einem Erdferkel?"

„Mach dich nicht schlechter, als du bist", rief Mr. Ochmonek zurück und machte sich auf den Weg zu Mrs. Ochmonek, um nachzusehen, ob seine Gattin sich nicht plötzlich doch zu ihrem Nachteil verändert hatte. Was er sah, beruhigte ihn wieder. Sie sah aus wie immer. Daran hatte er sich gewöhnt. Vor einer Känguruh-Erdferkel-Mischung wäre er geflüchtet.

Mrs. Ochmonek war zu aufgeregt, um beleidigt zu sein und Trevor eine scharfe Antwort zu geben, was sonst ihre Stärke war.

„Ich spreche von dem komischen Ding, das mich von drüben anstarrt", sagte sie statt dessen.

Trevor vergewisserte sich, daß von Tanners Badezimmer nichts herüberstarrte. Alf hatte nämlich in der Zwischenzeit den Rückzug angetreten, weil ihn Willie in Anspruch nahm: „Reich mir was zum Abtrocknen", bat er Alf.

„Reicht das?" fragte Alf und drückte Willie einen ungeordneten Wust Klopapier in die Hand.

Willie seufzte gottergeben und begann sich damit abzureiben: „Je eher wir dein Raumschiff reparieren, um so besser für uns alle."

Am späten Nachmittag gingen sie an die Arbeit. Willie hatte das Raumschiff unter die Decke gehängt und den Boden aufgeklappt, wie Alf es ihm geraten hatte. Jetzt sah er sich einem Gewirr von Drähten und Schaltern gegenüber. Das alles stimmte ihn äußerst bedenklich. Und der eigentliche Passagier dieser Konstruktion schien nicht besonders daran interessiert, ihn aufzuklären. Im Gegenteil. Dieser haarige Zwerg gebärdete sich im Moment nicht so, als wäre überhaupt vernünftig mit ihm zu reden. Alf schien, diesen Verdacht hegte Willie mehr und mehr, ziemlich verrückt zu sein.

„Den Schraubenschlüssel!" Willie stand auf der Leiter und hantierte nun ebenso angestrengt wie ratlos an der Unterseite von Alfs kleinem Raumschiff herum.

Alf war nicht ansprechbar. Er hörte Radio und hatte sich die Kopfhörer über seine Riesenohren gestülpt. Vor ihm rauschte Brians elektrische Eisenbahn vorbei. „Proud Mary keeps on . . .", grölte Alf rockig.

„Den Schlüssel", schrie Willie sich heiser. Die Leiter wackelte bedenklich. Lynn kam herein und reichte den Schraubenschlüssel hoch.

Alf riß die Kopfhörer herunter. „Hey, Lynn. Hör zu, wie heißt der Song hier? Der fünfzehnte Anrufer beim Sender gewinnt einen Porsche."

„Born in the USA", wußte Lynn nach kurzem Hinhören. Sie wetzte zum Telefon und wählte.

Willie gab inzwischen entnervt auf. „Ich kenn' mich mit diesem Ding hier nicht aus."

„Ich auch nicht", gab Alf ungerührt zu. „Ich dreh' nur den Zündschlüssel um, und es fliegt."

Willie seufzte: „Du bist mal wieder eine große Hilfe. Gehen wir zu Abend essen."

„Hallo, Lucky", grüßte Alf den Kater im Wohnzimmer, dann wandte er sich an Brian: „Wie wär's mit einem ordentlichen Schluck?"

Kate, immer mit einem Ohr bei Alf, um drohende neue Katastrophen im Keim ersticken zu können, warnte: „Keine Limonade so kurz vor dem Essen." Kurz darauf alarmierte sie ordinäres Rülpsen aus der Küche.

„Keine Limonade, habe ich gesagt", schimpfte Kate atemlos vor Ärger.

Alf stieß wohlig auf: „Ist doch Bier. Aber fast alle."

Kate verlor die Fassung, als sie Brian mit einer Bierdose bei Alf stehen sah. Die Außerirdische Lebensform bekam eine irdische Standpauke der Güteklasse A. Kate tobte.

„Hör mal zu, du haariges Ungeheuer. Dieser Junge ist gerade sechs Jahre alt und zu jung für Bier. Ich weiß nicht, welche Sitten auf dem Planeten herrschen, woher du kommst, aber ..."

„Melmac", schoß Alf schnell dazwischen, weil die Lage brenzlig wurde.

Kate verlor auch prompt den Faden: „Was?"

„Mein Planet heißt Melmac", erklärte Alf eifrig. „Das heißt, er hieß Melmac. Er ist explodiert. Das hier war mein Haus." Er kramte einen Steinsplitter aus seinem Fell und hielt ihn Kate hin, was ihren Zorn in so etwas wie Mitleid verwandelte.

Alf registrierte es erleichtert und grüßte wieder Lukky, diesmal ohne Zähnefletschen. Es war an der Zeit, guten Willen zu zeigen. „Hallo, Lucky, wie geht es dir?" fragte er freundlich.

Willie kam ins Wohnzimmer. Kurz darauf läutete es.

„O Gott, Mrs. Ochmonek", vermutete Kate.

„Trägt die Uniform?" fragte Alf, der sich an der Tür

hochzog und durch den Spion linste. „Ist sie Soldat geworden?“ Sicherheitshalber flüchtete er hinter Kate, als sie öffnete.

Der Mann in Uniform kam gleich zur Sache. „Darnell Valentine von der Raum-Task-Force. Darf ich hereinkommen?“

„Natürlich ... nicht“, verstellte ihm Kate erst zögernd, aber dann energisch den Weg.

„Sie sollen einem Wesen aus dem All Unterschlupf gewähren.“ Valentine ließ sich nicht verwirren. „Behaart, etwa neunzig Zentimeter groß.“

„Wer sagt das?“ Kate wollte Zeit gewinnen.

„Der Hinweis ist Ochmonek ... äh, anonym.“

„Und ist das Wesen gefährlich?“ Kate witterte eine Chance, alles über Alf zu erfahren.

Valentine wiegte den bulligen Kopf. „Schwer zu sagen ohne genaue Untersuchung im Labor, ohne die üblichen Tests: Reaktion auf große Hitze, auf große Kälte, Hochspannung, Gift, Schlafentzug und schließlich genaues Sezieren ...“

Alf drückte sich zitternd fester an Kate. Die war empört. „Vielleicht würden sie ihm vorher auch noch die Zehennägel herausreißen?“

„Das hatte ich tatsächlich vergessen zu erwähnen“, entschuldigte sich Valentine höflich. Alf zitterte stärker.

„Wir haben kein Wesen aus dem All gesehen“, sagte Kate.

„Dann wünsche ich einen schönen Tag“, verabschiedete sich Valentine.

„Danke, Mami“, flüsterte Brian.

„Ja, danke, Mami“, sagte Lynn.

„Danke, Mami“, schmachtete Alf. Er klammerte sich

an Kate und bekräftigte überzeugt: „Ich liebe diese Frau ... Hallo, Lucky, mein Guter, willst du nicht mit uns feiern?"

„Alf!" riefen Willie, Kate, Brian und Lynn im Chor.

Nach dem Abendessen schlich Alf in die Garage in Willies Funkparadies. Er drückte auf etliche Knöpfe und meldete sich durch das Mikrophon.

„Hallo, ist da jemand? Ich rufe Freunde von Melmac. Skip, Larry, Muffy ... Hier ist Gordon. Ich weiß nicht, ob ihr mich hören könnt ..." Er merkte nicht, wie die Tanners hinter ihm leise hereinkamen.

„Hey. Ich wollte euch nur wissen lassen, daß ich okay bin. Ich lebe hier in etwas, das sie Familie nennen. So was wie eine Herde, nur kleiner. Da ist ein Bursche, der Willie heißt. Er hat ein gutes Herz und ist ziemlich gewitzt für einen ohne Fell. Und seine Frau Kate, die tut so, als könnte sie mich nicht leiden, aber das wird jeden Tag besser.

Und stellt euch vor, ihr Haar hat die gleiche Farbe wie meines. Ja, bloß ihres ist echt, ha, ha, ha."

Alf lachte schallend. „Ja, und dann gibt es da noch zwei Kinder. Die vergöttern mich, woran ihr schon sehen könnt, daß die okay sind. Aber ich wollte euch noch etwas sagen ..." Alf schniefte. „Ihr alle fehlt mir sehr. Der Gedanke, euch nicht wiederzusehen, bricht mir das Herz. Also, wenn ihr irgendwie Verbindung mit mir aufnehmen könnt ... Noch schöner wäre es natürlich, ihr könntet mal hier vorbeikommen. Dann könnte ich euch mit diesen reizenden Menschen bekannt machen ..."

Heimlich verließen die Tanners die Garage wieder, beschämt über ihre Lauschaktion. Sogar Kate war gerührt.

Drinnen dröhnte Alf durch den Äther: „Und dann könnten wir ihren Kater verputzen."

„Hey, Kate. Wo sind deine Auflaufformen?"

Alf lugte durch die Küchendurchreiche ins Wohnzimmer und wedelte mit einem Pfannkuchenheber. Um seinen Bauch flatterte eine geblümte Küchenschürze.

„Wozu brauchst du die?"

„Der Kater paßt nicht in den Toaster."

„Du . . ."

„Nur Spaß, nur Spaß", wiegelte Alf schnell ab. „Ich mach' mir ein Sandwich mit Erdnußbutter. Wo ist der Mixer?"

„Versuch es ohne Mixer, bitte", riet Kate. „Und paß auf, daß keine Haare ins Glas kommen."

„Vorschriften, Vorschriften, Vorschriften." Alf zog sich maulend zurück. Kate konnte sich wieder Willie zuwenden, mit dem sie gerade Ferienpläne durchkaute. Sie waren gerade bei San Diego und seinen Vorzügen angekommen, als aus der Küche dichte Rauchschwaden angriffen. Es folgte Alfs laute, aber unnötige Erklärung.

„Das Fett brennt, das Fett brennt!"

Die Tanners kamen noch rechtzeitig zum Tatort, um die in Flammen stehenden Gardinen herunterzureißen und das Feuer zu ersticken.

„Kümmert euch nicht um die Vorhänge, löscht mich", beschwerte sich Alf und klopfte sich einen Funken aus seinem Fell. Dann zog er sich vom Schlachtfeld ins Wohnzimmer zurück und schaltete den Fernseher ein. In der Küche ging es ihm zu hektisch zu.

An diesem Tag hängte Willie einen sehr ehrlich gemeinten Zusatz an das übliche Tischgebet an: „Lieber

Gott, wir danken Dir für die Speisen, die Du uns heute beschert hast, und dafür, daß Du unsere Küche gerettet hast."

„Da sind Haare im Thunfisch", stellte Alf fest, den das alles ja nichts anging. „Recht delikat."

„Warum habe ich keine Haare bekommen", ärgerte sich Brian daraufhin.

„Sie sind ausgegangen." Kate schlug die Augen zum Himmel.

„Wir haben über unseren Urlaub geredet, Kate und ich", kam Willie zur Sache.

„San Diego bietet für jeden etwas", mischte sich Alf unschuldig ein.

„Und haben beschlossen, zu Hause zu bleiben", fuhr Kate fort, ohne den Brandstifter zu beachten.

„Hast du dein Geld verloren, Paps?" argwöhnte Brian und bekam Schreckensvisionen von abgemagerten Familienmitgliedern, die sich im Winter frierend um ein spärliches Holzfeuer scharten und sich mit zitternden Fingern die letzte Dose Katzenfutter teilten.

„Beim Rennen aufs falsche Pferd gesetzt", vermutete Alf.

Willie schüttelte unwillig den Kopf. „Wenn du die Wahrheit wissen willst: Du bist der Grund, warum wir nicht wegfahren können."

„*Moi?*" tat Alf unschuldig.

„*Oui, Monsieur.*"

„*Pourquoi?*" Alf schien in Fahrt zu kommen.

„Lassen wir das Französisch", warf ihm Willie Knüppel zwischen die Beine.

„Wir lassen es. No problemo."

„Warum können wir Alf nicht mitnehmen?" fragte Brian.

„Weil in dem Moment, in dem wir in ein Hotel kommen, jemand sofort die Polizei rufen würde“, erklärte Willie.

„Oder die Zeitungsreporter“, schüttelte sich Kate schaudernd.

„Und alleine hierlassen können wir ihn auch nicht, wie er heute eindrucksvoll bewiesen hat“, kam es wieder von Willie.

Alf vermutete: „Du spielst auf den Vorfall in der Küche an?“

„Wie du das nur herausgefunden hast“, wunderte sich Willie. „Erst zündest du die Küche an, und dann gehst du fernsehen, während Kate und ich löschen dürfen.“

„Drei Mann waren für den Job zuviel“, wehrte sich Alf. Das zog nicht recht, wie er feststellte. Es wurde Zeit, die Taktik zu ändern. Alf bog seinen Rüssel nach unten und bot sofort ein Bild des Jammers.

„Ich bin zu nichts nutze. Ich bin Abfall. Abwasser. Das Letzte ...“

„Alf!“ versuchte Willie ihn streng zu stoppen. Ohne Erfolg.

„... sperrt mich in den Hof. Kettet mich an einen Baum. Steckt mich in einen Zwinger.“ Alf musterte die Runde. Das mußte eigentlich Steine erweichen.

Aber nicht Kate: „Nicht schlecht, die Idee mit dem Zwinger.“

„Und wenn wir tief in die Wälder fahren, wo uns keiner sehen kann“, erschrak Brian über das Grübeln seiner Mutter.

„Das müßte doch gehen“, sprang ihm Lynn bei. „Oder? Paps, bitte.“

Willie überlegte. „Wir könnten uns natürlich ein Wohnmobil nehmen ...“

„Dann ist die Idee mit dem Zwinger gestorben?" war Kate enttäuscht.

„Mami!" empörten sich Brian und Lynn.

„Mami", schmeichelte sich Alf ein, als bräche ihm eben das Herz.

Kate seufzte: „Na gut, machen wir eben Camping."

In der Abgeschiedenheit eines einsamen Wäldchens konnte auch mit diesem chaotischen Teufel von Alf nicht viel passieren, dachten die Tanners, und so mietete Willie ein Wohnmobil, und man machte sich auf die Reise.

Sie verlief relativ ruhig, nur daß Alf Willie zweimal ins Steuer griff, weil er unbedingt selbst fahren wollte. Dadurch hätte die Reise beinahe schon in einem Straßengraben geendet, was Willie gerade noch mit letzter Kraft verhindern konnte, auch wenn er dabei nichts sehen konnte, weil ihm einer von Alfs pelzigen Armen über den Augen lag. Dabei tat sich Alf noch im Absingen schmutziger Lieder hervor, was Kate wiederum auf die Palme brachte, weil dieser Kerl dabei war, Brian total zu versauen, der andächtig an Alfs Lippen hing.

Als sie dann endlich auf einem einsamen Platz zum Camping ankamen, was Willie unter den gegebenen Umständen wie ein Wunder vorkam, goß es in Strömen. Auch am zweiten Tag noch. Dadurch waren die Ausflügler gezwungen, sich in dem engen Wohnmobil langsam, aber sicher auf die Nerven zu fallen. Die Stimmung war gereizt.

Lynn hatte bereits einen verzweifelten Brief an ihren Lash geschrieben, damit er sie aus dieser Hölle herausholte, was natürlich völlig unsinnig war. Denn sie konnte ihren Hilferuf ja nicht abschicken. Und Alf hatte inzwischen die Figuren der mitgebrachten Spiele gefressen, ohne die geringsten Anzeichen von Magenbeschwerden. Und dann entwickelte sich ein dramatischer und ebenso wütender Disput zwischen dem Außerirdischen und Willie, der nichts unversucht lassen wollte, bessere Stimmung in diese triste Umgebung zu bringen.

„Also, was wollen wir tun?" versuchte Willie die Stimmung aufzuhellen.

„Du hast uns hierhergeschleppt. Ich wäre gleich für San Diego gewesen", sagte Alf mit dem ihm eigenen Taktgefühl.

„Ihr seid eine Bande von Miesmachern", ärgerte sich jetzt auch Willie. „Wenn man eine Zitrone erwischt, muß man eben Limonade daraus machen können. Also stellt euch nicht so an."

„Verstehe nicht, wie Limonade uns aus dem hier heraushelfen soll", kam Alf mit unbestechlicher Logik.

Willie beherrschte sich noch mühsam und erklärte es ihm: „Das bedeutet, daß man einer Katze auf verschiedene Weise das Fell abziehen kann."

„Du hast in meinem Kochbuch geschnüffelt."

„Wir ziehen uns jetzt an und gehen spazieren." Willie war fest entschlossen, Ferien zu machen.

Alf war entschlossen, griesgrämig zu sein. „Ich mach' mir das Fell nicht naß."

„Du hast gleich weniger Haare, wenn du so weiterfiest", drohte Willie. „Ich versuche nur, eine heitere Note hier reinzubringen."

„Muß lustig sein, uns beim Ertrinken zuzusehen." Es ging nun Schlag auf Schlag.

„Dann stelle ich das Vordach auf, und wir grillen", ließ Willie nicht locker.

„Fein", sagte Alf, „Hamburger halb durch, vom Blitz geteilt. Ich stimme für Rückfahrt."

„Darüber wird nicht abgestimmt."

„Ruft die Zeitungen an. Die Demokratie ist soeben getötet worden", wurde Alf jetzt wirklich zornig.

Auch Willie wurde böse. „Wenn du gehen willst, hier ist die Tür." Die Situation spitzte sich ohne Zweifel zu.

„Paps!" rief Lynn, die das Schlimmste noch verhindern wollte.

„Willie!" rief Kate, um ihren wütenden Mann zurückzuhalten.

Aber vergeblich. „Hier ist die Tür!!" rief Willie. Die heitere Note war in den Keller gesunken.

„Ich gehe", drohte Alf beleidigt.

„Tu das", ermutigte ihn Willie. Er hatte auch seinen Stolz.

„Bitte, Alf, geh nicht", bettelte Brian, den Tränen nahe.

Alf zeigte die Zähne. „Ich gehe weg von euch. Ich bin Vergangenheit. Ich gehe und werde sterben", orakelte er dumpf und stapfte hinaus.

„Einsam sind die Tapferen", dachte Alf und schlug sich fröstelnd durchs Unterholz.

Im Wohnmobil sank die Stimmung danach unter den Gefrierpunkt.

„Versucht nicht, mir ein schlechtes Gewissen einzureden", sagte Willie eine Stunde später lahm, „nur weil ..."

„... du Alf in den Tod getrieben hast", vollendete Lynn bitter.

„... weil ich ihn gebeten habe, zu verschwinden", stellte Willie klar. „Jeder an meiner Stelle hätte das auch getan."

„Ich nicht", versetzte ihm Lynn einen weiteren Stoß.

„Ich nicht." Brian stieß grausam nach.

„Ich nicht“, gab Kate dem Unhold den Rest.

„Einsam sind die Gerechten“, dachte Willie verbittert.

Minuten später schritt er energisch durchs Gehölz, auf der Suche nach einem neunzig Zentimeter großen behaarten Wesen, das weiß der Teufel wo sein konnte ... Möglicherweise auch elend verendend in einer Bärenfalle, eine Vorstellung, mit der Brian der gepeinigten Seele seines Vaters den Rest gegeben hatte. Manchmal waren Kinder gnadenlos.

Alf, keineswegs zum Sterben bereit, nur tropfnaß, erreichte inzwischen eine Hütte, in der er sofort begann, nach Freßbarem zu suchen. Stimmen von draußen scheuchten ihn aber bald hinter ein umgekipptes eisernes Bettgestell.

„Ich hab' den Hasen voll im Visier, und du Blödmann verscheuchst ihn wieder.“ Der vollbärtige, grobschlächtige Kerl, der das sagte, warf ein Gewehr auf den Tisch.

Alf stieß einen erschreckten Laut aus. Die beiden Männer lauschten.

„Hörte sich nach einem Tier an“, sagte der Bärtige.

„Genau“, bestätigte der andere, der auch nicht vertrauenserweckend aussah. „Ein Tier, das scharf auf unsere Tüten im Schrank ist.“

Alf raschelte nervös mit der Tüte Chips, die er erbeutet hatte. Im nächsten Moment waren zwei Augenpaare direkt vor ihm und starrten ihn abschätzend an.

„Ein Hund“, stellte der mit dem Bart fest. „Irgend so ein Luxushund. Und ein widerlicher Schmarotzer.“

Alf zitterte.

„Nein, das ist so ein komisches Vieh, wie es sie in Australien gibt“, glaubte der andere.

Alf zitterte stärker, weil er Hunger in den Augenpaaren erkannte. Er wurde gleich bestätigt, als der Bärtige beschloß:

„Ich nehme es mit raus."

„Wieso immer du?"

Der Bärtige verschwand, ohne dem anderen eine Antwort zu geben.

„Der Kerl kommandiert mich ständig rum", knurrte der Zurückgebliebene.

Alf hielt es für dringend nötig, sich einzuschalten, bevor sein Fell verteilt wurde. „Ja, genau. Du wirst immer den kürzeren ziehen. Rechne mit ihm ab. Ich schlage vor Mord, Unglücksfall oder Selbstmord ..."

„Meine Güte, es redet", riß es den Kerl herum.

„Ja, ja", nickte Alf ungeduldig. „Aber jetzt laß uns das mit dem anderen Burschen schnell hinter uns bringen ..."

„Was hinter uns bringen?" Der Grobschlächtige war wieder da.

„Das Ding spricht, Artie", versicherte der andere eifrig. „Wie der Kakadu von meinem Vetter."

„He, du Hinterwäldler, ich bin kein Papagei. Ich bin ein Zauberwesen. Ich erfülle euch drei Wünsche, wenn ihr mich freilaßt."

„Quatsch", brummte Artie. „Du bist ein gewöhnlicher sprechender Ameisenbär."

„Entschuldigen Sie bitte ..." Eine dritte männliche Stimme gesellte sich aus dem Hintergrund dazu. Sie gehörte dem sehr erschöpft aussehenden Willie, der nun endlich auch die Hütte gefunden hatte. Alf wieselte hinter dem Bett hervor. Er klammerte sich an Willies Bein.

„Oh, Alf, wir haben uns solche Sorgen gemacht.

Komm, mein Junge, gehen wir nach Haus. Entschuldigen Sie nochmals, meine Herren."

„He." Artie fand die Sache damit nicht erledigt. „Wer sagt uns, daß das Ding Ihnen gehört?"

„Sehen Sie doch, wie er mein Bein umklammert."

„Na und, mein Hund macht das mit jedem."

„Äh, habe ich schon die fünfzig Dollar Finderlohn erwähnt", ließ sich Willie hinreißen.

„Für jeden von uns", hieb Arties Freund sofort in die Kerbe.

Artie knallte die Motorsäge vor Willie auf den Tisch, gerade als Willie protestieren wollte, daß er kein Idiot sei. Jetzt hielt er es für angebracht, doch einer zu sein, und legte hundert Dollar auf den Tisch.

„Du hast mein Leben gerettet", wiederholte sich Alf auf dem Rückweg dankbar zum x-tenmal.

„Das hast du schon erwähnt", keuchte Willie. Er kam nur sehr zäh vorwärts, weil Alf sich immer noch krampfhaft an seinem Bein festhielt.

„Habe ich auch schon erwähnt, daß du der menschlichen Rasse alle Ehre machst?" Alfs Herz war am Überquellen, voller Zärtlichkeit.

Willies Bein dagegen war am Einschlafen, voller Alf. Aufstöhnend ließ er sich auf einen Baumstumpf sinken.

„Alf, wir kämen bedeutend schneller zurück, wenn du mein Bein loslassen würdest. Es ist schon fast abgestorben."

„Und in der falschen Richtung marschiert", bemerkte Alf. „Das ist nicht der Weg zum Wohnmobil. So laufen wir diesen üblen Burschen wieder in die Arme."

„Und dort liefere ich dich ab und hole mir meine hundert Dollar wieder", stellte Willie ihm in Aussicht.

„Du hast recht, es ist der Weg zum Wohnmobil."
„Also marsch!" befahl Willie.
„Ay, ay, Sir. Alle Mann an Bord."

Eitel Sonnenschein war bei Tanners endlich eingekehrt, nachdem Willie mit Alf gesund wieder zurückgekommen war. Beide wurden von den anderen mit großem Hallo begrüßt. Alf küßte den Boden des Campingwagens, und am nächsten Tag strahlte auch der Himmel in wolkenlosem Blau auf sie herab. Damit begannen glückliche Ferien für Familie Tanner.

Sie dauerten genau zwei Tage.

Dann versuchte Alf das Feuer auf dem Grill in Gang zu bringen, während die anderen noch die Lebensmittel auspackten. Tja, es war ein herrlicher trockener Tag. Alf hätte nur den Grill etwas weniger dicht am Wohnmobil aufbauen sollen und vielleicht nicht einen ganzen Liter Spiritus auf die Holzkohle gießen, bevor er sie anzündete. Eine riesige urplötzliche Stichflamme riß Familie Tanner aus allen Urlaubsträumen und schleuderte den entsetzt quiekenden Alf zehn Meter weiter in ein Gebüsch. Aus dieser Entfernung konnte er dann mit ansehen, wie Willie, Kate, Lynn und Brian hilflos und fassungslos auch aus gebührender Entfernung erleben mußten, wie der gemietete Campingwagen erst brannte und dann mit einem gewaltigen Knall durch den vollen Tank explodierte.

Der Rest ist schnell erzählt. Die nur knapp dem Tod entronnene Familie Tanner trat die Rückreise im Bus an, Alf auch, allerdings ohne die Landschaft betrachten zu können. Er steckte in einem gut verschnürten Wäschesack. Es dauerte danach einige Zeit, bis Willie das Wohnmobil abbezahlt hatte, und noch länger, bis die

Familie mit Alf wieder ein Wort wechselte, das heißt, bis auf Brian. Der dachte, daß er noch nie so aufregende Ferien erlebt hatte.

In dieser Zeit entdeckte Alf seine unstillbare Leidenschaft fürs Fernsehen. Vor allem die Sendungen, bei denen die Zuschauer aufgefordert wurden, telefonisch mitzumachen, die hatten es ihm angetan, und Alf wurde zu einem festen Bestandteil vieler Sendungen, was die Moderatoren schier zur Verzweiflung trieb. Alfs Lieblingsmoderator war Larry, der sich jetzt gerade wieder meldete:

„Hallo, hier sind wir wieder. Heute können Sie über atomare Abrüstung mit uns diskutieren. Dazu haben wir Unterstaatssekretär Simon Dryden und Sammy Davis jr. eingeladen. Rufen Sie uns an."

„Hallo, Larry", meldete sich Alf noch fast in derselben Sekunde am Hörer.

Larry seufzte: „Hallo, Alf. Wir haben schon einen ganzen Tag nichts mehr voneinander gehört. Wie geht es Ihnen?" Insgeheim wünschte er diesen Alf zum Teufel.

„Auf den Müll mit den Atombomben", schlug Alf vor, nachdem er sich noch nach Larrys entzündetem Knie erkundigt hatte. „Sie sind gefährlich."

Larry lachte gequält. „Okay . . . Mr. Dryden, was sagen Sie dazu?"

„Rigoros abrüsten würde, äh, ehm, sicher ein verlockendes Ziel, äh", kam Dryden ins Schleudern, der als Politiker mit so einfachen Lösungsvorschlägen nichts anfangen konnte.

„Mami, Alf blockiert schon wieder das Telefon", beschwerte sich Lynn dazwischen bei Kate. „Nie kann ich Lash anrufen."

„Moment, Liebling . . . oh, Willie, du kommst heute

schon früher", wurde Kate durch den Hausherrn abgelenkt, der überraschend nach Hause kam.

„Ich wollte vorher noch anrufen, aber jemand hat dauernd telefoniert", stellte Willie mit einem Seitenblick auf Alf fest.

Alf reagierte darauf anders, als der Rest der Familie gehofft hatte: „Hey, sorg mal für Ruhe, Willie. Ich bin hier dabei, euren Planeten vor der nuklearen Verwüstung zu retten, klar?" Alf hatte seine alte Unverschämtheit wiedergefunden.

„Oh, laß dich nur nicht dabei stören." Willie zog ein säuerliches Gesicht.

„Paps!" empörte sich Lynn.

„Schon gut, schon gut, du bekommst einen Nebenanschluß." Das Leben in dieser Familie ging seit Alfs Auftauchen oft über Willies Kraft.

Lynn ließ sich so nicht abwimmeln. „Ich brauche einen Hauptanschluß. Kathy McDermott hat auch ihre eigene Leitung, und ihre Familie hat keinen Außerirdischen."

„Vielleicht sollten wir ihnen einen schenken", schlug Willie entnervt vor.

„Ja, und was machen Sie, wenn Ihre Schwester vor Radioaktivität im Dunkeln leuchtet?" trieb Alf inzwischen den Unterstaatssekretär in die Enge. „Tut mir leid, Dryden, aber so kommen wir nicht weiter. Wer ist Ihr Vorgesetzter, der oberste Boß? . . . Aha, der Präsident, na also. Geben Sie mir die Nummer . . . Was, geheim. Na, ich kriege sie schon heraus." Er legte auf und schaute zufrieden drein.

„Hör mir mal zu, Alf", begann Willie weit weniger gut gelaunt, „wenn du nicht endlich Rücksicht auf die anderen nimmst, wird dir die Telefoniererlaubnis entzogen. Ist das jetzt klar?"

Alf reagierte nicht. Er wandte sich an Brian: „Also, bei dem Krach hier kann ich mich nicht konzentrieren. Wenn dein Vater damit fertig ist, dich anzubrüllen, komm in die Garage. Ich warte dort auf dich."

Willie konnte nur noch hinter ihm herrufen: „Alf, ich rede mit dir!"

Das unverschämte Pelztier winkte lässig ab. „Nicht jetzt, ich bin im Streß. Ruf mich, wenn das Abendessen fertig ist."

„Hier, das ist Schweinefleisch, zweimal gebraten", sagte Willie versöhnlich, als er später zwei dampfende Teller in die Garage hinüberbrachte. „Vielleicht können wir ein wenig zusammen reden."

Alf warf einen kurzen Blick auf das Essen. Er war über einen Kasten gebeugt und hantierte an einem Gewirr von Drähten und Transistoren. „Gibst du mir mal den Schraubenzieher?"

„Das ist mein Kurzwellenapparat", wagte Willie einen Einwand, „für den ich zehn Jahre gebraucht habe."

Alf nahm ihm den Schraubenzieher ab und fuhrwerkte in Willies Kleinod herum. „Jetzt halt mal bitte hier fest, ich schalte den Strom ein."

Es knallte und zischte gewaltig. „Aua", schrie Willie gellend, den es durchschüttelte.

„Strom ist drauf", stellte Alf genüßlich fest. „Du hast die zehn Jahre Arbeit nicht verschwendet."

„Das Ende meiner Kurzwelle", bemerkte Willie traurig.

„War eben keine Dauerwelle", tröstete ihn Alf. „Jetzt muß ich aber eine Verbindung zur ‚Air Force One' herstellen."

„Das Flugzeug des Präsidenten? Aber die Nummer ist geheim. Selbst wenn du sie herausbekommst, ist es unmoralisch, sie anzurufen. Das darfst du nicht." Willie sah eine neue Alf-Katastrophe auf sich zukommen. Dabei hatte er die letzte gerade erst mühsamst verdaut.

„Aber was", wiegelte Alf ab. „Ist die Tatsache, daß du keine Fernsehgebühren zahlst, nicht unmoralisch?"

Das konnte Willie nun überhaupt nicht finden: „Sie haben uns doch nur zwei Wochen zur Probe angeschlossen und dann vergessen, uns wieder abzuklemmen."

„Gut", nickte Alf. „Und ich muß aus moralischen Gründen den Präsidenten erreichen. Ich habe schon eine nukleare Katastrophe hinter mir. Das war kein Spaziergang."

Willie staunte mitfühlend: „Was, dein Planet wurde durch eine Atomexplosion vernichtet?"

„Nein, wir hatten nur unsere Haartrockner alle zur gleichen Zeit eingeschaltet", erwiderte Alf ernsthaft.

Willie gab auf. „Ich gehe wieder. Bau meine Kurzwelle bitte wieder zusammen, wenn du sie hinkriegst. Aber iß vorher dein Abendbrot."

„Laß es stehen. Vielleicht macht es noch eine Verwandlung zum Besseren durch."

Als Willie gegangen war, machte sich Alf an den Funkgeräten zu schaffen. Mit vollem Erfolg. Leider. Im Flugzeug des Präsidenten klingelte das Telefon.

„Hogarth am Apparat", meldete sich ein korrekt gekleideter Herr. Ihm gegenüber saß ein ebenso korrekt gekleideter Herr und legte Patiencen. Er hieß Defoe und reagierte unwillig, als Hogarth ihn ansprach.

„Sir!"

„Nicht jetzt, Hogarth, ich gewinne gerade."

„Aber diesen Anruf sollten Sie annehmen, Sir."

„Gott, was will sie denn schon wieder?"

„Es ist nicht Ihre Frau, Sir. Jemand, der sich Alf nennt und den Präsidenten sprechen will."

„Was? Wie kommt der an den Code, verdammt noch mal!"

„Vielleicht durch Ihre Frau, Sir ... Entschuldigung, war nur ein Scherz."

„Nicht komisch, Hogarth, gar nicht komisch." Mr. Defoe richtete seinen Schlipsknoten. „Also, Alf und wie weiter?"

„Weiß nicht, Sir. Nur Alf."

„A-L-F, mmh, vielleicht eine radikale kommunistische Gruppe. Geben Sie her, und lassen Sie den Anrufer feststellen." Defoe übernahm den Hörer und damit die Initiative: „Hallo, hier spricht Defoe ... Wie bitte? Den Präsidenten der Vereinigten Staaten? Der ist leider nicht verfügbar."

„Wie weit ist er denn weg?" wollte Alf wissen.

„Nicht weit. Er ist im Badezimmer. Worum geht es?"

„Um die Bomben", erklärte Alf.

Defoe schielte vor Aufregung. Er mußte Zeit gewinnen. „Bomben, Sir? Welche Bomben?"

„Um diejenigen, die wir einzusetzen gedenken. Hören Sie, sagen Sie dem Präsidenten, es wäre mir ernst, und die Zeit läuft uns davon. Ich möchte das geklärt haben, bevor jemand auf den Knopf drückt."

„Bis jetzt haben wir unter A-L-F nur die Amerikanische Lachgasfabrikation und die Amerikanische Liga der Frauenbewegung verzeichnet", flüsterte Hogarth seinem Gegenüber zu. „Aber wir haben den Anrufer gleich lokalisiert."

Defoe nickte hektisch und redete in den Hörer. „Mister, diese Bomben, sind sie eine Bedrohung?"

Alf fletschte die Zähne über so viel Dummheit. „Natürlich, was für eine blöde Frage."

„Danke, Mister Alf, das wollte ich nur wissen." Hogarth gab ihm ein Zeichen. „Wiederhören, ich werde es dem Präsidenten melden." Defoe legte auf.

„Leicht verblödet, dieser Defoe", murmelte Alf angewidert. Dann watschelte er ins Haus hinüber, zum ahnungslosen Rest der Familie.

„Gut, daß du kommst, Alf", begrüßte ihn der ahnungslose Willie. „Hier, ich habe einen Plan ausgearbeitet, wer in dieser Familie wann telefonieren darf, Außerirdische eingeschlossen."

Kate hatte schon einen Blick darauf geworfen. „Aber Willie, Brian kann doch nicht bis elf Uhr nachts aufbleiben."

„Oh, das ist ein Fehler. Ich tausche das gegen Lynns Zeit."

„Aber Lash darf auch nicht bis elf Uhr aufbleiben", bemerkte Lynn.

„Und wen soll ich eigentlich um vier Uhr morgens anrufen", fragte sich Kate gerade, als es an der Tür läutete. Willie öffnete und sah sich zwei Männern gegenüber. Zwei sehr korrekt gekleideten Männern.

„Hallo, ist Willie Tanner zu Hause?"

„Ja, das bin ich."

„Das trifft sich gut", sagte der eine und drehte Willie die Arme auf den Rücken.

„FBI", sagte der andere. „Sie haben das Recht, die Aussage zu verweigern."

„Was, zum Teufel", rief Willie in höchster Not.

Kate rief: „Was erlauben Sie sich?"

„Mami, die sollen ihn loslassen", verlangte Brian.

„Wir nehmen ihn mit", erklärte der eine FBI-Mann bestimmt. „Und diesen Plan hier auch."

„Mein Telefonplan, das ist nur mein Telefonplan", jammerte Willie noch, als sie ihn hinausverfrachteten.

Drinnen kam Alf mit einer Dose Bier aus der Küche. „Was sollte der Krach?"

„Sie haben Paps verhaftet", erklärte Brian mehr verblüfft als entsetzt.

Alf wackelte sorgenvoll mit den Ohren. „Ich habe ihm gesagt, er soll seine Fernsehgebühren bezahlen."

Willie Tanner schlief in dieser Nacht sehr unruhig. Nach stundenlangen Verhören hatte man ihn in eine Zelle verfrachtet, wo er nun hin und her tigerte, während Kate draußen auf der besseren Seite der Gitterstäbe stand.

„Ich kann es einfach nicht glauben, daß Alf tatsächlich über deinen Sender den Präsidenten angerufen hat."

„Um Himmels willen, sei leise", bat Willie inbrünstig. „Die wollen mich sowieso schon hängen. Sie halten mich für eine nationale Bedrohung."

„Meines Wissens hängen sie heute keinen mehr", überlegte Kate. Aber sicher war sie sich auch nicht.

„Sie haben meine Fingerabdrücke genommen."

„Das geht leicht wieder raus", wußte Kate als Hausfrau nun genau.

„Erinnerst du dich an den Film Midnight Express? Der mußte da im Gefängnis Wanzen essen."

Kate mußte widersprechen: „Das war in Papillon. In Midnight Express haben sie ihm die Beine gebrochen."

„Beruhigend."

„Das Gefängnis in der Fledermaus war doch recht lustig", versuchte es Kate mit einem positiven Beispiel.

„Das war eine Operette. Das hier ist die harte Wirklichkeit."

„Du mußt ihnen die Wahrheit sagen, Willie."

„Klar, natürlich", zeigte der sich begeistert. „Ich werde ihnen einfach sagen, daß ein Außerirdischer mein Funkgerät benützt hat."

„Mmh, ja, so geht es wohl nicht", sah Kate ein. „Aber wir müssen auch Verständnis dafür aufbringen, daß Alf sich so für Abrüstung einsetzt."

„Großartig", kommentierte Willie bissig. „Ich werde ihm seine Plattfüße küssen, dafür, daß er mich für seine Überzeugung in den Knast geschickt hat."

Einer der beiden FBI-Leute vom Vorabend, er hieß Addison, kam herein.

„Mrs. Tanner. Ich muß mit Ihrem Mann alleine sprechen."

„Oh, natürlich. Ich bin gleich wieder zurück, Willie. Ich schau' mal nach deinem Anwalt. Du wartest hier ... oh, meine Güte, entschuldige."

„Passen Sie auf, Alf", wandte sich Addison an Willie. „Dieser Plan hier ... Wer sind diese Leute, und warum hängen die dauernd am Telefon?"

„O Gott", stöhnte Willie nur.

„Mein Vater ist weg, verhaftet, wegen dir! Macht dir das überhaupt nichts aus?" schimpfte Lynn zu Hause vorwurfsvoll mit Alf, der wieder vor dem Fernseher hockte.

„Guter Kumpel, dieser Willie", meinte Alf gönnerhaft. „Wir werden ihn herausholen."

„Wie?" fragte Brian neugierig.

Kurz darauf riß das Klingeln des Telefons Mr. Hogarth und Mr. Defoe in der „Air Force One" wieder aus ihrer wichtigen Beschäftigung mit nichts.

„Mr. Defoe, er ist dran . . .", war Hogarth entsetzt.
„Welcher Er, Hogarth?"
„Es ist Alf, Sir."
„Sie schlafen zuviel, Hogarth, und träumen noch. Wir haben Alf. Er sitzt . . . das heißt . . . prüfen Sie am anderen Apparat nach, ob er wirklich noch sitzt, und geben Sie mir den Hörer."
„Hier Defoe", meldete er sich.
„Hallo, Defoe. Hier Alf. Sie erinnern sich. Wie wäre es, wenn Sie mich jetzt mal an Ihren Boß ranlassen würden. Oder sitzt er schon wieder auf dem Klo?"
„Unser Alf ist noch im Gefängnis", flüsterte Hogarth.
Defoe schielte wieder. „Nein, eh, Mister Alf, ich werde sehen, was ich tun kann. Bleiben Sie dran . . ."
Defoe drückte auf eine Taste. „Hallo, Mr. Präsident, Sir. Tut mir leid, wenn ich Sie im Bad stören muß. Aber wir haben hier ein Problem." Defoe schielte fürchterlich, während er das Problem erklärte. Durch die Leitung hörte er Wasser rauschen. Defoes Pupillen begegneten sich über der Nasenwurzel. Ein Präsident mit Durchfall war ungemein anstrengend. Man sah ihn selten persönlich.
Aber Alf bekam ihn schließlich ans Telefon. „Machen wir es kurz. Wie ich höre, sind Sie ein vielbeschäftigter Mann. Willie Tanner ist in Haft. Und das ist meine Schuld. Er hat Sie gar nicht angerufen. Das war ich."
„Liebe Güte, das klingt kompliziert."
„Ja, aber ich wollte mit Ihnen nur über die Bombe sprechen."
Der Präsident genierte sich ein wenig. „Ach bitte, diese Filme. Ich stand unter Vertrag, ich hatte keine Wahl."

„Nein, nein, nein, nicht ihre Bombenrolle. Ich meine die Atombomben."

„Äh, Mr. Alf, ich schicke gleich jemanden vorbei, der sich der Sache annimmt, okay."

„Okay." Alf legte auf.

„Nichts ist okay." Brian trat von einem Fuß auf den anderen. „Die kommen bestimmt wieder vom FBI, um jetzt uns auch noch zu verhaften."

„Weiß ich, no problemo", winkte Alf ab. „Ich habe einen narrensicheren Rettungsplan ... Oh, hallo, Kate. Wenn du schon da bist, kannst du dich an unserer Aktion ‚Rettet Kumpel Willie' beteiligen. Wie geht es unserem alten Knasti?"

Kate schoß als Antwort nur einen vernichtenden Blick auf ihn ab.

Aber Brian sollte recht behalten. Addison und Steele, die beiden FBI-Kanonen, stürmten die Garage und fanden Brian vor dem Funkgerät sitzend.

„Pfoten hoch ... he, wer bist du denn?"

„Alf Tanner, warum?"

„Hast du gerufen, Brian?" Kate kam herein.

„Brian, Alf, was soll das heißen?" verlangte Addison Klarheit. Er blickte selten richtig durch.

Kate räusperte sich. „Ja ... äh, er heißt Brian, aber wir nennen ihn Alf."

„Und er benützt das Funkgerät öfter?" wollte Steele wissen.

„O nein, davon habe ich nichts gewußt", wehrte Kate ab. „Aber ... jetzt wird mir einiges klar. Alf, habe ich dir nicht gesagt, du sollst nicht daran herumprobieren, um den Präsidenten anzurufen. Meine Herren, ich hoffe, Sie betrachten einen sechsjährigen Jungen nicht als Sicherheitsrisiko."

„Ich werde bald sieben", protestierte Brian alias Alf.

Addison zog Steele beiseite. „Der Präsident hätte was dagegen, wenn wir einen Sechsjährigen verhaften."

„Warten wir, bis er sieben ist", schlug Steele vor.

„Wir werden erst mit dem Präsidenten reden, was zu tun ist", wandte sich Addison an Kate. Das Problem hier überstieg seine Kompetenz.

„Ich hole ihn an den Apparat", bot Brian seine Hilfe an.

„Alf!" rief Kate entsetzt.

„No problemo", sagte Brian. „Dann eben nicht."

Nun waren die beiden FBI-Agenten überzeugt, daß es sich um einen Dummejungenstreich gehandelt hatte, und sie verließen erleichtert die Garage.

Der Rettungsplan des echten Alf hatte also Erfolg gehabt. Am Abend war Willie wieder zu Hause, abgekämpft, aber glücklich. Er brachte eine Urkunde mit, unterschrieben vom Präsidenten.

Willie las vor. „Für Brian Alf Tanner, für seinen Hinweis auf Lücken in der nationalen Sicherheit und seine Bemühungen um den Weltfrieden."

„Toll hast du das gemacht, Brian", lobte Lynn.

Nur Alf grummelte. Er saß schon wieder vor dem Fernseher: „Könnt ihr leiser sein? Meine Sendung fängt gleich an. Larry diskutiert mit Muammar Gaddafi die Krise im Mittleren Osten."

„Deshalb mußt du nicht so muffeln", meinte Kate. „Was ist los mit dir?"

„Ach, gar nichts. Ich habe ja mit dieser Belobigung nichts zu tun."

„Oh, oh", rief Willie überschwenglich. „Ich habe mich nicht bei dir dafür bedankt, daß du mich der öffentlichen Demütigung ausgesetzt hast, daß ich fast meinen Job verloren hätte, daß ich im Gefängnis sitzen mußte ..."

„Schon gut, Willie, schon gut", winkte Alf ungeduldig ab. „Die Sendung läuft." Er wählte eine Telefonnummer und meldete sich: „Hi, Muammar. Du baust ganz schönen Mist in letzter Zeit."

„Lieber Gott, steh uns bei", riefen Willie und Kate.

Der nächste Donnerstagabend begann ganz harmlos.

Kate rief nach Lynn, mit der sie auf eine Hochzeitsfeier gehen wollte. „Lynn, beeil dich mit Duschen ... Hat jemand mein gelbes Band gesehen?"

„Welche Farbe hat es?" fragte Alf.

Willie fand ein zusammengeknülltes gelbes Band auf dem Sofa. „Hier ist es, aber es ist ganz naß."

„O ja, eure Zahnseide war zu Ende", erinnerte sich Alf.

Kate beschloß, sich nicht aufzuregen. Sie wechselte das Thema: „Du hast Joannas Telefonnummer", wandte sie sich an Willie. „Falls etwas sein sollte."

„Wir kommen schon zurecht. Brian geht gleich ins Bett, und ich muß noch Unterlagen wälzen. Für Alf findet sich sicher auch eine Beschäftigung", beruhigte Willie seine Frau.

„Eine Beschäftigung für Alf? Besser nicht", hoffte Kate. Noch ehe Willie etwas erwidern konnte, läutete das Telefon. Willie nahm ab. Während er in den Hörer horchte, verkündete Alf: „Macht euch keine Sorgen um den alten Alf. Auf Kanal neun läuft heute Psycho. Ein blutiger, höchst spannender Film. Übrigens, das Popcorn ist fast alle."

Willie legte den Hörer auf. Er sah unsicher von einem zum anderen. „Das war Herb vom Büro. Der Computer ist zusammengebrochen. Ich muß hin und ihm helfen", verkündete er, während sich seine Gedanken überstürzten. Denn was sollte aus Brian und Alf werden, wenn auch er nicht im Haus war?

„Was denn, mußt du wirklich jetzt noch ins Büro? Wer soll dann auf Brian aufpassen?" Kate hatte das Problem sofort erfaßt.

Alf sagte unschuldig: „Ich bin doch da."

„Um Himmels willen", bekam es Kate jetzt richtig mit der Angst.

„Vielleicht sollte ich Brian mitnehmen", schlug Willie vor.

Kate schüttelte den Kopf. „Er hat morgen Schule und muß ins Bett."

„Dann bleibe ich hier", seufzte Lynn, der ebenfalls klar war, daß man Brian nicht mit Alf allein lassen konnte.

„Das geht auch nicht. Du gehörst zur Hochzeitsgesellschaft", widersprach Kate ihr energisch.

Alf meldete sich noch einmal von der Couch her, wo er Popcornkrümel zusammensuchte. „Ähem. Hallo. Wie wär' es mit mir?"

„Wofür?" fragte Willie verständnislos.

„Um auf Brian aufzupassen", war Alfs Antwort. Es klang beleidigt.

„Während du Psycho ansiehst." Kate zweifelte am Verstand des Außerirdischen.

„Wir sollten Mrs. Ochmonek fragen", entschied Willie. Kate war auch dafür und rief bei der Nachbarin an.

Nach wenigen Worten mit Mrs. Ochmonek atmete Kate auf. „Mrs. Ochmonek ist in fünf Minuten hier", informierte sie ihren Mann, dem ein Stein vom Herzen fiel. Aber dann dachte er an Alf. Wie sollte man verhindern, daß Mrs. Ochmonek ihn sah? Willie überlegte rasch. Dann versuchte er es mit einem Köder: „Wenn du mir versprichst, in unserem Schlafzimmer zu bleiben, hole ich dir Psycho vom Videoverleih, und du kannst vielleicht in Zukunft mal Babysitter spielen, okay?"

Alf durchschaute Willie: „Du willst mich erpressen!" Doch bevor es zum Streit kam, läutete es.

„Ich mach' auf", bot Alf an, der genau wußte, was er damit anrichtete. Er ging zur Tür.

„Alf! Wirst du wohl im Schlafzimmer bleiben", rief Willie entsetzt und warf sich vor die Tür.

„Niemals wird Mrs. Ochmonek von meiner Anwesenheit erfahren", schwor Alf feierlich und versuchte gleichzeitig, an Willie vorbeizuwieseln. „Ich mach' auf."

„Aufs Bett", befahl Willie verzweifelt.

Alf sah Willie einen Moment an, und es blitzte tükkisch in seinen schwarzen Augen. Willie schwante Übles für die kommenden Stunden und für Mrs. Ochmonek, aber er öffnete die Tür.

Mrs. Ochmonek rauschte plappernd herein. „Trevor sieht sich drüben ein Fußballspiel an. Dabei gibt es heute Psycho auf Kanal neun."

„Ja, das habe ich gehört." Innerlich stöhnte Willie auf. Seine Gedanken rasten: Wenn Alf mitbekam, daß Psycho, das er so gern gesehen hätte, nun doch im Wohnzimmer über die Mattscheibe flimmerte ...

Willie wagte nicht, den Gedanken zu Ende zu denken. Im Moment beruhigte er sich damit, daß alles in Ordnung zu sein schien: Brian lag im Bett, Alf hielt sich zurück, und Kate und Lynn waren bereits gegangen.

Willie atmete tief durch und verabschiedete sich mit einem Versuch, Mrs. Ochmoneks bekannte Neugier zu bremsen. „Ach, und bitte, gehen Sie nicht ins Schlafzimmer. Wir haben nicht aufgeräumt."

Mrs. Ochmonek drückte auf die Fernbedienung des Fernsehapparats: „Aber nein, was denken Sie?" sagte sie laut und dachte empört: „Der hält mich wohl für eine Schnüfflerin."

Willie verließ das Haus, und zunächst blieb alles ruhig. Aber natürlich dauerte es nicht lange, bis die Geräusche des unheimlichen Treibens vom Fernseher durch die Schlafzimmertür zu Alfs wohlausgebildeten Lauschern drangen. Alfs Haare stellten sich auf.

Kurz darauf öffnete sich die Schlafzimmertür, und Alf schlich auf leisen Tatzen heraus. Im Film ging es gerade grausig zu, und über Mrs. Ochmoneks Rücken rieselten kalte Schauer. Plötzlich hatte Mrs. Ochmonek das Gefühl, daß Unheil in ihrem Rücken lauerte. Sie drehte den Kopf, und Alf konnte gerade noch zurück ins Schlafzimmer entwischen, bevor ihn Mrs. Ochmonek in voller Lebensgröße sehen konnte. Trotzdem war ihr so, als hätte sich die Schlafzimmertür gerade bewegt. Mrs. Ochmonek schauderte und wandte sich wieder dem Fernseher zu.

Sekunden später fuhr sie vom Sofa hoch. Jetzt war deutlich ein dumpfes, aber deutliches Rumpeln aus dem Schlafzimmer zu hören. Sie erschrak zu Tode.

Es war aber nur Alf, der sich telefonisch eine Pizza bestellt hatte und jetzt unter Getöse das Fenster hochschob.

Er kletterte in den Garten hinaus, denn er hatte dem Pizzaboten aufgetragen, das Bestellte unter die große Eiche im Garten zu legen.

Mrs. Ochmonek rief inzwischen telefonisch ihren Mann zu Hilfe: „Ich habe Angst, Trevor. Aus dem Elternschlafzimmer der Tanners ist ein Schrei gekommen." Auch das war Alf gewesen, der beim Hinaussteigen auf seinen Rüssel gefallen war.

„Die Katze", vermutete dagegen Mr. Ochmonek, der möglichst schnell wieder zu seinem Fußballspiel zurückwollte.

„Nein, es war ein menschlicher Schrei", beharrte Mrs. Ochmonek zitternd.

„Schon gut, schon gut, ich schau' mal rüber", lenkte Mr. Ochmonek ein. Er verließ sein geliebtes Fußballspiel, um bei den Tanners nach seiner Frau zu sehen. Wie er erwartet hatte, konnte er nichts Verdächtiges entdecken. Unterdessen kauerte Alf draußen unter dem Fenster und betastete seine Schnauze. Er war etwas durcheinander. Vor allem war das Fenster hinter ihm wieder zugefallen. Alf war ausgesperrt.

„Schau auch mal im Bad nach", bat Mrs. Ochmonek drinnen ihren Trevor inständig.

„Hey", rief Mr. Ochmonek, als er einen Blick ins Bad warf. „Lieber Himmel, was ist da drinnen, Trevor?" fragte seine Frau ängstlich.

„Die haben hier einen gepolsterten Klositz. Den kaufen wir uns auch. Ich habe satt, wie im Mittelalter zu leben. Und wenn du nichts dagegen hast, gehe ich jetzt wieder nach Hause."

Einigermaßen beruhigt, setzte sich Mrs. Ochmonek wieder vor den Fernseher.

Erschreckt fuhr sie zusammen, als es kurz darauf schrill läutete. Es war die Türglocke. Mrs. Ochmonek öffnete vorsichtig. Draußen stand ein junger Mann: „Einmal Pizza Super-Siziliano. Ich konnte sie nicht unter den Baum legen", erklärte er höflich.

„Ich verstehe nicht", gab Mrs. Ochmonek ehrlich zu.

„Als wir sie das letzte Mal unter einen Baum legten, ging ein Eichhörnchen daran ein", klärte sie der Bote bereitwillig auf.

Mrs. Ochmonek geriet langsam in Panik. „Ich habe doch gar keine Pizza bestellt. Und ich werde sie auch nicht bezahlen."

„Die ist schon bezahlt. Das läuft über Kundenkonto."

Über so viel Aufmerksamkeit der Tanners war Mrs. Ochmonek ehrlich gerührt. „Oh, also, in diesem Fall", sagte sie und nahm die Pizza freudig in Empfang. Geschenke ließen sie immer schwach werden.

Sie bemerkte nicht, daß ein kleiner, haariger, durchfrorener und äußerst hungriger Außerirdischer gerade von außen die Hintertür geknackt hatte und seiner Super-Siziliano mit gierigem Blick folgte, als Mrs. Ochmonek diese auf dem Tisch abstellte. Sorglos rief sie Trevor an, um ihm den neuesten Vorfall zu berichten: „Eine ganz komische Sache ist hier passiert. Ein Bote hat eine Pizza gebracht. Schon bezahlt."

„Heb mir was auf, ich bin schon unterwegs", war alles, was Trevor dazu sagte. Er spurtete los.

In diesem Moment klaute Alf hinter Mrs. Ochmoneks Rücken das dampfende Essen und rettete sich und die Pizza wieder nach draußen. Diesmal kletterte er durchs Küchenfenster und achtete sorgsam auf seinen Rüssel.

Das Verschwinden der Super-Siziliano löste bei Mrs. Ochmonek daraufhin einen hysterischen Anfall aus. Die Ereignisse in Tanners Haus ließen ihr an diesem Abend keine Verschnaufspause. Mrs. Ochmonek fühlte sich überfordert.

Trevor fühlte sich dagegen von seinem Eheweib übers Ohr gehauen, während sich Alf draußen unter dem Fenster langsam besser fühlte, nachdem er das erste Stück in sich hineingestopft hatte. Er genehmigte sich einen zweiten Happen und stellte den Rest der Super-Siziliano am Fenster ab, wohin jetzt Mrs. Ochmoneks Blick fiel.

„Nein“, keuchte Mrs. Ochmonek. „Sie ist wieder da.“

Trevor, der schon wieder auf dem Weg zur Haustür war, um seiner Gattin zu entgehen, die ihn mit mysteriösen Geschichten von unheimlichen Geräuschen und jetzt auch noch mit Geisterpizzas hin und her jagte, sah sich um. Was da am Fensterbrett stand, war unverkennbar eine Pizza, wenn auch nicht mehr in vollem Umfang. Aber wer immer sich da schon bedient hatte, Trevor Ochmonek würde da nicht zurückstehen.

„Jetzt sag mir, wo die Pizza herkommt“, schnaufte Mrs. Ochmonek.

Darauf wußte Mr. Ochmonek zwar auch keine Antwort, aber ihm war es egal. „Ich habe keine Ahnung. Aber du siehst, wo sie hingeht“, sagte er, mit vollen Backen kauend. Wenig später war er satt und fühlte sich wieder in der Lage, der Fußballschlacht zu folgen.

Mrs. Ochmonek blieb allein und mit leerem Magen zurück. Für sie war dieser Abend aber noch lange nicht zu Ende.

In der Zwischenzeit war Alf durch den Hintereingang wieder ins Haus geschlichen und probierte im Schlafzimmer ein blaues Kleid von Kate an. Er setzte gerade einen wagenradgroßen Hut auf, als das Telefon läutete. Natürlich hob Alf den Hörer im Schlafzimmer ab, bevor Mrs. Ochmonek den anderen Apparat erreichte.

Während sie sich verstört wieder aufs Sofa plumpsen ließ, sprach Alf mit Willie, der eigentlich Mrs. Ochmonek hatte sprechen wollen, um sich zu erkundigen, ob alles in Ordnung war.

„Warum nimmst du das Telefon ab?" fragte Willie und ahnte Böses.

„Ich wohne hier", erinnerte ihn Alf unschuldig.

Willie stöhnte. „Das ist mir bewußt. Aber wo ist Mrs. Ochmonek?"

„Die wohnt nebenan", klärte ihn Alf auf, während er sich liebevoll in einem Handspiegel betrachtete. Er kam allerdings zu dem Schluß, daß ihm Blau nicht stand.

Willie begann, sich um Mrs. Ochmonek zu sorgen. „Ich weiß, wo sie wohnt, aber wo ist sie jetzt?" Willie spürte, wie sich seine Bauchmuskeln zusammenzogen.

„Als ich sie das letzte Mal gesehen habe, hat sie gerade meine Pizza verschenkt."

„Alf, wovon, zum Teufel, sprichst du?" jammerte Willie. „Ich will sofort Mrs. Ochmonek sprechen." In Willies Phantasie lag die Nachbarin bereits in den letzten Zügen auf der Couch. Schreckliches mußte passiert sein, und dieser kleine Teufel von Melmac redete nur dummes Zeug.

„Ich hole sie", sagte Alf freundlich, hilfsbereit wie er nun einmal war.

Willie wurde es schwarz vor den Augen. „Nein", keuchte er. „Rühr dich um Himmels willen nicht vom Fleck. Ich rufe gleich selbst noch einmal an."

„Ist in Ordnung", meinte Alf, legte auf und hob beim nächsten Läuten gleich wieder ab. Im Wohnzimmer wurde Mrs. Ochmonek dadurch wieder auf dem halben Weg zum Telefon gestoppt. Sie röchelte. Wer immer hier dauernd anrief, um dann nach einmaligem Läuten wieder aufzulegen, sie wollte ihn nun nicht mehr kennenlernen. Mrs. Ochmonek büßte alle ihre Sünden ab. Nie wieder würde sie einen Fuß in dieses unheimliche Haus setzen.

„Wieso gehst du wieder ans Telefon?" fragte Willie zur selben Zeit Alf verzweifelt.

„Es hat geläutet", sagte Alf sachlich. „Was steht denn an?"

„Bleib, wo du bist", bat Willie inbrünstig. „Ich komme gleich nach Hause."

Willie hielt das für die einzige Möglichkeit, sich Klarheit über Mrs. Ochmoneks Zustand zu verschaffen.

„Hätte ich Alf doch bloß in die Garage gesperrt", machte Willie sich bittere Vorwürfe, während er seinen Mantel anzog und das Büro verließ. „Wie soll ich es nur Mr. Ochmonek beibringen, daß seine Frau in unserem Haus von einem Außerirdischen in die geistige Umnachtung getrieben worden ist?" war das mindeste, was Willie auf dem Nachhauseweg befürchtete: Im Geiste sah er Mrs. Ochmonek irre in sich hineinkichernd auf seiner Couch sitzen, während Alf um sie herumtanzte, um der armen Frau den Rest zu geben. Hoffentlich kam noch nicht alle Hilfe zu spät.

Im Moment war Mrs. Ochmonek tatsächlich nahe daran, den Verstand zu verlieren, allerdings ohne daß Alf diesmal neuen Schrecken verbreitete.

Der lag nämlich gerade auf dem Bett, um sich neuen Unfug auszudenken, als es Mrs. Ochmonek so war, als schliche ein Schatten ums Haus.

Sie stürzte zum Telefon und riß Mr. Ochmonek zum drittenmal aus seinem Fußballspiel.

„Trevor, komm rüber, schnell", flehte Mrs. Ochmonek. „Hier schleicht jemand ums Haus."

„Wenn es keine zweite Pizza ist, bringst du mich nicht schon wieder aus dem Haus“, blieb Trevor Ochmonek dagegen hart.

Mrs. Ochmonek warf mit einem Krächzen den Hörer auf die Gabel.

Dann fiel ihr ein, daß es noch den Notruf der Polizei gab. Die mußte jetzt her, um diese Mauern gründlich zu durchleuchten oder notfalls auch niederzureißen.

Tatsächlich hatte Mrs. Ochmonek richtig gesehen. Es war Gefahr im Verzug: In Person einer nach billigem Schnaps riechenden Gestalt, die nun leise durchs Fenster in das Schlafzimmer der Tanners einstieg, und sich dort sofort über die Schubladen der Kommode hermachte.

Alf sah dem Treiben des nächtlichen Besuchers vom Bett her eine Weile interessiert zu. Als der einige Dinge in einem Sack verschwinden ließ, fand es Alf schließlich an der Zeit, sich näher mit ihm zu befassen. Schließlich war er momentan der Herr im Haus, das es zu verteidigen galt.

„Ach, entschuldigen Sie, Sir“, sprach er ihn deshalb höflich an.

Der Einbrecher machte einen Satz zurück.

Die unheimliche Stimme war vom Bett her gekommen. Was der Einbrecher dort sah, beruhigte ihn allerdings vorerst wieder. Er lachte sogar erleichtert, als diese komische Figur weiterredete.

„Ich hoffe, Sie können konstruktive Kritik ertragen. Was Sie da tun, ist gegen das Gesetz auf dieser Welt“, bemühte sich Alf um einen ruhigen Ton.

„Nicht zu fassen, ich habe mich doch von einer sprechenden Puppe ins Boxhorn jagen lassen“, schüttelte sich der andere vor Heiterkeit.

Aber da richtete sich Alf auf und fragte: „Hat Ihnen schon einmal eine von diesen sprechenden Puppen die Zunge herausgerissen, Sir?"

Mit einem Schrei begriff der Einbrecher, daß es sich hier um ein intelligentes und äußerst brutales Wesen handelte, mit nichts vergleichbar, was sonst in den Häusern der Umgegend lebte.

Viel schneller, als er gekommen war, trieb es den verängstigten Mann mit seinem Sack wieder durchs Fenster hinaus.

Alf schüttelte über diesen überstürzten Abgang unwillig den Kopf. Er hätte sich gerne mit diesem Menschen noch länger unterhalten und ihm ernsthaft ins Gewissen geredet.

Das war jedoch nicht mehr nötig. Der Gesetzesbrecher flüchtete draußen durch die Nacht, und genau in die Arme von zwei Polizisten, die, von Mrs. Ochmonek alarmiert, gerade auf dem Weg zu Tanners Haus waren.

Die beiden Uniformierten sahen sich einem Mann gegenüber, der sich ihnen geradezu aufdrängte und seine Schandtaten heraussprudelte, als wäre ihm der Teufel persönlich begegnet und hätte ihm die ewige Verdammnis angedroht.

Dabei deutete er ständig zu Tanners Haus. Nach einem Blick in den Sack nahmen ihn die Polizisten erst einmal fest, was den Mann unendlich zu erleichtern schien.

Zu dritt machten sie sich auf den Weg zum Tatort, wo gerade auch Willie fast gleichzeitig mit Kate und Lynn eintraf.

Sie trafen eine völlig aufgelöste, aber wenigstens noch lebende Mrs. Ochmonek an, die sich sofort hilfesuchend an Willie klammerte: „Ich danke Gott, daß Sie gekommen sind, Mr. Tanner. Dieser Abend war ein einziger Alptraum."

Willie warf Frau und Tochter einen schnellen Blick zu. „Am besten, ihr bringt Mrs. Ochmonek in die Küche und gebt ihr etwas zur Beruhigung."

„Ich weiß nicht mehr, wo mir der Kopf steht", jammerte Mrs. Ochmonek weiter.

„Kommen Sie mit mir", zog sie Lynn sanft am Arm. „Was hätten Sie denn gerne? Kräutertee oder schwarzen?"

„Einen doppelten Scotch", verlangte Mrs. Ochmonek, die sich jetzt etwas sicherer fühlte.

Kate und Willie stürzten ins Schlafzimmer, kaum daß Mrs. Ochmonek außer Sichtweite war, und fanden ein Chaos vor: herausgerissene Schubladen, ein ausgeräumter Schrank, Klamotten auf dem Boden verstreut und Alf in Kleid und Hut.

„Was um Himmels willen machst du in meinem Kleid, Alf", entsetzte sich Kate, nachdem sie die ersten Schrecksekunden überwunden hatte.

Willie war noch sprachlos.

„Ich dachte, es gehört Lynn", meinte Alf, als würde das alles erklären. Er marschierte auf und ab, wobei die untere Hälfte des Kleides wie eine Schleppe auf dem Boden schleifte. Zwischen Kragen und Hut war nur noch seine lange Schweinsschnauze zu sehen.

Endlich fand Willie auch seine Worte wieder. „Jetzt hast du endgültig das letzte Vertrauen verspielt, Alf", sagte er traurig, aber bestimmt.

Alf begann zu schmollen. Er fühlte sich ungerecht behandelt, wie immer. „Ich kann alles erklären, Willie."

Ein Schrei von Kate, die sich gerade darangemacht hatte, das Durcheinander zu ordnen, ließ es vorerst jedoch nicht dazu kommen. „Willie, meine Schmuckschatulle ist weg."

Diese neuerliche Hiobsbotschaft brachte Willie dazu, sich nun ebenfalls der Durchsicht seiner Sachen zu widmen. Auch er mußte feststellen, daß sein Eigentum nicht mehr vollständig war: „Meine goldenen Manschettenknöpfe sind auch weg, und meine goldene Uhr."

„Und meine antike Kamee", rief Kate, deren Nerven merklich angekratzt waren. „Alf, wo sind die Sachen?"

„Möglicherweise beim Pfandleiher", überlegte Alf, dessen Stärke nun mal logisches Denken war. Nur vergaß er meist, anderen seine Gedankengänge im Zusammenhang mitzuteilen, so daß weder Willie noch Kate im Moment fähig waren, ihm zu folgen.

„Was redest du schon wieder für einen Schwachsinn", polterte Willie deshalb.

Alf seufzte über so viel Unverständnis. „Ich habe einen Einbrecher auf den Pfad der Tugend gebracht."

„Meine Güte, ein Einbrecher war hier im Haus!" Willie und Kate sahen sich an. „Und das sagst du uns jetzt erst!"

Alf dachte schon wieder einen Schritt weiter und berichtigte sich. „Nein, es waren zwei. Einer hat euren Schmuck geklaut, der andere meine Pizza."

Lynns Auftauchen beendete das grausame Spiel, das Kates und Willies Geist verwirrte. „Die Polizei ist da. Was hast du angestellt, Alf?"

Lynn fand diese Frage im Zusammenhang mit Polizei und Alf ganz selbstverständlich. Aber wenigstens war es diesmal nicht gleich FBI mit Handschellen für Willie, wie der anschließend doch etwas erleichtert bemerkte. Dafür hatten die Beamten einen verstört wirkenden jungen Mann zwischen sich.

Der eine Polizist hielt Willie und Kate einen offenen Sack hin und erklärte: „Der hier behauptet, die Sachen bei Ihnen gestohlen zu haben. Können Sie sie identifizieren?“

Die Tanners atmeten auf: Schmuck, Manschettenknöpfe, Uhr und die antike Kamee waren wieder im Haus.

„Also hat der da doch die Wahrheit gesagt“, staunte der eine Polizist. „Daß uns ein Ganove regelrecht nachläuft und sich selbst anzeigt, habe ich auch noch nicht erlebt.“

Der Einbrecher fing an zu jammern: „Ja, ich bin schuldig. Ich verdiene die Höchststrafe. Aber bitte fragen Sie ihn.“

Die Beamten warfen sich einen unsicheren Blick zu, bevor sich der eine räusperte und sich an Willie wandte. „Äh, es ist mir nicht ganz angenehm. Aber der hier behauptet, er hätte hier im Haus ein abscheuliches, gemeines Wesen mit einer riesigen Nase gesehen. Es soll ein blaues Kleid getragen und mit ihm gesprochen haben. Genauer gesagt hat es ihm gedroht, ihm die Zunge herauszureißen.“

„Ich schwöre, so war es“, versicherte der Einbrecher mit schriller Stimme.

Willie und Kate bekamen gleichzeitig feuchte Hände. Die Katastrophe war wohl nicht mehr aufzuhalten. Aber sie wurde im nächsten Augenblick ausgerechnet durch das Erscheinen von Mrs. Ochmonek verhindert. Sie hatte zwei doppelstöckige Whiskys getrunken und sich wieder etwas beruhigt. Nun wollte sie sich auf schnellstem Weg von dieser Umgebung verabschieden. Die Polizisten musterten sie kurz und kamen zu dem Ergebnis, daß ein betrunkener Einbrecher in Mrs.

Ochmonek durchaus etwas Schreckliches sehen konnte.

„Haben Sie uns angerufen?“ fragte der eine noch sicherheitshalber.

„Ja, und es ist gut, daß Sie gekommen sind“, nickte Mrs. Ochmonek eifrig. „In diesem Haus geschehen unheimliche Dinge. Ich mache jedenfalls, daß ich hier wegkomme. Guten Abend.“

Mrs. Ochmonek eilte in Richtung Nachbarhaus, während den Beamten nun endgültig klar schien, was ihren Einbrecher so in Panik versetzt hatte. Mit dieser Alten war sicher nicht gut Kirschen essen. Mit einer Entschuldigung auf den Lippen machten sie sich mit ihrem Fang nun auch auf den Weg zum Revier.

Willie und Kate lehnten sich danach aufatmend gegen die Tür. „Das war hart an der Grenze“, schnaufte Willie. „Aber wir haben es hinter uns.“

Kate besaß nur noch die Kraft zu nicken, als Alfs Stimme aus dem Schlafzimmer sie noch einmal heftig zusammenzucken ließ. „He, kann mir mal jemand den Reißverschluß aufmachen!“

Es war wirklich nicht möglich, Alf auch nur eine Minute zu vergessen. Er gönnte einem keine Erholung. Wenn sich dieser Kerl nur einmal abgewöhnen könnte, einen ständig zu überraschen. Selbst wenn Alf es gut meinte, endete es immer in einer Katastrophe.

Zwei Tage später meinte es Alf wieder mal gut mit den Tanners.

Er kochte Hummerpastete, seine Überraschung zu Kates und Willies Hochzeitstag. Natürlich sollte sein Werk etwas ganz Besonderes sein.

Es endete damit, daß Willie sich später eine Stunde

lang die Zähne putzen mußte, um die Leuchtfarbe wieder wegzurubbeln, die Alf in die Pastete gemischt hatte.

Willie und Kate kamen danach gerade noch zurecht, um sich abends ein Theaterstück anzusehen, während Lynn zu einer Freundin ging.

Diesmal wurde für Brian kein Aufpasser benötigt, denn der übernachtete bei seinem Freund Scottie.

Alf, der allein zu Hause geblieben war, schaltete das Radio ein, wo gerade eine seiner Lieblingssendungen lief: Frau Dr. Schrock, die Moderatorin, hörte sich hier die Probleme anderer Menschen an und hatte nun ein Mädchen namens Jody am Telefon, das blind war.

Alf wäre nicht Alf gewesen, hätte er sich nicht sofort daraufhin ans Telefon gehängt, um mit Frau Dr. Schrock zu plaudern.

„Hallo, hier ist Alf. Sie hatten da gerade einen Problemfall, diese Jody. Mag sie Rothaarige?"

Das wußte Frau Dr. Schrock auch nicht.

Aber hartnäckig, wie Alf war, überredete er sie, Jody zu sagen, daß sie soeben einen Freund gewonnen habe, der nun auf ihren Anruf wartete.

Eine Viertelstunde später läutete tatsächlich das Telefon bei Tanners. Jody war am Apparat. Alf flötete in die Muschel: „Ja, Alf hier. Nett, daß du anrufst. Was liegt denn so an, Baby?"

Nachdem er so in flottem irdischem Tonfall mit Jody gealbert hatte, war für Alf die Sache klar. Er mußte sie sehen. Alf war verliebt.

Am nächsten Morgen begann Alf, Körperpflege zu betreiben, allerdings in einer Form, die Willies Protest herausforderte: „Unter wohlerzogenen Leuten schneidet man sich nicht die Fußnägel am Frühstückstisch, Alf."

„Wieso nicht?“ war Alf nicht zu erschüttern. Er pulte weiterhin an seinen Tatzen herum, während Willie ihm geduldig die Anstandsformen der zivilisierten Welt zu erklären versuchte.

Als Verliebter konnte sich Alf um solche Lappalien wie gesellschaftliche Formen nun wirklich nicht kümmern, auch wenn dem Hausherrn schlecht wurde.

Den erlöste schließlich das Telefon von Alfs Zehennägelritual. Weil nämlich eine gewisse Jody Alf zu sprechen wünschte.

Willie legte verwirrt eine Hand auf die Sprechmuschel und flüsterte Alf zu: „Da ist eine Jody für dich am Apparat. Wer ist denn das nun wieder?“

„Wer?“ fragte Kate, die gerade hereinkam.

Alf watschelte zu Willie und übernahm den Hörer. „Oh, hallo, Jodylein. Bleib mal einen Moment dran, bitte.“ Alf wandte sich vorwurfsvoll an Kate und Willie, die nicht wußten, was sie von dieser neuen Entwicklung halten sollten.

„He, könnt ihr nicht mal auf die Veranda gehen. Das ist ein privates Gespräch“, verlangte Alf.

Das ging dem Hausherrn nun doch über die Hutschnur. Erst Fußnägel am Frühstückstisch, und dann wurde man noch aus seiner eigenen Wohnung gejagt. „Nimm gefälligst den Apparat in der Küche“, forderte er.

„Kein Problem, dann stell mal um.“ Alf hatte keine Lust zum Streiten, nicht wo sein Herzblatt am Hörer hing.

Im Laufe des Tages wiederholte sich dieselbe Prozedur noch dreimal, so daß Willie schließlich brummelte. „Entschuldige, Kate, aber mich nervt diese Jodylein-Geschichte langsam.“

„Ja, es nimmt überhand", stimmte Kate zu, während Lynn, die Alfs Love-Story inzwischen auch mitbekommen hatte, sich auf dessen Seite schlug. Für Verliebte hatte sie immer ein Herz.

„Ich finde es gut, daß Alf auch Freundschaften außerhalb der Familie hat."

Mehr gab es dazu im Moment nicht zu sagen, weil aus der Küche ein lautes Klirren drang und gleich darauf Alfs fröhliches Lachen.

„Ha, ha, Jodylein, du mußt nicht erschrecken, das war nur die Saucenschüssel. Ich ruf' dich später wieder an."

Es war wieder typisch Alf. Zu der zerbrochenen Schüssel hatte er anschließend nicht mehr zu sagen, als die lockere Warnung: „Paßt auf, daß ihr nicht barfuß in die Küche geht."

„Wie geht es denn Jodylein", lenkte Brian schnell ab, als er sah, wie Kate rot anlief. Er hatte die Geschichte während der letzten halben Stunde mit Spannung verfolgt.

Alf hatte die Saucenschüssel, die Kate jetzt zusammenklauben mußte, längst in die Rubrik „erledigte Unfälle" gelegt, aber über Jody konnte man mit ihm immer reden. Sein außerirdisches Herz floß über.

Alf zeigte genüßlich sein Gebiß und schwärmte: „Phantastisch. Wir haben so viel Gemeinsames. Beide lieben wir Katzen, nur mag ich sie lieber mit Pommes frites, ha, ha."

Paps' Stimmung dagegen sank weiter. Alf befand sich in einer Euphorie, die wieder Übles befürchten ließ. „Und wie stellst du dir vor, daß deine Telefonromanze weitergeht, mit der du mich und Kate nervst?" fragte er so vorsichtig wie möglich.

Alfs Antwort erschütterte Willie bis in die Fußspitzen. „Wir haben morgen eine Verabredung. Schließlich müssen wir uns endlich kennenlernen."

Willie fühlte, wie sein Herz vor Schreck einen Satz machte. „Hast du denn kürzlich mal in den Spiegel geschaut", versuchte er Alf wieder an die Wirklichkeit zu erinnern.

Es war sinnlos. Alf konterte auf seine Weise. „Nein, meiner ist heruntergefallen und liegt in Scherben. Äh, dabei fällt mir ein, es sollte auch keiner von euch barfuß in die Wäschekammer gehen."

Willie befürchtete schwer, daß er Alfs Vorhaben wieder in irgendeiner Gefängniszelle würde abbüßen müssen, falls er dessen Pläne nicht durchkreuzen konnte. Deshalb versuchte er es mit schwereren Geschützen: „Alf, wenn du ausgehst, wird man dich sehen und einsperren."

„Wir treffen uns in ihrer Wohnung", tat Alf den Einwand gleichgültig ab. „Was habt ihr gegen Jody?"

„Gar nichts", wehrte Kate ab, die aus der Küche kam. „Aber was willst du ihr erzählen, wenn sie dich fragt, wo du herkommst?"

Auch das zog bei Alf nicht. „Das weiß sie alles schon. Ich komme aus Cincinnati, bin im Musikgroßhandel tätig und habe süße Zwillinge aus meiner kurzen Ehe mit Kathy Rigby."

Das mußte erst einmal verdaut werden. Brian und Lynn grinsten, während Willie und Kate äußerst besorgt dreinblickten. Willie sah sich zu einem Machtwort genötigt, auch wenn dies bei Alf bisher auch nichts genützt hatte. „Alf, ein Treffen mit Jody ist zu gefährlich, auch wenn die Arme blind ist. Es kommt nicht in Frage."

Alfs Bockshaare über der Stirn zitterten, während sich seine schwarzen Augen verschleierten. Er schniefte. „Das bedeutet, daß ich keine Freunde haben darf. Niemanden. Für immer hier auf diesem Planeten, ohne Kameraden, ohne Liebe."

„Alf, du hast Freunde", beeilte sich Lynn zu versichern. „Ich bin dein Freund, Brian ist dein Freund ..."

„Ich bin dein Freund", betonte auch Willie. Und sogar Kate, der die kaputte Schüssel noch im Magen lag, überwand sich, wenn auch zögernd, und bestätigte: „Ähem, äh, ich schließe mich an."

Doch es half alles nichts. Alf rutschte vom Stuhl und verkündete: „Wenn ihr mich braucht, ich bin in meinem Zimmer." Dann schwankte er von dannen, jeder Zoll ein unglücklich Verliebter, und zog sich in seinen Wäschekorb zurück. Dort stülpte er sich eine von Willies Socken über eine Tatze und unterhielt sich mit ihr: „Nun gibt es nur noch uns beide. Alle anderen haben mich verlassen."

In dieser Stimmung fanden ihn Willie, Lynn und Brian vor, die nach ihm sahen, um den Unglücklichen wieder aufzumuntern.

„Hallo, Alf", begann Willie mit dem schwierigen Unternehmen, ein Wesen aus dem All aufzuheitern, das sich soeben mit seinen Socken unterhielt. „Willst du mit uns die Frisbeescheibe werfen?"

„Was soll ich werfen?" fragte Alf, ohne aufzublicken.

„Die Frisbeescheibe", versuchte Brian, ihn zu überreden.

„Komm, Alf, wir wollen dich doch nur aufheitern", machte Lynn weiter.

Aber Alf war zu nichts zu bewegen. „Ich brauche keine Aufheiterung. Ich bin glücklich. Ich habe mein Bett, meinen Wasch- und Trockenautomaten und eine Socke, mit der ich reden kann."

„Dann spiel du weiter den einsamen Grübler", ärgerte sich Willie. „Wir sind jedenfalls im Garten. Kommt, Kinder."

„Ich komme gleich nach", versprach Lynn. Sie kniete sich neben Alf hin und sagte leise: „Paß auf, Alf. Es wird alles gut."

Alf schlug ein Bein über das andere. Er schaute starr gegen die Decke. „Das kannst du leicht sagen. Du läufst nicht wie ich auf einer Einbahnstraße der Einsamkeit."

„Nein, aber ich kann dich gut verstehen, und ich werde dir helfen."

Das zeigte sofort Wirkung. Alf wurde lebendig. Er hampelte aus seinem Korb und schmiegte sich an Lynn. „Wirklich, wie, gehen wir gleich? Verlassen wir dieses Haus?"

Alfs Fellhaare stellten sich auf.

„Langsam, Alf, langsam", beruhigte Lynn den Liebestollen. „Ich habe gehört, daß Mam, Paps und Brian morgen nachmittag in die Stadt fahren wollen. Da werde ich dir helfen, dein Jodylein zu sehen. Aber wir haben nur drei Stunden. Höchstens."

„Das klingt gut, das klingt gut", zappelte Alf. Er warf Willies Socke in die Ecke und lachte.

„Na also", dachte Lynn. „Er ist wieder der alte."

Sie hoffte nur, daß Alfs Treffen mit Jody einigermaßen ohne Unfälle über die Bühne gehen würde.

Aber es fing schon damit an, daß Alf das Badezimmer verwüstete, als er nach Frisiercreme, Gesichtswasser, Mundwasser und Talkumpuder suchte. Etlichen anderen Fläschchen machte er dabei den Garaus. Lynn hörte es von draußen nur splittern und bersten und rief aufgeregt durch die Tür: „Mein Gott, Alf, was stellst du da drinnen schon wieder an? Laß um Himmels willen noch etwas heil."

„Es soll keiner barfuß ins Bad gehen", kam Alfs Stimme gut gelaunt zurück. Was taten schon ein paar kleine Scherben, wenn es um eine große Liebe ging, noch dazu zwischen einem Außerirdischen und einem Erdenmädchen. Es handelte sich um ein geradezu historisches Ereignis.

Allerdings war es nötig, Alf vorher noch zu tarnen. Lynn war sich dessen bewußt.

Wenig später schlichen ein Mädchen und eine merkwürdig verkleidete Gestalt von etwa neunzig Zentimetern durch die Gänge eines großen Appartementhauses. Die Gestalt hatte einen Hut auf und war bis zum Boden in einen Trenchcoat verhüllt. Sie sah irgendwie aus wie ein sehr geschrumpfter Humphrey Bogart in einem seiner Filme als Detektiv Philip Marlowe.

So kam das seltsame Paar vor dem Appartement 312 an. Lynn gab Alf noch eindringlich Verhaltensmaßregeln, bevor sie auf die Klingel drückte. „Nicht mehr als drei Stunden, Alf. Und Jody darf auf keinen Fall merken, daß du ein Außerirdischer bist."

„Schon gut, ist recht, okay", nickte Alf unter seinem Hut, dessen Krempe ihm bis über den Rüssel fiel, und Lynn machte sich davon. Wohl war ihr bei der ganzen Sache nicht.

„Wer ist da?" hörte Alf währenddessen eine zarte Stimme hinter der Tür.

„Kein Außerirdischer, äh, ich meine, hier ist Alf", plapperte Alf nervös los.

Dann endlich stand ihm die Angebetete gegenüber. Eine hübsche junge Frau, die Alfs Melmac-Herz höher schlagen ließ. Er mußte sich schwer recken, um ihr die Tatze geben zu können, die in einem von Willies Handschuhen steckte.

„Hallo, Alf, komm doch rein und setz dich", bot ihm Jody an, und Alf huschte auf ein Sofa. Dort stellte er erst einmal zu seiner Freude fest: „Katzenhaare."

Jody, die am Küchenbord hantierte, verstand ihn natürlich nicht richtig und entschuldigte sich: „Das ist mir jetzt aber peinlich, Alf. Ich dachte, ich hätte die Haare alle weggeputzt."

Alf hätte dagegen auch nicht ungerne eine Katze weggeputzt, was ihm zu Hause immer so übel ausgelegt wurde. Er versuchte Näheres herauszufinden. Er schnüffelte: „Perser, 78er. Vielleicht auch ein 79er. Guter Jahrgang."

„Was meinst du, Alf?" zeigte sich Jody verwirrt, die zwar genau hörte, was Alf murmelte, aber nicht begriff, was ihr Gast meinte.

„Äh, nichts, Jodylein. Ich habe nur laut gedacht." Aber die Shrimps, die ihm schließlich serviert wurden, schmeckten Alf auch nicht schlecht, was Jody freute. Allerdings hatte sie selbst nichts davon abbekommen, weil Alf alles auf einmal gierig in seinen großen Rachen gestopft hatte. Das fiel ihm natürlich wieder erst im nachhinein auf. Seine Entschuldigung fiel alftypisch unbeholfen aus.

„Äh, wolltest du auch welche haben?"

Jody lachte hell. „Ach nein, ich bin sowieso zu nervös, um zu essen."

„Ich esse immer, wenn ich nervös bin", meinte Alf dieses Thema noch weiterverfolgen zu müssen, räumte aber gleich ein: „Ich esse auch, wenn ich nicht nervös bin."

„Ich esse, wenn ich deprimiert bin", spann Jody höflich den Faden weiter. Das Thema schien ihren Gast mächtig zu interessieren.

„Ich esse, wenn ich mich langweile", setzte Alf drauf.

„Ich esse, wenn ich einsam bin", fiel Jody noch ein.

Alf brachte es mit der Wahrheit zu Ende und gab zu: „Ich esse die ganze Zeit."

So schleppte sich das Gespräch des Außerirdischen, der nicht zeigen durfte, daß er einer war, mit dem Erdenmädchen, das dies nicht sehen konnte, dahin. Es war Alf so, als könnte Verliebtheit auch ganz schön anstrengend sein. Er kam damit nicht recht zu Rande. Die Perserkatze hätte ihn dagegen sehr interessiert, nachdem auf dem Küchentisch auch ein Toaster stand. Aber das Biest ließ sich nicht blicken.

So fand es Alf ganz gut, als von draußen durch die Tür eine wohlbekannte Stimme nach ihm rief: „Alf, Alf, beeil dich."

„Da ruft doch jemand nach dir", hörte es natürlich auch Jody, die daraus nur den falschen Schluß zog und traurig meinte: „Es ist Kathy Rigby, habe ich recht?"

„Nein, nur das Mädchen, mit dem ich zusammenlebe", stellte Alf gedankenlos klar, weil ihm Kathy Rigby im Augenblick kein Begriff war.

Aber Jody erinnerte sich genau an die Frau, mit der Alf ja schließlich verheiratet gewesen und Zwillinge gezeugt hatte, und wurde nun leicht sauer: „Aber das ist ja noch schlimmer."

„Nein, nein, nicht so, wie du denkst", wollte Alf aus dem Fettnäpfchen wieder heraus und trat prompt ins nächste. „Sie ist doch erst sechzehn."

„Meine Güte", rief Jody aus. „Das macht es nicht besser."

Draußen drängte Lynn, die nicht hören konnte, welches Drama drinnen im Gange war: „Alf, schnell, meine Eltern werden uns noch überraschen.“

Jody holte tief Luft. Alf beeilte sich, zur Tür zu kommen, mit einem letzten Satz, der voll ins Schwarze traf: „Du mußt einen schlimmen Eindruck von mir haben, Jody.“

Damit endete die historische Romanze zwischen Alf von Melmac und Jody aus Amerika.

Am nächsten Tag erwischte Willie Alf dabei, wie der seine goldene Uhr über dem dösenden Lucky kreisen ließ und ihn beschwörte: „Deine Augenlider sind ganz schwer. Du bist ganz müde. Du bist kein Kater mehr. Du bist jetzt ein Toastbrot.“

„Was, zum Donnerwetter, treibst du da, Alf“, rief Willie empört.

Alf stob auf seine kurzen Beine. „Mensch, du kannst einen erschrecken. Du solltest eine Glocke um den Hals tragen.“

„Ich will wissen, was hier vorgeht“, ließ sich Willie diesmal nicht so ohne weiteres ablenken. Ihm schwante Böses.

Alf guckte treuherzig. „Ach, ich, äh, wollte Lucky mal beibringen, die Uhrzeit zu lesen.“ Er stieß Lucky verstohlen an. „He, Kater, zeig Willie mal, was du gelernt hast.“ Doch Lucky zog es vor weiterzuschlafen.

Willie ließ sich sowieso nicht täuschen. Er hatte schon begriffen, was Alf mit dem Hauskater vorhatte. „Du haariger Teufel wolltest ihn doch hypnotisieren und ihm einreden, er sei ein Toastbrot. Also muß ich dir wohl Regel Nummer eins unserer Hausordnung ins Gedächtnis rufen. Wir werden niemals Lucky etwas zuleide tun. Wirst du das behalten? Ich muß jetzt weg, um Kate und die Kinder abzuholen."

„War doch nur Spaß", tat Alf beleidigt.

Willie glaubte ihm kein Wort. Auch Luckys hartnäkkiger Schlummer brachte ihn ins Grübeln. Konnte man Katzen tatsächlich hypnotisieren? Vorsichtshalber beugte er sich zu Lucky hinunter und flüsterte ihm eindringlich ins Ohr, daß er auf keinen Fall ein Toastbrot sei, sondern immer noch Lucky, Tanners Hauskater.

Mit einem scharfen Blick auf Alf, der betont gelangweilt auf dem Sofa herumlümmelte, verließ er dann das Haus.

Darauf hatte Alf nur gewartet. Gewaltige Freßgier plagte ihn. Sich deshalb an Lucky zu vergreifen war eine Möglichkeit, die er immer noch ins Auge faßte. Aber er sah den Kater nirgends mehr. Vielleicht hatte Lucky mitgekriegt, daß die Lage heute für ihn gefährlich war, und war getürmt. Alf begab sich deshalb in die Küche und tischte sich im Wohnzimmer alles auf, was an Genießbarem zu finden war. Dann begann er eine Orgie, wie sie das Haus Tanner noch nicht erlebt hatte.

Als die restlichen Familienmitglieder später ihr Heim betraten, sah es aus wie nach einem Bombenangriff, und Alf tanzte in einem von Willies Hemden Rock 'n' Roll zu voller Lautstärke aus dem Radio. Dazu brüllte er verzückt in eine Gurke, die er als Mikrofon benützte. Über seinem Rüssel saß außerdem noch eine riesige Sonnenbrille.

Dafür traf Tanners fast der Schlag. Willie sprang zum Radio und drehte dem ekstatischen Melmac den Sound ab. Dann nahm er sich erbost Alf vor, indem er auf das Chaos von Essensresten zeigte: „Als ich wegging, hast du versprochen, dich anständig zu benehmen, du Ungeheuer. Aber das hier ist überhaupt kein Benehmen, das gleicht einem Dritten Weltkrieg."

Nur langsam kehrte Alf in diese Welt zurück. Er bekam den Eindruck, daß sich hier aus verschiedenen Gründen Unheil für ihn anbahnte, und zog es vor, erst einmal kleinlaut zu sein. „Ich, eh, hatte mir vorgenommen, alles auf Hochglanz zu bringen, bis ihr zurückkommt."

Kate spuckte Gift und Galle. Ihre Augen blitzten unangenehm. „Und für wann hast du unsere Rückkehr erwartet? In drei Monaten?"

Alf grübelte darüber nach, indem er seine Stirn in Falten legte. Dann teilte er das Ergebnis mit. „Ich, eh, habe hier gegessen, mit den allerbesten Vorsätzen, dann muß bei mir irgendwie der Film gerissen sein." Er rülpste vernehmlich.

„Wenn ich jetzt ein Gewehr oder ähnliches in der Hand hätte", schnappte Kate nach Luft. Sie wandte sich an Brian, den sie nun aus der Gewitterzone haben wollte: „Brian, geh du mal bitte Lucky füttern."

Brian trollte sich widerwillig, wußte aber, wenn Mutter Kate so geladen war, daß Widerspruch nicht angebracht war.

Lynn hielt es für dringend nötig, Alf aus der Gefahrenzone zu helfen, und forderte den Sünder auf: „Komm, Alf, wir machen die Wohnung sauber, wir beide."

Vielleicht wäre noch alles glimpflich abgelaufen, hätte Alf in dem Augenblick nicht wieder aufgestoßen, so gewaltig, daß ihm etwas aus dem Maul flutschte, das verteufelt einem Büschel Haare ähnelte.

„Sieht aus wie ein Stück Fell", argwöhnte auch Kate sofort und griff danach. Als Brian auch noch zur selben

Zeit wieder auftauchte und erklärte, daß er Lucky nirgends finden konnte, keimte in Familie Tanner ein schrecklicher Verdacht auf.

„Als ich ihn zuletzt gesehen habe", erinnerte sich Willie nun düster, „war dieser verfressene Melmac gerade dabei, Lucky zum Toastbrot umzuhypnotisieren."

Brians Augen wurden feucht. Lynn sagte nur zweimal „Oh" in einem sehr nachdenklichen Tonfall. Kate, halb zweifelnd über diese ungeheuerliche Möglichkeit, halb schon ebendiese befürchtend, durchleuchtete Alf förmlich mit einem strengen Blick und herrschte ihn an: „Alf, das hast du nicht getan. Du hast nicht auch noch Lucky gefressen, oder?" Das „oder" klang sehr gefährlich.

Alf machte denn auch einen erschrockenen Satz außer Kates Reichweite und einen verzweifelten Versuch, die Lage und vor allem sich selbst noch zu retten.

„Hey, hey, hey", wehrte er ab und fuchtelte mit den Vordertatzen gegen das drohende Unheil an, „wir bewegen uns hier auf gemeingefährlichem Pflaster. Ich kenne meine Rechte, Lynchjustiz ist verboten, auch gegen Außerirdische."

„Alf, hast du ihn gefressen oder nicht", verlangte Willie eine klare Antwort, während Brian weinerlich wiederholte, daß er Lucky nirgends finden konnte.

Alf erschien die Situation enorm emotionsbelastet, und so zog er sich weiter auf seine Rechte zurück: „Bevor ich noch etwas dazu sage, will ich erst meinen Anwalt sprechen."

Brian verstand das als Geständnis und heulte auf: „Lucky war mein bester Freund."

„Und das ist nun von ihm übriggeblieben", sagte Kate dunkel und hielt das Büschel Haare hoch, was Alf nun doch zu einer Aussage bewegte.

„Hey, das ist doch nicht von Lucky. Ich bin ins Speiseeis gefallen und habe mir danach das Fell abgeleckt. Dabei habe ich ein paar Haare verschluckt. Habt ihr vielleicht schon mal davon gehört, daß jeder als unschuldig zu gelten hat, bis zum Beweis seiner Schuld?"

„Nicht, wenn der Angeklagte ein Stück seines Opfers herauswürgt", belehrte ihn Willie hart.

Alf hatte verstanden.

Aber wenigstens wollte er in den Tod gehen wie ein Melmac, furchtlos und den Henkern fest ins Auge blikkend, was er nun auch tat. Er schleuderte ihnen entgegen: „Das Urteil ist also gefällt. Sagt mir Bescheid, wenn ihr den Galgen aufgestellt habt."

Dann stolzierte er hocherhobenen Hauptes in sein Zimmer. Nach einer Weile in seinem Wäschekorb kam ihm allerdings der Gedanke, daß ein echter Melmac, vor allem einer, der das Leben doch so liebte wie er, auch noch einen anderen Ausweg finden mußte, als aufrecht in den Tod zu gehen. Auch ohne das Gesicht, oder wie in seinem Fall, die Schnauze zu verlieren. Reine Flucht war schäbig, aber die Suche nach Lucky eines Melmac durchaus würdig.

So fanden die Tanners zwar am nächsten Morgen keinen Alf mehr vor, dafür aber einen an sie gerichteten Brief im Wäschekorb, mit folgendem Text:

Verehrte Lynchfreunde, ich wurde eines Verbrechens beschuldigt, das ich nicht begangen habe. Beschuldigt von Menschen, die ich für meine Freunde hielt. Ihr behauptet, ich wäre ein Mörder. Ich sage, das einzige, das hier in diesem Haus ermordet wurde, ist die Gerechtigkeit. Ermordet von euch. Ich werde das Land von nun an durchqueren, in dem verzweifelten Versuch, euren

Lucky wiederzufinden. Ich werde suchen ohne Unterlaß. Meine Verehrung.

Neben einigen Tintenflecken, die Alf darunter noch listig verteilt hatte, stand unter „PS“: *Das sind meine Tränen.*

Am nächsten Morgen saßen die Tanners ausgeschlafen und gutgelaunt beim Frühstück. Lynn und Brian waren hungrig und verfolgten mit sehnsüchtigen Blicken das Essen, das Kate auf die Teller verteilte. Kate meinte: „Schnell, laßt uns essen, bevor sich Alf der Sache annimmt.“

Lynn, die genüßlich kaute, fragte schließlich: „Wo bleibt denn Alf heute morgen?“

Kate, die noch nicht genau wußte, was sie Alf antun würde, wenn die Geschichte mit Lucky stimmte, mutmaßte: „Wahrscheinlich schämt er sich und traut sich nicht raus.“

Lynn kannte Alf da besser: „Oder er hat sich überfressen.“

Nun war auch Brian endgültig wach, und die Erinnerung an den vergangenen Abend und die Nacht kehrte zurück. Ihm fiel ein, was er nachts erlebt hatte: „Ich habe heute nacht geträumt, Alf wäre zu mir ins Zimmer gekommen und hätte versucht, mich zu fressen.“ Brian sah reichlich verstört aus.

Lynn war erschüttert: „Aber so etwas würde Alf doch niemals tun.“ Sie versuchte, gleichzeitig Alf in Schutz zu nehmen und ihren Bruder zu beruhigen.

Auch Kate bemerkte, daß sich da eine Krise bei ihrem Jüngsten anbahnte. „Nein, natürlich nicht ...“, pflichtete sie Lynn mit einem Seitenblick bei, und zu Brian sagte sie entschieden: „Du schläfst heute bei uns." „Sicher ist sicher", dachte sie bei sich.

Lynn, die Alf eher vertraute, versuchte, ihn zu verstehen: „Man muß mal versuchen, die Dinge mit seinen Augen zu sehen. Und dann kann man verstehen, warum er Lucky gefressen hat. Sieh mal, Alf hat andere Instinkte als wir. Auf seinem Planeten frißt man Katzen, ebenso wie wir hier die Kühe essen."

Das klang ganz logisch, fand Lynn. Aber Brian war jetzt erst recht erstaunt. „Wir essen doch keine Kühe", sagte er voller Überzeugung.

Jetzt war Lynn verblüfft. Vorsichtig fragte sie: „Was glaubst du denn, wo die Hamburger herkommen?"

„Vom Supermarkt", war Brians zielsichere Antwort.

Noch ehe Kate oder Lynn, die beide nicht wußten, ob Brian die ungeschminkte Wahrheit verkraften würde, wußten, was sie erwidern sollten, erschien Willie.

Er sah erleichtert aus und war es auch: „Ich habe gute Nachrichten. Brian, hol doch mal Alf."

Brian schien sich nicht ganz wohl zu fühlen, als er sich jetzt in Richtung Wäschekorb auf den Weg machte.

Willie, der das vorhergegangene Gespräch nicht kannte, verkündete stolz: „Seht euch das mal an." Er hielt stolz etwas Undefinierbares hoch und setzte auch gleich zur Erklärung an: „Ich habe die Zusammensetzung dieser Fellreste analysiert und mit dem Klumpen Haare verglichen ... mit den Klumpen von Alfs Haaren, die ich im Speiseeis gefunden habe ... also die Haare, die er gestern rausgewürgt hat ... sind die gleichen, wie die im Speiseeis ... Wißt ihr, was das heißt?"

Er sah beifallheischend um sich.

Lynn reagierte anders, als er erwartet hatte: „Das

heißt, daß ich kein Frühstück mehr möchte." Ihr war jetzt endgültig der Appetit verdorben.

Willie, der mit seinen Gedanken bei Alf war, sprach ungerührt weiter: „Nein, das heißt, daß Alf unschuldig ist."

Kate begriff sofort, was er meinte: „Mit anderen Worten, wir haben ihn zu Unrecht beschuldigt." Sie wurde ein wenig blaß. Auch Lynn tat es leid, wie Alf behandelt worden war, und sie schämte sich für den Verdacht, den sie gehabt hatte. Sie sagte nur: „Wir hätten ihm glauben sollen."

Willie war froh, daß sich jetzt alles doch noch zum Guten wenden würde, als er sah, daß Brian zurückkam. „Wo ist Alf?" fragte er seinen Sohn.

Brian hielt ihm ein Stück Papier entgegen: „Ich weiß nicht. Das hier hab' ich gefunden."

Willie rückte seine Brille zurecht und begann, Alfs Brief laut vorzulesen.

Die Familie saß um ihn herum und hörte kleinlaut den Text von Alfs Abschiedsbrief.

Als Willie geendet hatte, waren alle still.

„Armer Alf", sagte Lynn schließlich.

„Er geht auf die Reise, um Lucky zu finden und seine Unschuld zu beweisen", sinnierte Willie.

„Und seine Männlichkeit." Kate zerdrückte eine Träne im Augenwinkel.

Brian sagte gar nichts, er starrte nur vor sich hin. Willie nahm den Faden wieder auf. „Der Brief hat sogar Tränenspuren."

„Blaurot wie Traubensaft", nickte Kate erschüttert, die ja nicht wissen konnte, daß es nur Tintenkleckse waren.

„Wir müssen ihn sehr verletzt haben", sprach Lynn schließlich die Schuldgefühle der ganzen Familie aus.

Alle machten sich Sorgen: Ein Alf alleine da draußen in der ungewohnten, ja wahrscheinlich sogar feindlichen Welt. Hatten sie Alf dem Tod geweiht?

Brian hatte ähnliche Überlegungen angestellt und meinte besorgt: „Er weiß ja nicht mal, daß man bei Grün über die Straße geht und nicht bei Rot oder Gelb."

Das gab den Ausschlag. Einstimmig beschlossen die Tanners, alles zu tun, um Alf zu retten.

Dabei war Alf zur selben Zeit nicht in Gefahr, von einem Auto überrollt zu werden. Er stromerte vielmehr durch die finstersten Gassen und Hinterhöfe der Stadt und hielt streunenden Straßenmiezen ein Bild von Lukky vor die Nase.

Der Erfolg war gleich Null, weil sich Luckys Verwandte nur für den Inhalt von Mülltonnen interessierten und nicht für einen Außerirdischen, der Detektiv spielte.

Aber leider lauerten in diesen Gegenden Gefahren, die Alf ebenso unbekannt waren wie Verkehrsampeln: Hundefänger.

Und so wurde Alf plötzlich von hinten eine Schlinge um den Hals geworfen, und wenig später fand er sich durchgerüttelt im Käfig eines Tierheims wieder. Als er dort wieder einigermaßen bei sich war, fiel sein Blick auf ein Schild mit dem Wort „kastriert". Alfs Haare stellten sich wieder mal auf. Denn aus irgendeiner Fernsehsendung war ihm die Bedeutung dieses Wortes noch im Unterbewußtsein dunkel in Erinnerung. Und was ihm da einfiel, beruhigte ihn keineswegs.

Doch ehe Alf in trübe Betrachtungen versinken konnte, führte ein Wärter eine Dogge herein und sperrte sie in den leeren Käfig neben Alf. „Ach du liebe Zeit, jetzt auch noch ein Pferd", entfuhr es dem. Aber dann hatte Alf eine viel bessere Idee, und er sprach das „Pferd" locker an. „Hey, Trigger, du scheinst ein kräftiger, netter Bursche zu sein. Was hältst du davon, wenn wir hier abhauen?"

Die Dogge reagierte nicht. Dafür hörte Alf eine Katze jaulen und den Wärter sagen: „Sei ruhig, Lucky."

Alf geriet in Aufregung. Da war der „ermordete" Lucky wohl demselben Schicksal erlegen wie er. Lucky, sein Freund, sein Liebling, war am Leben! Alf mußte etwas tun, um nicht vor Glück zu platzen: Er klopfte gegen die Gitterstäbe nebenan, wo die Dogge faul blinzelte, und begann zu grölen: „Auf, auf, Kameraden aufs Pferd, aufs Pferd ... los Jungs, alles singt mit ... Ins Feld, in die Freiheit gezogen."

Der Rest ging in erbärmlichem Jaulen und Miauen unter, weil Alfs Gesang den anderen unfreiwilligen Insassen gewaltig auf die Nerven fiel. Von hinten schrie der Wärter: „Ruhe hier drin!"

Alf wandte sich sichtlich enttäuscht über seinen Mißerfolg wieder an seinen Nachbarn, die Dogge, die nun nervös von dem Lärm aufrecht am Gitter kratzte: „Hey, Trigger, völlig verkrampft hier, dieser Planet. Das ist nichts für Burschen unseres Kalibers. Paß auf! Sobald es dunkel ist, machen wir einen Hopser in die Freiheit und nehmen die nette kleine Katze da drüben mit. Du mußt nur diesen häßlichen Maschendraht an der Tür durchbeißen. Einverstanden?"

Die Dogge knurrte, hockte sich wieder hin und beobachtete Alf mißtrauisch. Alf blickte mit schiefgelegter Schnauze zurück. Er wurde aus diesem Burschen nebenan nicht schlau. Hatte der etwa etwas gegen ihn? War etwas mit seinem Aussehen nicht in Ordnung? Alf sah an sich hinunter. Na gut, er war nicht gerade exakt gekämmt, das Fell war etwas durcheinandergeraten, aber Trigger sah schließlich auch nicht aus wie frisch aus dem Hundesalon. Von den anderen Gästen in diesem viertklassigen Hotel hier ganz zu schweigen. Sie machten alle einen sehr verhärmten Eindruck. Und der Service hier war miserabel. Alf musterte voller Abscheu den leeren Blechnapf in der Ecke seines Käfigs. Wer daraus fraß, mußte seiner Meinung nach mit schlimmen Seuchen rechnen. Nein, das war keine Unterkunft für einen aufrechten Melmac-Amerikaner, der schon mit dem Präsidenten der Vereinigten Staaten über Abrüstung verhandelt hatte. Das hier war übelster Slum. Alf bleckte angewidert sein Gebiß und sagte: „Bäh."

Eine dünne Mädchenstimme erregte seine Aufmerksamkeit, die in diesem Augenblick feststellte: „Es mieft furchtbar hier drin." Das war auch ganz Alfs Meinung, also lugte er neugierig durch die Maschen, um zu sehen, wer die Kleine mit der feinen Nase sein mochte. Er sah eine etwa achtjährige Göre an der Hand ihres Vaters, die sich mit dem Wärter unterhielt. Aus den Wortfetzen, die er verstand, entnahm er, daß das Mädchen Heidi hieß und hier war, um sich eine Katze auszusuchen.

Dann hörte Alf den Wärter sagen: „Die hier heißt Lucky, die wäre doch was für Ihre Tochter ... Nein, ich weiß nicht, welche Rasse das ist. Da kenne ich mich nicht so aus. Ich arbeite hier nur halbtags. Eigentlich bin ich Schauspieler."

„Mein Papi ist Produzent, und er sagt, alle Schauspieler sind Idioten", meinte Heidi dazu.

Alf registrierte nebenbei, daß die Kleine auch noch einen wachen Verstand besaß. Aber Lucky durfte ihr auf keinen Fall in die Hände fallen. Als der Wärter Lucky aus dem Käfig holte und Heidi in die Arme drückte, war für Alf die Zeit zum Handeln gekommen. In einem Film über einen Gefängnisausbruch hatte er mal gesehen, wie man ordentlich Rabatz machen konnte, auch wenn man nur bescheidene Mittel zur Verfügung hatte. Alf griff sich seinen Blechnapf und bearbeitete damit die Gitterstäbe. Es gab einen Höllenlärm.

Die Hunde und Katzen gerieten in Panik und jaulten und heulten, daß es eine Pracht war. Es war mächtig was los.

„Was ist das für ein abscheuliches Vieh", schrie Heidi schrill auf und zeigte auf den tobenden Alf.

Der Wärter war bereits auf dem Weg zu Alfs Käfig und rief zurück: „Ein Hund, glaube ich." Alf glaubte, seinen Ohren nicht zu trauen, als er nun hörte, wie das Mädchen dem Wärter nachrief: „Den können Sie vergiften, den will doch keiner haben!" Dann riß der Wärter schon wütend die Tür auf, um Alf zur Raison zu bringen. Aber der gab ihm keine Gelegenheit dazu.

Alf wischte ihm an den Beinen vorbei, riß die Katze aus Heidis Armen und wieselte hinaus in die Freiheit, so schnell ihn seine kurzen Beine trugen.

Keuchend erreichte er schließlich Tanners Haus und kletterte durch ein offenes Fenster hinein, weil auf sein Läuten niemand die Türe öffnete.

„Alles ausgeflogen", stellte Alf fest, als er sich umgesehen hatte. Er hockte Lucky auf den Wohnzimmertisch und betrachtete ihn näher. Der Kater hatte sich etwas verändert, war magerer geworden, das Fell war auch ziemlich räudig, wie Alf mitleidig bemerkte. Lucky mußte einen harten Existenzkampf auf der Straße geführt haben, bevor ihn ein Tierfänger geschnappt hatte. „Ja, ohne Zweifel", dachte

Alf, „hat Lucky alle Härten des Katzendaseins durchlitten."

Und er, Alf, hatte ihn heldenhaft gerettet. Alf war stolz auf sich. Nun würde er den anderen den lebenden Beweis seiner Unschuld präsentieren, auf eine Weise, die sie sich hinter die Ohren schreiben konnten. Auf den Knien würden sie ihn unter Tränen um Verzeihung bitten. Und danach galt es, Lucky wieder hochzupäppeln. „In seinem jetzigen Zustand ist er nicht appetitanregend", dachte Alf im selben Atemzug ungeniert und zeigte seine Zähne.

Kate, Lynn und Brian kamen wenig später erschöpft von ihrer vergeblichen Suche nach Hause, wo sie Alf aufrecht und triumphierend erwartete.

Vor ihm auf dem Tisch stand ein umgekippter Karton.

Hoheitsvoll stoppte Alf den freudigen Begrüßungsansturm der drei, die ihn überschwenglich ans Herz drücken wollten. Alf war ganz Herr der Lage. Das war seine Stunde. Und er war willens, sie zu nutzen:

„Stop. Bevor ihr noch ein Wort der Bitte um gnädige Verzeihung verliert, was das mindeste zur Wiedergutmachung wäre, präsentiere ich euch hier ...", er lüftete den Karton über dem schlafenden Kater, „... Lucky. Jetzt dürft ihr niederknien."

Das tat natürlich keiner, und statt dessen meldete sich in die allgemeine Verwirrung hinein von der Türe her Willie, der soeben mit einer anderen Katze auf dem Arm gekommen war: „Eh, ich glaube, da irrst du dich, Alf. Das hier ist Lucky. Er war die ganze Zeit in Ochmoneks Keller."

Brian jubelte: „Da haben wir ja jetzt zwei Katzen!"

„Nicht mehr lange", knurrte Alf beleidigt, der sich um seinen großen Auftritt betrogen fühlte.

Er beugte sich über seinen falschen Lucky und murmelte ihm beschwörend ins Ohr: „Du fühlst dich ganz müde, du bist kein Kater mehr, du bist ..."

„Alf!" rief Willie. „Nicht schon wieder!" Und dann wurde Alf unter dicken Umarmungen wieder in die Familie aufgenommen.

Er ließ es gnädig über sich ergehen. Alf schwamm ganz oben auf der Sympathiewelle. Und ein Melmac wußte das zu genießen.

Als Vertrauensbeweis durfte Alf an diesem Abend sogar Lucky füttern, den echten, wobei der Melmac dem Hauskater erklärte, wie die Dinge momentan standen: „Tja, Lucky, ha, ha", Alf klopfte sich vor Vergnügen auf die Schenkel, „du bist voll in meiner Hand, wenn dir das bewußt ist. Augenblicklich bin ich sozusagen unangreifbar. Ich könnte jederzeit zum Kühlschrank gehen, mir zwei Scheiben köstliches Toastbrot schnappen, ein bißchen Majonäse, Schinken und Tomaten dazu und dich damit zu einer leckeren Mahlzeit garnieren. Und niemand würde sich trauen, auch nur mit dem Finger auf den ollen Alf zu zeigen. Nein, eher würden sie Willie die Schuld zuschieben. Tja, das könnte ich. Dein Leben hängt gewissermaßen an einem seidenen Faden. Aber ich tu' es nicht. Und warum? Weil sie mir hier vertrauen. Grrr. Aber verlaß dich nicht zu sehr darauf. Ich könnte über Nacht Hunger bekommen, ha, ha, ha." Alf konnte es einfach nicht lassen.

Trotzdem benahm er sich die nächsten Tage tatsächlich sittsam. Nur war dem Frieden natürlich nach den bisherigen Erfahrungen mit ihm nicht zu trauen.

Den Kater aus dem Tierheim gaben die Tanners an eine befreundete Familie ab. Zwei Katzen und ein unberechenbarer Außerirdischer, mit einem ebensowenig berechenbaren Heißhunger auf sie, waren einfach zuviel für einen Haushalt.

Dann kam Brians großer Tag, die Schulaufführung für Erstkläßler, wozu Willie Tanner seit Tagen ein Lied mit ihm und seinem Klassenkameraden Spencer einstudierte. Kate war in der Zeit dabei, Kostüme für die beiden zu nähen. Sie sollten als Spargelstangen auf der Bühne stehen. Schließlich stand die Veranstaltung unter dem Motto einer Vitaminrevue. Doch schon vorher trieb Spencer die Tanners und besonders Brian mit seiner spitzen Zunge zur Verzweiflung. Der Junge konnte fast so unverschämt sein wie Alf und hatte Brian am Ende so verunsichert, daß der sich, den Tränen nahe, weigerte, überhaupt noch aufzutreten. Schuld an diesem Entschluß war Spencers ungenierte Bemerkung, daß er Brian für einen Stümper hielt. Auch Kates Kostüme machte der Bursche nieder, indem er ihnen jede Ähnlichkeit mit Spargel absprach und sie unter Zucchini einordnete. Und Willies Spargellied tat er schlicht als „Quatsch" ab. Folglich hatte die ganze Familie Spencer ins Herz geschlossen. Außerdem hatte Spencer beschlossen, bei der Aufführung auch noch eine Solonummer zu geben, bei der er ein paar deftige Witze zum besten geben wollte, deren Kostproben sogar noch Willie die Schamröte ins Gesicht trieben.

Kein Wunder also, daß Brian weder von seinen Eltern noch von Lynn dazu zu überreden war, zur Schule mitzufahren.

Bis Alf seinen jungen Freund zur Seite nahm. Vertraulich legte er seine dicke Pfote auf seinen Arm: „Also, dein Problem ist dieser Knabe Spencer. Dann will ich dir jetzt eine Geschichte erzählen, über einen Jungen, der Gordon hieß und auf Melmac aufgewachsen ist."

„Warst du dieser Junge?" fragte Brian schlau und vergaß für einen Moment seine Sorgen.

Alf nickte und legte einen Arm um Brian. In seinen schwarzen Kulleraugen blitzte schon wieder der Schalk auf. Er konnte es einfach nicht lassen anzugeben, wenn er über sich redete.

„Du hast es erfaßt, Kumpel. Also, dieser Gordon, ich meine mich, war ein netter Junge, gutaussehend, intelligent, erstklassiger Sportler, mit sehr viel Sinn für Humor und ..."

„Und du bist genauso schlimm wie Spencer", unterbrach ihn Brian deprimiert. „Der tut auch immer so, als wäre er der Größte. Was willst du mir eigentlich sagen?"

Alf knurrte gekränkt. „Wie kannst du diesen nichtssagenden Lümmel mit mir vergleichen. Also vergiß Spencer mal. Jedenfalls auf Melmac sollte ich den Sancho Pansa in ‚Der Mann von La Mancha' spielen. Gerade als ich mit meinem ersten Lied beginnen wollte, war ich wie erstarrt, so." Alf legte die Arme an und rührte sich nicht mehr.

Das sah so komisch aus, daß Brian lachen mußte. Das brachte wieder Leben in Alf. Er fuhr fort. „Das Publikum wurde schon unruhig. Die Leutchen waren nahe dran, mit groben Gegenständen nach mir zu werfen. Da kam der Junge, der den Don Quichotte spielte, und drückte mir diesen wunderbaren Talisman in die Hand. So, und der soll jetzt dir helfen."

Alf hielt Brian in der offenen Pfote einen Zahn hin und erklärte seinem verblüfften Freund dazu: „Das ist ein hundertvierundzwanzig Jahre alter Backenzahn."

„Und der hat dir Glück gebracht?" fragte Brian halb gläubig, halb staunend. Er wußte eben, wie gerne Alf flunkerte.

Der Melmac grinste. „Und ob. Ich mußte zum Schluß noch Zugaben geben. Das Publikum tobte vor Begeisterung. Sie haben mich auf den Schultern aus dem Saal getragen. Und jetzt gehst du auf die Bühne und haust sie um. Die Welt wird dir zu Füßen liegen, du wirst ein Knüller, in zwanzig Jahren werden sie noch von dir reden, Tränen der Rührung werden sie weinen ..." Alf kam ins Schwärmen.

Brian war noch nicht ganz überzeugt. Trotzdem steckte er den Zahn in die Hosentasche und meinte: „Na, meinetwegen. Ich kann es ja mal versuchen."

Leider achtete Brian nicht darauf, daß er ein Loch in der Hosentasche hatte. So fand Alf seinen Glücksbringer wieder auf dem Boden, als Brian mit den anderen bereits längst auf dem Weg zur Schule war. Alf schüttelte unwillig den Kopf und stellte weise fest: „Jetzt haben wir den Salat. Das wird ein Debakel geben."

Wenig später nahm das Schicksal seinen Lauf, als Brian hinter der Bühne tatsächlich merkte, daß der Zahn weg war. Das konnte nur ein schlechtes Omen sein. Brian war völlig verunsichert und wollte nur noch nach Hause.

Dort machte Alf inzwischen einige Leute am Telefon verrückt, die er dazu bewegen wollte, den Zahn zur Schule zu transportieren. Zum Schluß versuchte er sogar, eine Fluggesellschaft zu überreden, auf dem Flug nach Hawaii eine Zwischenlandung auf dem Schulhof zu machen. Als das nicht funktionierte, bemerkte er auf Kates Nähtisch ein übriges Spargelkostüm.

Das war vielleicht eine Möglichkeit, überlegte der Melmac. In dieser Verkleidung könnte er versuchen, den Zahn selbst zu Brian zu bringen. Aber es erwies sich für den kleinen fetten Alf als langwieriges Unternehmen, in die Spargelhülle zu schlüpfen. Das Ding drohte aus allen Nähten zu platzen. Dazu war es nicht einfach für den Rüsselträger Alf, den Kopf dorthin zu bringen, wo Kate die Augenöffnungen gelassen hatte. Alf fluchte und führte einen verzweifelten Kampf gegen die Tücke des Objekts. Als er endlich einigermaßen ordentlich in dem Ding steckte, kamen die Tanners schon wieder nach Hause.

Alle waren in bester Laune, wie Alf erstaunt feststellte. Damit war nicht zu rechnen gewesen, ohne seinen Zahn.

„Alf, es hat geklappt, ich habe das Lied gesungen", überfiel ihn Brian fröhlich.

Alf schwitzte in seinem Kostüm, aus dem er jetzt wieder herauskommen wollte. Die anderen lachten über seine Verrenkungen. Schließlich tauchte Alf wieder in voller Schönheit, aber ziemlich erschöpft aus der Hülle auf und erkundigte sich schnaufend bei Brian: „Und wie hast du das ohne meinen Zahn geschafft? Sehr erstaunlich."

Brian klopfte sich gegen seine Brust und verkündete stolz: „Weil Mut hier von innen heraus kommt und nicht von einem alten Zahn. Das hat Paps mir beigebracht, als ich gerade endgültig das Handtuch werfen wollte."

„Sehr erstaunlich", wiederholte sich Alf, der sich diesen plötzlichen Umschwung nicht so recht erklären konnte.

Brian lachte. „Außerdem ist Spencer mit seinen bescheuerten Witzen vorher voll auf die Nase gefallen und war fix und fertig. Das hat mir auch sehr geholfen."

Kate hatte sich die ganze Zeit schon etwas anderes gefragt und sprach Alf jetzt nachdenklich daraufhin an: „Sag mal, wieso hast du eigentlich das Kostüm angezogen?"

Alf wand sich sichtlich. Die ganze Geschichte war ihm jetzt peinlich. „Äh, mein Onkel ist plötzlich verschieden. In solchen Fällen schmeißen wir uns auf Melmac immer in Gemüse."

Kate drohte ihm spielerisch mit dem Zeigefinger und schmunzelte. „Ich glaube dir kein Wort, du Schlingel. Ich glaube eher, du wolltest dich so aus dem Haus schleichen, um Brian den Zahn zu bringen."

Alf sah ein, daß er überführt war. Aber er wäre nicht Alf gewesen, wenn ihm dazu nicht noch ein kleiner Schocker eingefallen wäre. Er bleckte sein Gebiß. „Ich wollte mich nicht schleichen, ich wollte ein kleines süßes Auto kurzschließen und mich damit auf den Weg machen."

Kate kam lachend auf ihn zu. „O Alf, du schwindelst ja schon wieder. Du kannst ja gar nicht Auto fahren. Aber ich finde es nett von dir, daß du dir Sorgen um Brians Auftritt gemacht hast. Laß dich in die Arme nehmen."

Alf wehrte mit gespieltem Entsetzen ab. „Bitte nicht gleich in die vollen. Beginnen wir unsere Freundschaft mit einem Händedruck."

„Ganz, wie du willst, Alf." Kate drückte ihm die Pfote. „Aber ich glaube in deinen Augen zu sehen, daß du in Wirklichkeit richtig gerührt bist."

„Ich komme mir nur ziemlich albern vor", murrte Alf und senkte den Blick, weil Kate völlig recht hatte.

„Also, wir müssen die Rechnungen in Zukunft genauer unter die Lupe nehmen. So geht das nicht weiter."

Willies Stirn zierten an diesem Abend sorgenvolle Falten. Der Etat des Haushaltes Tanner war in letzter Zeit arg überstrapaziert worden. Darum hatte Willie den Familienrat einberufen.

Selbstverständlich hatte Alf bemerkt, daß hier etwas vorging, wozu er nicht eingeladen worden war, und drängte sich ungeniert dazu.

„Unsere Stromkosten alleine sind enorm", bemerkte Willie gerade. „Ich kann mir das überhaupt nicht erklären."

Alf wollte erst gar nicht den Verdacht aufkommen lassen, daß er etwas damit zu tun haben könnte, und verkündete: „Ich stelle jeden Morgen den Trockner aus, wenn ich aufwache."

„Also, dann werden wir einfach ...", redete Willie weiter, um sich dann abrupt zu unterbrechen. Er glaubte nicht richtig gehört zu haben. „Den Trockner? Was redest du da? Wozu machst du den Trockner an, und dann noch nachts?"

Für Alf war das eine einfache Frage, die eine einleuchtende Antwort erforderte. „Ich brauch' nachts ein bißchen Gesellschaft zum Einschlafen."

„Lies ein Buch", empfahl ihm Willie kopfschüttelnd für die Zukunft. „Der Trockner bleibt in Zukunft aus. Jetzt zu unserer Telefonrechnung. Wer in Dreiteufelsnamen hat denn mit München telefoniert?"

„Das kann doch wohl nur ein Irrtum sein", vermutete Kate.

„Kein Irrtum", stellte Alf wieder richtig und schob sich ein Butterbrot in die Backen. „Das war der liebe Alf."

Jetzt war Kate am Staunen. „Wozu denn das?"

„Es war wegen des kaputten Staubsaugers. Die Reparaturwerkstatt meinte, sie könne den Hühnersalat nicht aus dem Gebläse bekommen und müsse das Ding an den Hersteller nach Deutschland schicken."

„Aber deshalb mußtest du doch nicht dort anrufen!" Willie konnte es nicht fassen.

„Ich gehe den Dingen gerne auf den Grund", konterte Alf. „Haben wir nichts mehr zu futtern da, außer ein paar Schokoladenkeksen?" Alf glaubte, endlich auf ein wichtiges Thema kommen zu müssen. Und es gab nun mal für ihn nichts Wichtigeres als Essen.

Willie hakte sofort nach und schimpfte. „Das ist der nächste Punkt. Du frißt unsere ganzen Vorräte, außer denen, die du auf dem Fußboden verstreust. Weißt du eigentlich, was Lebensmittel kosten?"

Alf beäugte ihn von unten nach oben. Sein feines Ohr für Zwischentöne hatte hier doch glatt einen Vorwurf herausgehört. „Eh, willst du damit sagen, daß ich ein Parasit sei?"

„Niemand hat das behauptet", ächzte Willie.

„Oder ein Nassauer?" Alf wollte es schon genau wissen.

Willie tat ihm den Gefallen, ihn zu informieren. „Das kommt der Sache schon näher."

„Wie wäre es mit Schmarotzer", fiel Brian dazu jetzt auch noch etwas ein, was Kate gleich auf die Palme brachte.

„Wo hast du denn den Ausdruck aufgeschnappt."

Brian war beleidigt über diese ungerechte Behandlung und erinnerte seine Mutter daran: „So hast du Alf doch letzte Woche mal bezeichnet."

Das hätte nicht kommen dürfen. Alf neigte den Kopf

schief und funkelte Kate an. Aber seine Stimme war zuckersüß, als er sagte: „Ah, sieh mal an, Katichen. So redet man in diesem Haus hinter meinem Rücken. Feine Manieren, das muß ich schon sagen."

Davon, daß er selbst von Manieren grundsätzlich großen Abstand nahm, sprach Alf allerdings nicht. Dazu war er nun wieder viel zu vornehm.

Kate seufzte. „Na gut, einigen wir uns eben auf Parasit."

Das war nun für Alf das Zeichen, beleidigt und empört abzutreten. Er zog sich in die Wäschekammer zurück.

Am nächsten Morgen verkündete er der versammelten Familie mit feierlichem Trotz: „Ich werde mir einen Job suchen. Die gestrigen Ereignisse zwingen mich dazu".

Das klang ohne Zweifel äußerst gefahrvoll, wie Kate fand. Dieser Tatendrang mußte gebremst werden. Eilig meinte sie: „Das ist nun das letzte, was wir ..., was du brauchst", verbesserte sie sich schnell. „Aber wie wäre es, wenn du ein bißchen im Haushalt mit anfaßt? Nein, das ist wohl auch nicht das Wahre", erkannte sie dann.

Es war schwierig, für Alf eine sinnvolle Tätigkeit zu finden. Das heißt, eigentlich war es unmöglich. Am besten wäre gewesen, ihn in eine Art Dauerschlaf zu versetzen.

Natürlich war es völlig aussichtslos, Alf von seinem einmal gefaßten Plan abzubringen.

Am nächsten Tag wälzte er heimlich Zeitungsannoncen unter der Rubrik „Stellenangebote" und stieß dabei auf einen vielversprechenden Text: „Suchen Sie einen Weg, schnell Geld zu verdienen?" Alf schnalzte mit der Zunge.

Dann wählte er die angegebene Nummer.

In der nächsten Zeit trafen geheimnisvolle Pakete im Hause Tanner ein, die alle für einen gewissen Alf bestimmt waren.

Willie und Kate beobachteten die Sendungen sorgenvoll und mißtrauisch. Aber sie bekamen nicht aus Alf heraus, was der Kleine wieder ausbrütete. Er schloß sich mit seinen Lieferungen im Waschraum ein und war dann stundenlang nicht zu sprechen. Und sobald er alleine im Haus war, führte Alf viele und lange Telefongespräche. Es war etwas im Gange.

Lynn erfuhr als erste, womit es Alf in letzter Zeit so ungeheuer wichtig hatte, als der Melmac sie in sein Zimmer holte. Sprachlos fand sich Lynn im Waschraum wieder, der jetzt mehr einem Kosmetiksalon ähnelte. Mit glitzernden Augen stand Alf stolz mitten in einer Unmenge von Fläschchen, Döschen und Flakons. Lynn mußte sich auf einen Stuhl setzen. Dann erklärte ihr Alf feierlich: „Du siehst hier die geheimnisvolle und wunderbare Welt der Terry-Faith-Kosmetik, die der ebenso wunderbare Alf unter das amerikanische Volk zu verbreiten gedenkt. Alf, das größte Verkaufsgenie, das dieses Land jemals gesehen hat." Er klopfte sich vor Begeisterung auf die Schenkel.

Erst jetzt fand Lynn ihre Sprache wieder und stöhnte: „Einer von uns beiden ist verrückt. Oder ich träume. Mein Gott, was willst du mit dem ganzen Zeug nur anfangen?"

„Ha, ich verkaufe den ganzen Krempel übers Telefon", klärte sie Alf euphorisch auf. „Der ehemalige Parasit hat jetzt einen Job. Ich bin jetzt eine Terry-Faith-Beraterin, eh, Berater."

Lynn griff sich an die Stirn. „Aber Alf, du verstehst

doch überhaupt nichts von Kosmetik ... Was schaust du mich jetzt so an?" Denn tatsächlich betrachtete Alf sie nun mit dieser Mischung aus liebevollem Interesse und List, die er normalerweise für Lucky übrig hatte, wenn er sehr ausgehungert war. Lynn war nicht mehr ganz wohl in ihrer Haut. Dann begriff sie. „Ach, du meine Güte, du willst doch nicht ...?"

Doch, Alf wollte. Er tauchte eine Pfote bereits in ein Cremetöpfchen, auf dem stand, daß man den Inhalt großzügig über Gesicht und Hals verteilen sollte, und mit der anderen rührte er in einer Wangenfarbe, die laut Text den Bäckchen den wunderbaren Ton eines Hummers verleihen würde. Und dann verteilte Alf alles zusammen auf dem Gesicht der bedauernswerten Lynn.

Sehr großzügig. Wie es auf der Packung stand. Dazwischen lobte er seine Arbeit begeistert mit Urteilen wie „fabelhaft", „ausgezeichnet", „super" und gab Lynn so merkwürdige Anweisungen wie „jetzt fest die Backen einziehen, den Hals etwas länger machen, tief einatmen, Augen zu."

Danach sah Lynn aus, als wäre sie beim Malern kopfüber in mehrere Farbkübel gefallen. Aber nach Alfs Verständnis von Kosmetik war sein Werk genial gelungen.

Nur Lynn erschrak fürchterlich, als sie in einen Spiegel schaute, und schoß förmlich ins Badezimmer, um sich das Gesicht zu waschen, wobei sie leider auf dem Weg dorthin Brian begegnete, der spontan den Eindruck gewann: „Gütiger Himmel, die Zombies sind eingefallen."

Er lag noch kreischend vor Lachen auf der Couch, als Lynn hocherhobenen Hauptes und mit Verachtung im

Blick wieder aus dem Bad kam. Aber jetzt sah sie wenigstens wieder menschlich aus.

Brian strampelte sich hoch und flüsterte Lynn zu: „Geh in Deckung, Schwester. Furchtbare Wesen haben unser Haus überfallen. Gerade vorhin ist eines an mir vorbeigerauscht. Es hatte ungefähr deine Größe."

Lynn mußte nun doch lachen und knuffte Brian in die Seite. „Es ist noch etwas viel Furchtbareres passiert, Bruderherz. Alf ist ins Kosmetikgeschäft eingestiegen. Und ich war sein Versuchskaninchen. Das Ergebnis hast du ja gesehen."

Brian blieb der Mund offenstehen.

Nur Willie und Kate ahnten noch nicht, was auf sie zukam. Aber das änderte sich am nächsten Abend. Schlagartig: Es begann damit, daß das Telefon klingelte und eine Dame namens Ginger nach Alf verlangte. Da Willies Mißtrauen durch die Paketlieferungen schon geweckt war, spitzte er seine Ohren und hörte Alf in den Hörer flöten, als spräche der offensichtlich mit einer alten Bekannten.

„Oh, hallo, Ginger, meine Güte ... was macht Oskars Leistenbruch? ... Oh, schön, das sind gute Neuigkeiten ... Ah, du rufst wegen der Kräuterduftkissen an ... Ja, das wird bestimmt ein großer Renner. Schick mir ruhig eine Ladung rüber ... Ja, bye-bye, Gingerlein."

„Kräuterduftkissen?" fragte Kate, die gerade hereingekommen war, und kniff die Augen zusammen. „Was hat das nun wieder zu bedeuten? Und wer ist Gingerlein?"

„Ja", nickte Willie und grapschte sich Alf am Rückenfell, weil der gerade an ihm vorbeiwatschelte. „Ja, das frage ich mich auch. Alf, unser aller Liebling. Nimm dir doch einige Minuten deiner kostbaren Zeit und kläre uns diesbezüglich auf."

Alf raunzte. Er zog die Oberlippe hoch und zeigte die Zähne, weil ihn Willie immer noch am Fell hatte. „Also gut, du kannst aufhören, mir die Haare auszureißen. Ich hätte es euch sowieso heute noch erzählt." Er machte eine bedeutungsschwere Pause: „Ich habe einen Job."

„Oh", machte Kate ungläubig und entsetzt, während Willie plötzlich alle Kräfte schwinden fühlte. Er ließ Alf los und machte: „Ah."

Alf nickte eifrig. „Ja. Ich bin in die Rouge-Schleuderbranche eingestiegen. Du solltest übrigens mehr für deinen Teint tun, Kate."

„Was für ein Job ist das, Alf?" fragte Willie lauernd, da Kate wegen des Hinweises auf ihren Teint momentan sprachlos war.

Alf guckte wichtig in die Runde. „Ich meine, daß ich eine glänzende Karriere als Fachmann für Schönheitspflege begonnen habe und zweimal soviel nach Hause bringen werde, wie dieser Staatsdiener hier." Dabei zeigte er gelangweilt auf Willie, den das auch gleich auf die Palme brachte. „Der Staatsdiener hat es nicht nötig, daß du Kosmetika verkaufst. Er bringt selbst genug nach Hause. Also vielen Dank."

„Immerhin bin ich zum Verkäufer des Monats gewählt worden", erklärte Alf betont beiläufig und betrachtete seine Nägel.

Willie begann es schwindlig zu werden. Er ahnte langsam dunkel, daß eine neue Alf-Katastrophe anrollte, deren Ausmaß alle bisher dagewesenen weit übertraf. „Bitte", stöhnte er, „bitte sag mir, wie viele Leute dich bisher schon gesehen haben, bei deinen Verkaufsgesprächen. Vielleicht sind wir vor dem elektrischen Stuhl noch zu retten, wenn ich da auch nicht mehr viel Hoffnung habe."

„Keine Panik, mein Alter, ganz ruhig." Alf tätschelte Willie beruhigend den Rücken. „Ich verscherbele das ganze Zeug per Telefon. Außerdem habe ich bis jetzt noch nichts verkauft."

„Und wieso bist du dann Verkäufer des Monats geworden?" schnaufte Kate.

Alf wiegte bedenklich den Kopf über soviel Unbedarftheit über die Gepflogenheiten des höheren Managements und erklärte geduldig: „Schau, Katilein. Es kommt nicht darauf an, wieviel ich verkaufe, sondern darauf, wieviel ich von Gingerlein einkaufe, um es dann wieder selbst zu verkaufen. Und ich habe eine Menge eingekauft. Übrigens müßten die Kräuterduftkissen gleich eintrudeln. Dann bin ich fürs erste komplett."

Willie stöhnte auf. „Alf, bitte sag, daß ich dich falsch verstanden habe. Du hast eingekauft, wahrscheinlich auf die Nummer meines Kundenkontos, aber nichts verkauft."

„Ich kann dich beruhigen, Willie. Du bist nicht doof. Du hast es genau begriffen", lobte ihn Alf.

„Wieviel", hauchte Willie. „Wieviel?"

„Äh, das ist so aus dem Ärmel schwer zu sagen." Alf dachte nach. „Schätzungsweise achtzehn Kartons Wangenrouge, sechzehn Packungen Lippenstifte, zweiunddreißig . . ."

„Wieviel Geld, Alf", unterbrach ihn Willie, dem Ende nahe.

„Ah, das kann ich dir gleich sagen. Als guter Kaufmann habe ich meine Ausgaben im Kopf." Alf strahlte Willie an. „Bisher genau viertausendundvierzig Dollar."

Willie röchelte, Kate sank in sich zusammen. Alf strahlte weiter, wenn ihm die Reaktion der beiden auch etwas komisch vorkam. Es sah aus, als wären sie plötzlich krank geworden. „Ja, ich steuere meinen Teil zum Haushaltsetat bei", fuhr er deshalb fort, weil ihn die beiden möglicherweise vorhin falsch verstanden hatten.

„Ja, weiß Gott." Willie faßte sich mühsam wieder. „Du trägst deinen Teil zu unserem Ruin bei. Aber damit ist jetzt Schluß. Kein Telefon, kein Fernsehen, kein Garnichts! Bis wir diese Make-up-Katastrophe beseitigt haben."

Kurz darauf kam die Lieferung Kräuterduftkissen, die Willie mit letzter Kraft entgegennahm.

Er warf sie Alf vor die Füße. Der brummelte beleidigt in sich hinein. „Da versuchst du, jemandem zu helfen, und, bumm, wendet sich alles gegen dich."

„Ich habe das Gefühl, gleich zu platzen", schimpfte Willie. „Dieses Tier ist doch wirklich das größte Ungeheuer, das mir jemals über den Weg gelaufen ist."

Kate zupfte ihren aufgebrachten Mann am Arm. Irgendwie tat ihr Alf diesmal leid. „Willie, ich glaube, er hat es wirklich gut gemeint. Eigentlich sind wir doch mit an der ganzen Sache schuld, weil wir ihn einen Parasiten genannt haben. Und vielleicht können wir ja wirklich noch einiges von den Kosmetika verkaufen, die Alf angeschleppt hat."

Alf wurde sofort hellhörig. Waren die Wogen dabei, sich zu glätten? Da mußte er Kate unbedingt etwas Nettes sagen. „Mmh", machte Alf sich bemerkbar. „Was ich da vorhin über deinen Teint sagte, Kate. Ich meine, kosmetisch gesehen bist du ein Pflegefall, aber nicht alt."

Kate riß es herum. Aber nicht, um sich auf Alf zu stürzen, sondern um entsetzt Willie zu fragen: „Willie, sehe ich denn wirklich so heruntergekommen aus?"

Willie schüttelte den Kopf. Er hatte das Gefühl, in einem Tollhaus zu sein. Normal war das jedenfalls nicht mehr. „Warum hörst du ihm überhaupt noch zu", schnaufte er empört.

„Aber er ist doch Schönheitsexperte", wandte Kate ein. Alf räusperte sich wieder. Warum die ihn hier nur immer alle falsch verstanden. Er mußte das richtigstellen.

„Ich meine nur, auch eine Frau von solch strahlender Schönheit sollte darauf achten, daß ihre unvergängliche Lieblichkeit blüht und duftet zu jeder Zeit."

„Oh", schmolz Kate dahin, während sich Willie an den Kopf faßte und stöhnte: „Heiliger Bimbam."

Alf konzentrierte sich aber voll auf Kate. Schließlich war er immer noch im Terry-Faith-Geschäft. „Ich würde dir fürs erste unsere unreflektierende Kinn-Polier-Paste empfehlen. Sie ist ein ‚Muß' für jede Frau mit Stil."

„Wirklich?" Kate dachte darüber nach. „Und was würde die kosten?"

„Fünfzig Dollar, oder zwanzig." Alf war sich da nicht ganz sicher. „Aber wenn du fünf übrig hast, gehört sie dir."

„Unser Verkaufsgenie", höhnte Willie. In dem Moment läutete es an der Tür. Das rief ihn sofort wieder in die rauhere Wirklichkeit zurück, die mit seinen angeschlagenen Finanzen zu tun hatte – dank Alf. Willie grunzte wie ein angeschlagener Boxer. „Alf, wenn das eine neue Lieferung deiner Kosmetika sein sollte, dann drehe ich erst dem Boten und dann dir den Hals um." Vorsichtshalber lugte er erst einmal durch den Türspion, um sofort verwirrt festzustellen: „Meine Güte, Kate. Da steht ein ganzer Schwarm gierig aussehender

Weiber draußen. Was zum Teufel wollen die jetzt auch noch von uns, mein letztes Hemd?"

„Ach, das hatte ich ganz vergessen", ließ sich Alf vernehmen. „Die Damen kommen zur Terry-Faith-Party, die ich in deinem Namen hier veranstalte, Willie. Am besten, Kate und ich verschwinden in die Küche und kümmern uns um die kulinarischen Dinge. Schließlich kauft man mit wohlig gefülltem Magen eher ein, als mit knurrigem. Das Warensortiment steht in meinem Zimmer. Es würde sich empfehlen, es angenehm fürs Auge hier am Wohnzimmertisch aufzubauen, Willie. Das lernt man im Grundkurs für den guten Verkäufer."

„Ich werde dieser Sache ein Ende machen", knurrte Willie, während sich Alf in die Küche verzog. Willie öffnete die Türe.

Kate hatte inzwischen die Kartons mit den Kosmetika ins Wohnzimmer getragen, weil möglicherweise ja doch noch etwas zu retten war, obwohl sie selbst nicht so recht daran glauben wollte.

Willie sagte gerade: „Wenn Sie mir bitte zuhören wollen, meine Damen. Was diese Produkte angeht ..."

Er konnte allerdings nicht mehr weiterreden, weil die zur Terry-Faith-Party geladenen Damen an ihm vorbeistürmten und sich vor Entzücken kreischend über die Ware hermachten. Weder Kate noch Willie kamen allerdings dazu, sich darüber verwundert die Augen zu reiben. Denn Kate wurde mit Bestellungen von Kaffee und Strudel bombardiert, die Alf seinen Kundinnen versprochen hatte, großzügig wie er nun mal war.

Und Willie schwirrte der Schädel von den maschinengewehrartig auf ihn abgeschossenen Fragen: „Ist die hammelfettfreie Augenlösung schon hereingekommen?"

„Ach Willie, mein Lieber, paßt denn dieser Lidschatten zu meinen Augen?"

„Willie, Herzchen, ich finde den Avocado-Haut-Toner nicht. Ah, da ist er ja. Würden Sie ihn mir auftragen?"

Kate wirbelte inzwischen verzweifelt in der Küche, wo Alf belegte Brötchen richtete. Er war ganz Herr der Lage, auch wenn weder Strudel vorhanden war noch eine Espressomaschine, weil man bei Tanners auf Terry-Faith-Partys nun mal nicht eingerichtet war.

Alf grunzte deshalb indigniert und meinte vorwurfsvoll zur armen Kate: „Keine Espressomaschine? Schon ein Armutszeugnis, Katilein. Aber, na gut, ich mach' ein bißchen Pulverkaffee. Sollen sie damit anfangen. Sag ihnen, der Imbiß kommt gleich."

Kate, die noch nicht so richtig mitbekommen hatte, was im Wohnzimmer tatsächlich ablief, schwankte zwischen einem Nervenzusammenbruch und dem Bedürfnis, dem Melmac den Hals um hundertachtzig Grad zu schwenken.

Draußen war Willie nun bis zur Erschöpfung in Anspruch genommen, nachdem inzwischen weitere Damen eingetroffen waren. So erwischte ihn Kate in flagranti, als er gerade einer üppigen Blondine angestrengt den Hals massierte, wobei sie fast die Käsecrakkers fallen ließ, ein Notangebot aus Tanners Vorräten.

„Willie, was geht hier vor?" verschaffte sich Kate streng Gehör. „Was hast du am Hals dieser Frau zu schaffen?"

Willie stoppte ruckartig seine Tätigkeit, in die er versunken war, und rechtfertigte sich verlegen: „Das ist der neue Hals- und Wangenraffer, Kate. Den muß man, eh, fest einmassieren."

Kate bedachte ihn mit einem vernichtenden Blick, wurde aber dann von einer Dame namens Myrna beschäftigt, die wissen wollte, ob sie auch Schecks ohne Karte annehmen würde. Bevor Kate antworten konnte, übernahm dies eine rauhe Stimme aus der Küche: „Laß dir den Ausweis zeigen, Katilein."

Kate, einer Ohnmacht nahe, wiederholte willenlos Alfs Anweisung, worauf Myrna ihren Ausweis zückte und einen Scheck ausstellte. „So, damit habe ich nun wohl ein Anrecht auf die Koffer."

„Welche Koffer?" stöhnte Kate auf. Sie fühlte sich von den Ereignissen überrollt.

Myrna war erstaunt. „Alf hat gesagt, ab dreihundert Dollar kann man wählen zwischen hochglänzendem oder mattem Kunstleder."

„Steht alles in meinem Zimmer", meldete sich sofort wieder die Stimme aus der Küche, während Willie aufgescheucht und ziellos hin und her wetzte, um einen Hundertdollarschein von einer Dame namens Mary Jo zu wechseln. Er wußte nur nicht, wie und wo. Mary Jo erlöste ihn schließlich aus seinen Nöten, indem sie zu dem Avocado-Haut-Toner auch noch den Hals- und Wangenraffer nahm, mit dem ihr Willie den Hals massiert hatte.

Kate zog Willie beiseite und flüsterte ihm zu: „Ich weiß nicht genau, was hier vor sich geht, Willie. Glaubst du, daß wir das Richtige tun?"

Willie zuckte mit den Achseln und raunte zurück: „Was sollen wir schon machen. Wir stecken doch bis zum Hals in der Geschichte mit drin. Aber es sieht so aus, als würden wir verkaufen."

„Hoffentlich fängt Willie nicht an, seine Kartentricks zu zeigen", sorgte sich Alf danach todernst in der Küche gegenüber Kate. „Das könnte die ganze Party schmeißen. Wie läuft es denn sonst?“

Kate schaute den Kleinen schräg an und meinte sanft wie eine Schlange: „Wenn du ganz großes Glück hast, mein Liebling, dann kannst du deinen Hals noch einmal retten. Aber da mußt du wirklich ganz großes Glück haben.“

Alf wackelte leicht mit dem Kopf, wie er es immer tat, wenn er doch etwas besorgt wurde. Kate war ein Experte im Androhen körperlicher Unannehmlichkeiten.

Willie sah sich im gleichen Moment an der Haustür keiner neuen Kundin gegenüber, wie er vermutet hatte, sondern einem Boten, der wieder mit einer Unmenge Kartons aufwartete und ihm locker mitteilte: „Der Rest von Ihrer Lieferung, Mr. Tanner. Ich mußte mir dazu nur erst einen größeren Laster besorgen.“

Am liebsten hätte sich Willie daraufhin zwischen die Kartons geworfen und bitterlich geweint, um anschließend Alf zu ertränken.

Aber die turbulente Terry-Faith-Party ließ ihm keine Zeit dazu. Zum Glück kümmerten sich inzwischen auch Lynn und Brian um die Damen und entlasteten so ihre erschöpften Eltern. Aber als die Party schließlich vorbei war, war die gesamte Familie Tanner geschafft, während Alf mit wichtiger Miene die Einnahmen und Auftragseingänge sortierte. Schließlich war er der Boß des Unternehmens. Die anderen saßen dabei mehr oder weniger apathisch um ihn herum.

Endlich war Alf soweit. Er räusperte sich: „Wie wäre es mit einem Trommelwirbel?“ Dabei blickte er feierlich in die abgeschlaffte Runde.

„Gib schon her“, sagte Willie nur matt und nahm Alf den Zettel mit den Ergebnissen ab. Alf grunzte etwas,

was sich so anhörte wie: „Der Stil in dieser Familie läßt doch sehr zu wünschen übrig."

Willie studierte die Abrechnung. Dann kam so etwas wie Leben in seinen Körper. Er richtete sich etwas auf und verkündete: „Nicht zu glauben, wir haben sogar etwas Gewinn gemacht."

Brian klatschte in die Hände und jubelte: „Dann können wir ja die neue Tischtennisplatte kaufen."

Willie wiegelte sofort ab und versetzte Alf einen Dämpfer, weil der sich stolz in die haarige Brust geworfen hatte. „Nein, damit können wir gerade die Kosten für Alfs blödsinnigen Anruf nach München decken." Alf ließ die Luft wieder ab. Der Stil in dieser Familie war wirklich sehr enttäuschend. Und keine Spur von echtem Unternehmergeist. Alf glaubte, da weiter ankurbeln zu müssen, und meinte: „Wenn wir noch ein paar Terry-Faith-Partys veranstalten, dann können wir ..."

Willie unterbrach ihn sofort: „Nein, nein, nein, keine Terry-Faith-Partys mehr und kein Make-up-Zirkus mehr."

Alf grunzte unwillig. Aber so leicht ließ er sich seinen Triumph nicht vermiesen. Jetzt würde er ihn beschämen. Alf erhob sich zu seiner vollen Größe von neunzig Zentimetern und verkündete mit erhobener Schnauze: „Na gut. Ich bin euch trotzdem dankbar, daß ihr mir diese Chance gegeben habt." Was natürlich Unfug war, denn niemand hatte zuerst von seinen Geschäften gewußt, und Willie hätte sie in diesem Fall nie und nimmer zugelassen. Alf fuhr feierlich fort: „Und damit habt ihr nicht nur einen Satz Koffer aus wunderschönem Kunstleder gewonnen. Sondern ihr werdet diese Koffer auch packen und ins wunderschöne Dayton aufbrechen. Dort verbringt ihr drei Tage und zwei Nächte im herrlichen Terry-Landhotel. Ihr werdet dinieren und tanzen in der komfortablen Augenschatten-Lounge. Und ihr besucht das Terry-Faith-Museum, wo Terry persönlich besichtigt werden kann im, eh, durchsichtigen drehbaren Kristallsarg."

Und in die nun tatsächlich ziemlich kleinlaut dreinblickende Runde hinein zückte er Willies Polaroidkamera, drückte auf den Auslöser und triumphierte: „Dieser Augenblick wurde hiermit festgehalten. Wegen der Erhabenheit des Moments ist das Fotografieren mit Blitzlicht nicht erlaubt."

Obwohl die Familie der Kosmetik-Katastrophe ein wirklich schönes Wochenende in einer animierenden Umgebung verdankte, entschloß sich Willie doch, Alf das Einkaufen auf seine Kundenkontonummer unter Androhung furchtbarster Folter zu verbieten. So kam Alf anläßlich Willies Geburtstags mächtig in Bedrängnis. Irgend etwas wollte er dem Ernährer der Familie ja zukommen lassen – aber was?

Schließlich stieg Alf in den Keller und steckte dort seinen Rüssel in alten Plunder und fischte vergilbte Fotos und eine staubige Speisekarte heraus, um sie Willie zu schenken. Und damit steuerte er schon ins nächste Drama.

Die Bilder waren alte Fotos von der High-School, in der sich Willie und Kate kennengelernt hatten, und Willie fand es zunächst sehr aufmerksam von Alf, daß er sie für ihn herausgesucht hatte, und bedankte sich erfreut. Alf war eher von der Aussicht auf die leckere Geburtstagstorte erfreut und wehrte den Dank ungeduldig ab.

So harmlos begann alles. Nach dem Essen brachte dann Lynn den Stein ins Rollen, als sie bei der Durchsicht der Schnappschüsse nichtsahnend ihre Mutter fragte: „Mami, wer ist denn dieser tolle Kerl, der da den Arm um dich legt?"

„Das ist der wilde Hohnerheim", erkannte Kate leicht errötend.

Willie sprang ihr bei und erklärte den anderen leichthin: „Kate hat eine Menge toller Kerle gekannt, bevor sie mich heiratete."

„Oh", hatte Lynn da schon einen anderen entdeckt, „und wer ist der Junge, der so aussieht wie Harrison Ford?"

„Das ist Nolan Westwood", wußte Kate noch. Es wurde ihr langsam peinlich.

Alf, der Lynn über die Schulter schaute, richtete seine Aufmerksamkeit auf einen Kerl im Football-Dreß und fragte in seiner legeren Art: „Wer ist der Bursche in den albernen Klamotten und Strumpfhosen?"

„Den kenne ich", übernahm Brian aufgeregt die Antwort. „Der ist ganz berühmt geworden. Das ist Joe Namath. Wow, Mami, du bist mit Joe Namath gegangen?" Kate stieg sehr in Brians Achtung.

Willie schaute jetzt schon etwas verlegen drein. Um von diesem unseligen Thema wegzukommen, konzentrierte er sich auf die Speisekarte.

„Seht mal, die ist aus dem kleinen Restaurant, das Kate und ich damals entdeckt hatten, als wir zum ersten Mal ausgingen."

„Laß uns was bestellen", forderte Alf und studierte gierig die Rubrik „Fleischgerichte".

Dabei fiel Kates Blick auf die Rückseite, wo sie ihre und Willies Handschrift entdeckte. Sie erinnerte sich plötzlich.

„Sieh doch mal, Willie. Hinten auf der Karte steht

noch unsere Liste von damals. Weißt du noch? Wo wir unsere Ziele aufgeschrieben haben, die wir später erreichen wollten."

„Ähem", machte Willie, dem nun langsam schwante, daß Alfs Ausgrabungen im Keller unangenehme Seiten anzunehmen drohten. Lynn und Brian machten sich neugierig über die Liste her. Für sie war es spannend zu erfahren, was ihre Eltern sich damals fürs spätere Leben vorgenommen hatten.

„Skilaufen im Adlernest von Squaw Valley", las Lynn bei Kates Wünschen und weiter: „Ein Gedicht veröffentlichen in einer wichtigen literarischen Zeitschrift, mit den Stieren in Pamplona um die Wette rennen."

„Ähem", wiederholte sich Willie. „Das hat sie alles schon gemacht."

Alf steckte seine Schnauze in Willies Vorhaben und fand als Ziel Nummer eins die Anfertigung einer besseren Mausefalle. „Nicht gerade hochgesteckt", bemerkte Alf dazu geringschätzig. „Muß ein Kinderspiel gewesen sein."

Willie machte zum drittenmal „Ähem" und gab zu: „Nicht so ganz. Ich arbeite noch daran."

„Zweitens, den Fallschirmsprung vollenden", las Alf kopfschüttelnd weiter. Er wunderte sich: „Den Sprung vollenden? Du bist also nur ein bißchen gesprungen? Wie macht man das, mittendrin aufzuhören?"

Alf schaute Willie sehr interessiert in die Augen. Das mußte er natürlich genau wissen. Willie wurde etwas unwohl. Aber er wußte, daß dieses Untier nicht lockerlassen würde. Er räusperte sich wieder.

„Eh, Alf, das ist so. Du machst dich fertig für den Sprung. Dann überlegst du es dir, gehst wieder zurück und setzt dich hin."

„Also, du kneifst", drückte es Alf kurz und trocken anders aus. Er fixierte Willie unbarmherzig, der leichte Schweißperlen auf die Stirn bekam und stotterte: „Nein, man, man entschließt sich, nicht zu springen."

Willie wurde der Hemdkragen eng.

„Man kommt zur Vernunft", half ihm Kate.

„Man denkt darüber nach", fiel Willie dankbar noch dazu ein.

„Man beschließt einfach, nicht so blöd zu sein", wollte Kate das Thema beenden.

„Also doch, man kneift", wollte Alf das Thema gnadenlos weiterverfolgen. Kate legte ihm rasch ein riesiges Stück Kuchen auf den Teller und stopfte ihm den Mund.

Es war schon spät in der Nacht, als es Alf zum Kühlschrank trieb, um noch das zu nehmen, was er einen kleinen Imbiß nannte. Zu Alfs Überraschung brannte im Wohnzimmer noch Licht, und als er neugierig nachsah, fand er dort Willie vor, der mit einem Schraubenzieher an einem undefinierbaren Apparat herumhantierte.

„Na, Willie, mein Alter, was treibst du da", gesellte sich Alf ungeniert dazu.

„Hallo", sagte Willie knapp. Er schien nicht sehr erfreut zu sein. Doch dafür, daß er gerade nicht erwünscht war, hatte Alf noch nie Gespür gezeigt. Also hakte er nach: „Was machst du da?"

„Meine Mausefalle", klärte ihn Willie knapp auf. Dieser Melmac konnte schlimmer sein als eine Seuche. „Warum schläfst du eigentlich nicht?"

„Ich stehe immer um diese Zeit auf, esse ein paar Kartoffeln und warte auf die Zeitung", erklärte Alf freimütig. Er beugte sich über Willies Mausefalle und meldete Bedenken an.

„So wird das nie etwas. Willst du denn eine kalte Kartoffel?"

„Nein ... nein", wehrte Willie ab. Mit seiner Konzentration war es vorbei.

„Ich sag' es dir lieber gleich", informierte ihn Alf leutselig weiter. „Ich habe den Rest von deiner Geburtstagstorte gegessen."

„Schon gut", seufzte Willie, der andere Sorgen hatte.

„Mit den Kerzen zusammen", gab Alf der ganzen Wahrheit die Ehre. „Wozu machst du dir eigentlich die Mühe mit dem Ding da?"

Es hatte keinen Zweck, sah Willie ein. Er würde diesen lästigen Kerl nicht loswerden, bis der eine Antwort auf alle seine Fragen erhalten hatte. Also biß er in den sauren Apfel und erklärte: „Weil ich gerne fertigmache, was ich angefangen habe."

Das war falsch. Alf schoß sofort scharf zurück: „Dann mußt du auch deinen Fallschirmsprung vollenden. Obwohl du dir ja im Grunde nichts beweisen mußt. Du verdienst dein gutes Geld, hast zwei großartige Kinder, eine nette Frau und einen Außerirdischen. Dein Leben ist unglaublich berechenbar und verläßlich."

„Schon gut, schon gut", zog sich Willie aus der Schlinge.

Dieser verdammte Fallschirmsprung. Alf hatte aber auch ein Händchen dafür, mit allem, was er anfaßte, irgendein Mitglied der Familie in eine heikle Situation zu bringen, und wenn er nur alte Fotos und eine Speisekarte anschleppte.

Doch darüber machte Alf sich keine Gedanken.

„Meine Zeitung ist da." Alf hörte von draußen etwas gegen die Tür klatschen. „Also mach es gut, Willie, ciao."

Auf diese Weise war Willie zwar Alf nun losgeworden, aber der Stachel, den der Bursche in ihn hineingebohrt hatte, saß Willie tief im Fleisch. Er kam sich an diesem frühen Morgen sehr minderwertig vor. Er war ja nicht einmal in der Lage, eine Mausefalle zu Ende zu bringen, geschweige denn einen freien Fall aus ein paar tausend Metern Höhe! Er fragte sich, warum Kate ihn geheiratet hatte, wo sie doch ganz andere Männer hätte haben können. „Ich muß mir noch ein paar Stunden Schlaf gönnen", murmelte Willie. „Danach sieht alles ganz anders aus. Ich lass' mich doch von Alf nicht verrückt machen."

Kurz darauf wälzte sich Willie Tanner unruhig in seinem Bett von einer Seite auf die andere. Er sah den Dekan seiner Universität vor sich, der ihn halb mitleidig, halb verächtlich musterte, als er sagte: „Gehen Sie zur Seite, Tanner. Sie sind nicht unter den Ausgezeichneten."

Dann rief er Nolan Westwood auf, den berühmten Radrennfahrer, der mittlerweile auch König von Neuguinea war, um ihm ein Diplom zu überreichen. Nolan bedankte sich mit einigen Goldmünzen, auf denen sein Portrait prangte. „Ich gratuliere dir, Nolan", gab ihm Willie schüchtern die Hand. „Du bist ja eine Berühmtheit geworden."

„Danke dir, Kleiner", meinte Nolan lässig. „Man hat gerade eine Vogelart nach mir benannt. Und was treibst du so? Nie wieder etwas von dir gehört, wenn ich ehrlich bin."

„In acht Jahren haben Kate und ich unsere Hypothek abbezahlt", hörte sich Willie sagen.

Da rief der Dekan schon den wilden Hohnerheim auf, den internationalen Finanzier und Yachteigner, Autorennfahrer und mehrmaligen Indianapolis-Sieger, danach Joe Namath, das Football-As. Dann kam der absolute Höhepunkt der Feier, der Mann des Jahrhunderts, dessen unglaubliche Leistungen alle anderen beschämten, eine Persönlichkeit, welche die Menschheit gelehrt hatte, die Welt mit anderen Augen zu sehen: Gordon Alf Shumway!

Willie war glücklich, ihm als letzter in der langen Reihe die Hand drücken zu dürfen.

„Hey, Willie“, sagte der Mann des Jahrhunderts. „Schau nicht so belämmert. Im nächsten Jahrhundert kannst du hier an meiner Stelle stehen.“

„Das glaube ich nicht“, stotterte Willie, der Versager. „Ich bin ein verläßliches Nichts.“

Die Persönlichkeit, welche die Welt gelehrt hatte, sich selbst mit anderen Augen zu sehen, klopfte ihm gönnerhaft auf den Rücken: „Sieh nicht alles so negativ, Willie. Du brauchst weiter nichts zu tun, als diesen Fallschirm zu nehmen, und dann spring.“

„Spring, spring, spring . . .“, schrie Willie und wachte auf.

Am nächsten Morgen lernte die Welt, oder wenigstens die kleine Welt im Hause Tanner, einen anderen Willie kennen, einen dynamischen, eisernen Mann, der sich vorgenommen hatte, seinen Sprung nun endlich zu vollenden. Vorerst einmal übte er: vom Schlafzimmerbett, unter fachmännischer Anleitung von Alf und Brian.

„Spring . . . Landung . . . Rolle“, kam Willie den Anweisungen nach, hüpfte vom Bett und schlug einen Purzelbaum.

„Ich dachte, die Rolle kommt sofort nach der Landung", zweifelte Brian an der richtigen Durchführung.

„Wieso, war da eine Pause dazwischen", keuchte Willie, den die ganze Sache körperlich ziemlich schlauchte.

„Zeit genug, um eine Pizza zu holen", meinte Alf. „Übrigens keine schlechte Idee."

„Erst wird weiter trainiert", ließ sich Willie, der eiserne, nicht so schnell entmutigen. „Sprung ... Landung ... Rolle ... Na, wie war es diesmal?"

„Nicht so schlecht", bestätigte ihm Alf anerkennend. „Bei einem echten Sprung hättest du dir jetzt einen Oberschenkel in die Milz gerammt."

Doch der große Tag kam. Nichts hatte Willie Tanner aufhalten können. Nun saß er in voller Montur zwischen anderen Todesmutigen in einem Flugzeug in dreitausend Metern Höhe, während der Ausbilder erklärte: „Wir nähern uns der Ausstiegszone, Jungs."

Um Willie herum brandete Jubel auf. Willie hielt sich da heraus. Er fühlte sich nicht gut.

„Seid ihr gut aufgepumpt?" fragte der Ausbilder.

„Wir sind aufgepumpt!" riefen die Männer im Chor. Willie hinkte etwas hinterher: „Gepumpt ist gar kein Ausdruck, wir sind so aufgepumpt wie ein Flugzeugreifen."

„Das hört man gerne, Tanner", lobte ihn der Ausbilder und hielt ihm ein Schreiben hin: „Sie müssen noch die Lebensversicherung unterschreiben. Macht zwei Dollar. Zahlbar im voraus."

„Aha, guter Witz", sagte Willie. Ihm war wirklich nicht ganz wohl. Eigentlich war ihm richtig schlecht. Er wäre jetzt lieber bei Kate, Lynn und Brian gewesen, die dreitausend Meter unter ihm auf ihren Helden warteten.

Die Absprungzone war jetzt erreicht, die Luke war offen, und die Männer nahmen Aufstellung. Willie drängelte sich nicht vor. Der Ausbilder gab die Kommandos. Die Reihe vor Willie wurde nach jedem Aufruf in beängstigender Weise kürzer.

„Tanner", rief der Ausbilder.

„Ja, hier bin ich", schrie Willie tapfer zurück. Er hatte sich inzwischen wieder gesetzt. „Äh, hören Sie. Ich habe eben beschlossen, es nicht zu tun. Das wollte ich Ihnen nur sagen. Ich denke mir, warum soll ich da runterstürzen und wie Blei zur Erde fallen. Denn ich gebe zu, ich fühle mich überhaupt nicht wie Blei. Also werde ich hier sitzen bleiben. Sie können mich hier finden, wenn was Wichtiges sein sollte, okay?"

„Was?" sagte der Ausbilder. „Was ist los?"

„Ach, ich meinte nur. Ach gar nichts ... Also, was soll's eigentlich." Willie nahm einen Anlauf und stürzte sich in den leeren Himmel hinaus.

Das große Ereignis wurde zu Hause gebührend gefeiert. Willie hatte den Absprung geschafft und auch die Landung überlebt.

„Und du hast gesagt, Paps würde als roter Fleck in der Landschaft enden, Alf", sagte Brian, stolz auf seinen Paps.

Alf berichtigte ihn. „Ich habe gesagt, er könnte als roter Fleck in der Landschaft enden."

„Wirst du es noch einmal machen, Paps", wandte sich Brian an den Helden selbst.

„Nicht, solange du lebst", wehrte Willie ab. Er fühlte sich großartig.

Lynn meinte nachdenklich: „Ich werde ganz bestimmt springen, wenn Lash einen Pilotenschein gemacht hat."

„In diesem Fall", nickte Willie, „werden wir wohl alle ganz schnell springen."

Kate gab Willie einen Kuß. „Also, Schatz, was hat der Eroberer als nächstes vor?"

„Ich habe während des Springens darüber nachgedacht", erläuterte Willie der gespannten Runde seine Pläne. „Ich würde gerne eine neue Galaxie entdecken. Vielleicht werde ich auch noch ein paar Jahre Football spielen. Oder ich lasse mich in Neuguinea zum König krönen. Aber als allererstes werde ich die Heizung durchpusten lassen."

„Gut so", kommentierte Alf zufrieden in das allgemeine Gelächter hinein. „Auf diese Weise bleibt uns unser Ernährer erhalten."

Und das, fand Alf, war schließlich nicht unwesentlich.

Ein ereignisreicher Tag stand bevor: Brians siebter Geburtstag.

Der Familienrat tagte deshalb, und natürlich war Alf dabei.

„Hast du dich schon entschieden, was du auf deine Geburtstagstorte haben willst?" fragte Kate Brian.

„Ja, Appetit. Hahaha, ich lach' mich tot." Brian hieb mit den Fäusten auf den Tisch. Alf schüttelte sich ebenfalls vor Lachen und schrie: „Ich lach' mich tot, ich lach' mich tot."

Dazu trommelte er mit beiden Fäusten auf die Tischplatte. Wenn Alf sich totlachen wollte, glich das immer einem Erdbeben der Stärke sieben. Es war dann zu empfehlen, alles Zerbrechliche in seiner Nähe beiseite zu räumen. Nur, leider, kamen Alfs Anfälle dieser urwüchsigen Heiterkeit stets ohne jede Vorwarnung. Diesmal flogen wenigstens keine Tassen oder Teller durch die Gegend, wie Kate erleichtert bemerkte.

„Ich meinte, welche Figur", sagte sie. „Robin Hood, Hopalong Cassidy, Winnetou und Old Shatterhand ..."

„Hey", mischte Alf sich lauthals ein, „wie wäre es mit meiner Lieblingsfigur, Ruth, der zweiköpfigen Krankenschwester. Sie war einfach die Größte auf Melmac, ein rotblonder Star, ungeheuer sexy, sinnlich und erotisch ..." Alf verdrehte verzückt die Augen und hob zu weiteren Schwärmereien an.

Willie holte ihn eilig aus dem Reich der Sinne auf den Boden einer anständigen amerikanischen Familie zurück, die einen sechsjährigen Sohn als Mitglied hatte: „Alf, das reicht", verbot er kategorisch.

„Sie hatte ganz ungewöhnliche ...", fuhr Alf fort.

„Alf!" rief Willie nun warnend.

„Pflegetalente", vollendete der Melmac unschuldig.

„Ich kann mich noch nicht entscheiden", meldete sich Brian zu Wort. „Aber wir sollten über meine Geschenke reden, nicht wahr, Alf?"

„Klar", war Alf sofort Feuer und Flamme. „Auf Melmac machte man immer sehr viele Geschenke. Und sehr teure." Er brachte seine Schnauze dicht an Brians Ohr und tuschelte: „War auch gut so."

„Und besonders zum siebten Geburtstag", hieb Brian lauthals in dieselbe Kerbe. „War es nicht so, Alf?"

„Klar", nickte Alf heftig. „Das hatte ich nur vergessen, extra zu erwähnen." Schnell flüsterte er Brian noch ins Ohr: „Wir nehmen die zweiköpfige Krankenschwester, okay."

„Ach, da fällt mir ein", sagte Brian laut, „ich habe mich für die zweiköpfige Krankenschwester entschieden."

„Was für eine Überraschung", schrie Alf und hieb wieder auf den Tisch, daß alle zusammenzuckten. „Los, schlag ein, Brian."

Die beiden klatschten sich lachend gegenseitig auf die Hände, und Kate meinte nur: „Das habt ihr nicht schlecht hingekriegt, ihr beiden, wirklich."

Zu seiner Überraschung traf Willie dann aber am Abend einen reichlich deprimierten Alf an, als er in die Wäschekammer ging, um etwas aus dem Trockner zu nehmen.

Hinter der Glasscheibe der Waschmaschine drehte sich langsam ein Stoffschaf von Brian. Alf lag in seinem Korb, schaute trübsinnig auf das Plüschtier und war gerade am Zählen: „Achthundertsechsundfünfzig ... achthundertsiebenundfünfzig ... achthundertachtundfünfzig ..."

„Was machst du da, Alf", fragte Willie, erstaunt darüber, daß der Melmac noch nicht schlief.

„Ich zähle das Schaf. Ich kriege kein Auge zu. Ist dir nach Plaudern zumute, Willie?"

Willie fand, das klang alarmierend. Wenn keine Frechheiten von dem Kleinen kamen, ja, nicht einmal spitze Bemerkungen, stimmte etwas nicht. Willie setzte sich beunruhigt auf einen Hocker.

„Also, was ist los, Alf?"

„Brians Geburtstag macht mich ziemlich fertig", antwortete Alf dumpf.

Willie verstand ihn falsch und meinte: „Wieso? Die zweiköpfige Krankenschwester ist doch genehmigt."

„Ja, schon, aber ich denke daran, daß ich nie wieder einen Geburtstag mit meinen Freunden feiern kann." Alf ließ den Rüssel hängen.

„Oh." Die Sache schien tatsächlich ernst zu sein. Willie bemühte sich, den Melmac aufzuheitern. „Aber du hast doch schon zweihundertachtundneunzig Geburtstage mit deinen Freunden gefeiert und wirst jetzt zweihundertneunundneunzig."

Alf stellte den Rüssel wieder gerade und wurde etwas lebhafter. „Ja, das stimmt. Und ich muß sagen, mein letzter Geburtstag war ein echter Knaller. Da ist der Planet explodiert. Und gerade, als ich endlich meine große Liebe Rhonda gefunden hatte. Soll ich dir von ihr erzählen?"

„Bitte", sagte Willie ergeben und ein wenig neugierig.

„Unsere erste Begegnung sollte an meinem Geburtstag stattfinden. Ich war geschniegelt und gebügelt und nervös wie damals, als das Kommando kam: ‚Raumwache, besetzt eure Kampfstationen . . .' Das übrige ist Geschichte. Goodbye Melmac, goodbye Rhonda."

„Ich fühle mit dir, Alf", meinte Willie sanft.

„Danke. Dann gute Nacht, Willie."

„Das erinnert mich ein bißchen an Marsha Shenkin", kam Willie aber nun selbst ins Träumen. „Ein Mädchen, das ich kennenlernte, bevor ich deine Mutter, äh, ich meine Kate kannte. Ein tolles Mädchen. Aber dann ist sie nach Toledo umgezogen und . . ."

„Ich sagte gute Nacht, Willie", unterbrach ihn Alf unbarmherzig. Schließlich lag er hier in seinem eigenen Seelenschmerz und wollte nichts von einer Marsha Shenkin hören.

Willie hatte verstanden und stand auf. „Also dann gute Nacht, Alf."

Alf zählte Brians Schaf noch so lange, bis es sich zum neunhundertdreiundzwanzigstenmal vor seinen Augen drehte. Dann schlief er ein. Alf träumte von seinem zweihundertachtundzwanzigsten Geburtstag auf Melmac:

Sie saßen in der Bar der Raumstation und hoben einen auf Alfs Jubeljahr: Skip, dem man den alten Raumfahrerhaudegen ansah, schon ergraut um den Rüssel herum, und Rick, der auch schon etwas verwurstelt aussah, und Alf, der ja eigentlich Gordon hieß.

Stella, die Bedienung, kam mit einem Tablett an die Theke und fragte: „Wer von euch bekommt die Chili-Katze?"

Skip klopfte ihr auf den Hintern. „Her damit, meine Süße."

„Katze mit Pommes frites ohne Sauce ist für mich", gierte Rick.

„Okay, dann ist das Katzenomelett mit Schnurrhaaren für dich, mein Schatz", wandte sich Stella an Alf. „Alles Gute zum Geburtstag, mein großer Junge."

Rick sah ihr hinterher und bemerkte fachmännisch: „Hat unsere gute Stella nicht ein Fahrgestell wie eine Mondfähre?"

Ja, der Ton war rauh, aber herzlich unter den Raumfahrern auf Melmac.

Skip lachte dröhnend und stieß Alf in die Seite. „Ha, dafür hat unser Gordi keinen Blick mehr. Schließlich hat er ein Rendezvouz mit Rhonda. Da kommt Stella nicht mit." Er hustete, weil die Chili-Katze zu scharf war.

„Na schön, ich bin mit Rhonda verabredet", wand sich Alf verlegen. „Warum macht ihr da so eine Affäre daraus?"

Rick stieß Skip an, der sich von seinem Husten wieder erholt hatte, und dann fingen die beiden zu singen an: „Help me, Rhonda, help, help me, Rhonda . . ."

„Also, ihr werdet mir fehlen, ihr beiden alten Katzenfresser, wenn hier mal etwas passieren sollte", meinte Alf fast gerührt.

„Hey, was soll schon groß passieren", unterbrach Skip seinen Gesang. In diesem Augenblick kam das Kommando über Lautsprecher: „Achtung, Achtung, Raumwache, besetzt eure Kampfstationen! Es droht eine nukleare Katastrophe."

Alf sprang hoch, während die beiden anderen sich so leicht nicht aus der Ruhe bringen ließen, und rief: „Ach, du lieber Himmel, da haben wir es schon. Ich muß weg. Wenn ihr Rhonda seht, sagt ihr . . ."

„Was sollen wir ihr sagen?" meinte Skip, die Ruhe selbst. Rick schielte nach Alfs Katzenomelett.

„Ach, sagt ihr am besten gar nichts", meinte der hastig und machte sich davon. Er hörte gerade noch, wie Rick zu Skip meinte: „Reich mir Gordis Omelett rüber, mein Alter. Wäre ewig schade um den Fraß."

Alf spürte, wie es ihn durchrüttelte. Das mußten die Ausläufer der gewaltigen Explosion sein, der er gerade noch entkommen war. Zu seiner Verwunderung aber war es Willie, der auf ihn einredete: „Alf, Alf, wach auf!"

„W . . was los", stammelte Alf verwirrt, weil er sich nur langsam zurechtfand. Dann wußte er wieder, wo er war.

„Du hast im Schlaf gesprochen und dann gesungen, irgend etwas von den Beach Boys", klärte ihn Willie auf.

„Little Deuce Coupe", vermutete Alf, weil das einer seiner Lieblingssongs war.

„Nein, es war irgend etwas mit ‚Rhonda'", überlegte Willie. Alf dämmerte es. „Ach ja, Rhonda."

„Ist alles in Ordnung mit dir?" sorgte sich Willie jetzt ernsthaft um den kleinen unglücklichen Melmac.

Alf schüttelte traurig den Kopf. „Nein, gar nichts ist in Ordnung. Ich möchte nach Hause."

Am nächsten Morgen bot Alf ein bedauernswertes Bild: Er war krank und ließ sich von Lynn und Kate umsorgen.

Allerdings war er auch wieder nicht so krank, daß er nicht in der Lage gewesen wäre, die beiden zu schikanieren. Alf lag auf der Couch und röchelte wehleidig. Lynn zog ihm ein Thermometer aus dem Ohr und las die Temperatur ab.

„Hundertzweiundzwanzig Grad. Normal."

Das konnte sich Alf nicht bieten lassen. Diese Angabe klang für seinen jammervollen Zustand zu gesund. Also raunzte er: „Normal wäre das auf Melmac. Aber nicht hier." Um zu unterstreichen, daß er hier im Siechtum lag, schniefte er laut.

In den Pfoten hielt er eine kleine Schüssel mit Suppe, die ihm Kate gemacht hatte.

„Alf", Lynn streichelte ihm mitleidig über seinen Haarschopf, „wir wissen, daß du deine Freunde und Melmac sehr vermißt. Aber wir hier sind auch deine Freunde. Und wir würden alles für dich tun, nicht wahr, Mami?"

Kate nickte zögernd, weil sie mit solchen Versprechungen Alf gegenüber vorsichtiger sein wollte. „Ja, ja, ich denke schon."

Die Strafe folgte auf dem Fuß. „Dann könntest du diese kalte Suppe noch mal aufwärmen." Er hustete demonstrativ. „Und mal mit dem Autostaubsauger über die Couch fahren. Ich verliere Haare."

Kate nahm ihm die Suppenschüssel ab. Zum Aufwärmen war sie ja noch bereit. Aber das andere ... „Alf, ich werde jetzt nicht zur Garage rüberlaufen, um den Staubsauger zu holen."

„Von alleine kommt er nicht", schimpfte Alf.

Kate wurde ganz sanft. „Sieh mal, Alf. Also, ich verstehe, daß dir Rhonda fehlt und daß du krank vor Heimweh bist, und Leute, die krank sind, verändern sich. Sie sagen Dinge, die sie nicht so meinen. Aber wenn du noch einmal so mit mir sprichst, wie eben ..." Kate machte eine bedeutungsvolle Pause.

Alf sah sie mitleiderregend an. „Ja, Katilein, was dann?" fragte er hoffnungsvoll.

„Dann reiß ich dir den Kopf ab", vollendete Kate, die nun sicher kein Katilein war, ruhig.

Alf schüttelte es seine ganzen neunzig Zentimeter durch. Seine Haare sträubten sich. „Mußt du immer so grausam sein, noch dazu zu einem Todkranken?"

„Ich gehe die Suppe aufwärmen", seufzte Kate gottergeben, und Lynn machte sich auf den Weg zur Garage, um den Staubsauger zu holen.

In der Garage traf sie Willie und Brian. Willie flehte ins Funkgerät: „Hallo, hallo, hier spricht K 726 X AA Los Angeles. Antwortet jemand vom Planeten Melmac? Bitte melden."

„Hey, findet ihr das fair?" empörte sich Lynn. „Wir müssen drüben Krankenschwester spielen, und ihr treibt hier Spielchen."

„Keine Spur", berichtigte sie Willie. „Wir versuchen tatsächlich, Kontakt mit eventuellen Überlebenden von Melmac aufzunehmen."

„Ja, vielleicht finden wir sogar Rhonda", hoffte Brian. „Versuch es noch mal, Daddy."

„Albernheiten“, stellte Lynn fest und verschwand kopfschüttelnd mit dem Staubsauger.

Im Wohnzimmer bekam Alf gerade von Kate die neu gewärmte Suppe eingelöffelt. „Na, wie schmeckt sie jetzt?“ wollte Kate wissen.

„Jetzt ist sie zu heiß“, beschwerte sich Alf. „Und ich bin zu schwach zum Pusten. Könntest du das für mich tun, Katilein?“

Kate atmete tief durch und zählte in Gedanken bis zehn, damit Alf die nächsten Momente noch überlebte. Dann schlug sie vor: „Was hältst du davon, wenn wir sie einfach hinstellen und abkühlen lassen?“

Alf wog die Vor- und Nachteile kurz ab und kam zu dem Ergebnis: „Gut, angenommen. Und bis sie abkühlt, kannst du mir meine Füße massieren ... oder auch nicht“, bot er schnell an, weil ihn Kates Blick verunsicherte. Er glaubte Mord darin zu lesen.

„Vielleicht könntest du aufstehen und deine Füße bewegen“, meinte Kate. „Dann würdest du dich sicher besser fühlen.“

Damit war Alf, der Todkranke, nun nicht einverstanden. Irgendwie schien Kate seinen Zustand nicht in voller Tragweite zu erkennen, bekam er langsam den Verdacht und stellte klar: „Bewegen! Ich bin sogar zu schwach, um mit den Augen zu zwinkern. Wenn ich jetzt aufstehe, fall' ich tot um. Aber damit mußt du dann weiterleben.“

„Ich bin fast soweit, mich mit diesem Gedanken anzufreunden“, sagte Kate, und Alf schüttelte es ob solcher Brutalität wieder von oben bis unten durch. Was mußte eigentlich passieren, um das Herz dieser Frau zu erweichen, fragte er sich, als Lynn auftauchte und fragte: „Soll ich jetzt saugen?“

Kate verabschiedete sich seufzend in die Küche, während Alf seine Stimme noch um eine Nuance mehr zittern ließ. „Warte lieber bis morgen, Lynn", meinte er schwach. „Vielleicht bin ich bis dahin völlig kahl. Das ist bei einem Melmac dann die letzte Phase vor dem Ende."

Lynn schlug die Hand vor den Mund. „Alf", brach es ehrlich entsetzt aus ihr heraus, weil sie nicht die Härte ihrer Mutter besaß und auch nicht deren Durchblick. „Sag doch nicht so etwas."

Das war ganz nach Alfs Geschmack. Da konnte man noch eins draufsetzen. Lynn erkannte den Ernst der Situation. Alf reichte ihr ein beschriebenes Blatt Papier mit kraftloser Pfote.

Lynn las halblaut: „Letzter Wille." Alf hustete furchtbar und schneuzte sich laut. Ja, es ging dem Ende zu, das erkannte Lynn jetzt klar. Leise las sie weiter: „Ich, Gordon Shumway, hinterlasse all meine irdischen Güter und auch alles andere ..." Lynn unterbrach sich und schaute auf Alf hinunter.

„Du heißt wirklich Shumway?"

Alf hatte etwas anderes erwartet als solch eine alberne Frage, angesichts seines nahen Todes. „Plaudere das nicht aus", sagte er leise, um dann laut und deutlich fortzufahren, „bevor ich hinüber bin."

Das Drama wurde unterbrochen, als Brian und Willie hereinstürzten und aufgeregt durcheinanderjubelten: „Wir haben Kontakt, mit jemandem von Melmac! Er heißt Skip! Wirklich, Alf! Wir haben ihn am Empfänger ..."

Von einer Sekunde auf die andere ging mit Alf eine wunderbare Genesung vor sich. Er purzelte hoch, riß der verdatterten Lynn sein Testament aus den Händen und befahl ihr: „Her damit, und den Namen Shumway hast du nie gehört." Dann sauste die ganze Familie zur Garage hinüber und Alf ans Mikrophon.

„Hey, was ist los bei euch?" schimpfte eine Alf wohlbekannte Stimme aus dem Äther. „Wir haben nicht die ganze Ewigkeit Zeit."

Skip! Das war wirklich Skip! „Skip, Skip, kannst du mich hören", schrie Alf ins Mikrophon.

„Klar und deutlich. Hi, Gordon. Sag mal, hast du jetzt Kinder? Da war vorhin so ein kleiner Lauser am Sender."

„Das war Brian", klärte ihn Alf auf. „Er ist eines von zwei Kindern der Familie, bei der ich jetzt lebe. Aber wo bist du jetzt eigentlich? Hast du die Explosion überlebt?"

„Nein, natürlich nicht", raunzte es zurück. „Du sprichst mit meinem Geist. Ich bin hier in meinem Raumgleiter und kurve durch die Gegend. Stella und Rick haben geheiratet und haben jetzt ein Bräunungsstudio auf dem Merkur. Wenn du mir deine Koordinaten gibst, dann fliege ich eine Schleife und hol' dich morgen ab. Um Punkt sieben Uhr."

„Ähm", räusperte sich Alf verlegen. „Morgen ist es schlecht. Da hat Brian Geburtstag. Und am Freitag ist eine große Transvestitenshow im Fernsehen. Die würde ich ungern verpassen. Am besten, du kommst nächste Woche vorbei."

„Hör mal, Kleiner, ich bin kein Omnibusunternehmen. Entweder du stehst morgen auf dem Dach von dem Schuppen, wo du untergekrochen bist, oder du bleibst eben da. Aber Rhonda wird da sehr enttäuscht sein."

„Rhonda?" Alfs Fell zitterte. „Du sprichst wirklich von Rhonda. Du hast sie gesehen?"

„Ich sehe sie immer noch. Sie sitzt neben mir. Ich geb' sie dir mal."

„Hi, Süßer", meldete sich daraufhin eine weibliche Stimme. „Du hast mir gefehlt."

Alf schüttelte es jetzt durch und durch: „Rhonda." Mehr brachte er nicht heraus.

„Du bist der einzige für mich", sagte Rhonda sachlich.

Alf fand wieder mehr Worte als Rhondas Vornamen, und sofort brach die Eifersucht bei ihm durch. „Was machst du eigentlich bei Skip?"

„Viel zu wenig", hörte man Skip murren, wonach sich Rhonda wieder meldete: „Ich schwöre dir, du bist der einzige für mich." Es klang nicht unbedingt leidenschaftlich, dachten die Tanners, die gerührt und gespannt zuhörten. Aber vielleicht waren Melmacs so, daß man von Beziehungen kein großes Aufhebens machte.

Dann mußte Alf allerdings eine Ausnahme sein. Er schien mit seinen Gefühlen völlig hinüber und überlegte es sich jetzt aufgeregt anders:

„Also vergiß die Transvestiten. Wir sehen uns morgen abend, ja. Ich werde auf dem Dach stehen. Hier gebe ich Skip jetzt die Koordinaten ..."

Am nächsten Tag fiel es den Tanners schwer, in Geburtstagsstimmung zu kommen, aber natürlich ließen sich Willie und Kate das Brian gegenüber nicht anmerken. Sie hängten Girlanden über der Küchendurchreiche auf und ein Transparent, auf dem stand: „Alles Gute zum Geburtstag, Brian!"

Aber Brian selbst hatte am allerwenigsten Freude an seinem Festtag. Er war den Tränen nahe, um so mehr, als es dem Abend zuging.

Dann hieß es Abschied nehmen. Alf hatte seinen Koffer gepackt und erschien fröhlich singend im Wohnzimmer, wo auch der Geburtstagstisch für Brian gedeckt war. „Hey", unterbrach Alf sein Trällern, „was ist das für eine Stimmung hier? Jemand gestorben?"

„Ach, eigentlich nicht", meinte Willie. „Brian ist dem Weinen nahe, weil du uns verläßt. Er will nicht einmal seine Geschenke auspacken."

Alf stellte den Koffer ab und stapfte zu Brian. „Hey, Tiger, sieh das mal so: Wenn du bei mir auf Melmac leben würdest und hättest die Gelegenheit, zu deinen Freunden zurückzukehren, würdest du das doch auch tun?"

„Ich würde dich nie verlassen", erwiderte Brian mit traurigem Trotz.

Alf schaute Willie an. „Scheint so nicht zu laufen?"

„Sieht nicht so aus", bestätigte ihm Willie.

„Versuchen wir es anders", nahm Alf einen neuen Anlauf bei Brian. Er drückte ihm zwei überdimensionale grüne Würfel in die Hand. „Alles Gute zum Geburtstag, Kleiner. Das sind Melmacwürfel. Damit bist du in jedem Spiel der Gewinner."

„Danke", schniefte Brian nur.

„Eines Tages wirst du mich verstehen", tröstete ihn der Melmac und wandte sich mit einer wichtigen Frage an Kate: „Katilein, gibt es eine Möglichkeit, daß ich Lucky mitnehme? Ich habe mich so an ihn gewöhnt und möchte ihn nicht missen. Und ihr könnt doch hier jederzeit Katzen genug haben, die nur unnütz herumlaufen."

„Nein", entschied Kate streng.

Alf wackelte enttäuscht mit dem Kopf. Er öffnete seinen Koffer, aus dem Lucky heraushechtete. „Schade, mein Alter. Skip hätte dir sicher gut gefallen, und der hätte dich auch sehr gern gemocht.“

Es war wieder echt Alf, aber die fällige Standpauke entfiel, weil Lynn mit einer Torte aus der Küche kam und sie Alf reichte. Obendrauf war eine Marzipanfigur, die zweifellos Alf darstellte.

„Hey, das finde ich echt toll von dir, Lynn“, fand Alf und stopfte sich ein Stück hinunter. „Daß du das für mich noch getan hast ...“

„Mami hat ihn gebacken“, stellte Lynn klar.

Kate wurde verlegen, als Alf sie zärtlich anschaute, und wehrte leicht ab: „War ein Fertigprodukt, nicht viel Arbeit.“ Sie zerdrückte unauffällig eine Träne im Augenwinkel.

„Na gut, dann werde ich mich wohl auf die Socken, ich meine, aufs Dach machen“, kündigte Alf an. Er schloß seinen Koffer wieder zu, wozu er merkwürdig lange brauchte, was aber keinem auffiel. Dann drückte ihn jeder noch einmal fest an sich.

Als Alf weg war, saßen sie noch eine Weile stumm da und schauten auf den gedeckten Tisch, wozu Lynn schließlich bemerkte:

„Es ist ganz ungewohnt, daß Alf nicht da ist, wenn es was zu futtern gibt.“

Willie versuchte, den niedergeschlagenen Brian aufzurichten. „Na, komm schon, Brian, lang zu. Es ist dein Geburtstag.“

„Nicht bevor das Raumschiff da war und Alf abgeholt hat“, weigerte sich Brian energisch.

„Er ist noch nicht einmal weg, und wir alle vermissen ihn schon“, stellte Kate fest, die nun mal eine ehrliche Haut war.

„Er war aber auch zu komisch“, erinnerte sich Lynn

wehmütig. „Wißt ihr noch, wie er die Dusche in Brand gesteckt hat?"

Kate nickte: „Sehr genau. Ich stand gerade darunter."

„Ich weiß noch, wie er die Couch beerdigt hat", wurde Brian etwas heiterer.

„Ich auch", bestätigte Lynn. „Ich lag drauf."

„Oder wie er den Wagenheber weggezogen hat, als wir einen Reifen wechseln wollten", fiel Willie ein, worauf sich Brian erinnerte: „Ja, ich lag unter dem Auto."

Kate seufzte: „Ja, es waren wunderschöne Erlebnisse. Er war so voller Überraschungen. Man wußte nie, was er als nächstes sagen würde, was er tun würde, wo er plötzlich auftauchen würde."

„Tag zusammen", meldete sich eine Stimme hinter ihnen:

Da stand Alf. Mit seinem Koffer in der Hand. Die Tanners waren sprachlos.

„Alf, du wirst deinen Anschluß verpassen", erholte sich Kate als erste von ihrer Überraschung und wußte nicht genau, ob sie nun über diese Aussicht froh oder besorgt sein sollte.

„Es sind noch genau dreizehn Sekunden", stellte Willie mit einem Blick auf die Wohnzimmeruhr fest. Auch er wußte nicht, ob er sich freuen oder in Panik geraten sollte. Eigentlich hatte er auf seine Armbanduhr schauen wollen, aber die hatte er anscheinend verlegt.

Alf drückte sie ihm in die Hand. „Hier, habe ich wohl versehentlich mitgehen lassen, äh, mitgenommen."

„Noch zehn Sekunden", sagte Willie nach einem Blick auf seine Uhr.

Alf schienen diese ständigen Zeitansagen zu nerven. „Hey, hey, nur keine Aufregung. Ihr wollt mich wohl mit Gewalt loswerden. Ich habe euch noch so viel zu sagen. Also, ich mag vielleicht nicht immer das gewesen sein, was ihr einen vorbildlichen Außerirdischen nennt, aber ..."

Ein Rauschen über dem Haus unterbrach Alf und ließ die anderen aufhorchen. Es war nur Sekunden ganz nah, dann entfernte es sich schnell wieder.

Brian begriff als erster. Er führte einen Freudentanz auf und schrie und jauchzte: „Alf bleibt bei uns! Alf bleibt bei uns!"

„Du hast Skip verpaßt", merkte nun auch Kate.

„Sieht so aus", nickte Alf ungerührt.

Dafür war Lynn um so gerührter. „Du hast Rhonda für uns aufgegeben?"

Alf wehrte betont gelangweilt ab. „Ach was, in ein paar hundert Jahren wird sie mich dafür um so mehr lieben. Da hat sie wenigstens noch eine lange Vorfreude."

„So sehr liebst du uns, Alf." Auch Kate war jetzt ganz warm ums Herz geworden.

„Na ja, so könnte man es natürlich auch ausdrücken, wenn man zu Sentimentalitäten neigt", gab Alf zu.

„Wir lieben dich auch, Alf", sagte Lynn leise.

„Ja, das tun wir wirklich", bestätigte nun auch Willie die Gefühle der Familie Tanner ihrem Melmac gegenüber. In die folgende Stille der Rührung hinein ließ sich dann plötzlich ein kratzendes Geräusch vernehmen, das Willie als erster ortete.

„Es kommt aus deinem Koffer, Alf."

„Was kommt aus meinem Koffer?" Alf war die Ahnungslosigkeit selbst.

„Dieses Kratzen", hakte Willie nach und hoffte, daß es nicht das bedeutete, was er dachte. „Mach ihn auf, Alf."

„Wenn du meinst." Alf bückte sich, machte den Dekkel auf und prallte völlig erstaunt zurück, als Lucky erschöpft herausturnte. Alf drohte ihm mit einem Finger. „Lucky, du schlimmer Bursche, du. Wie oft habe ich dir gesagt, nicht in den Koffer, nicht in den Koffer." Ja, es war eben der alte Alf, und sie hatten ihn wieder.

„Weißt du, Alf", sagte Kate später zu ihm. „Ich hatte dir gegenüber immer etwas gemischte Gefühle. Aber mir ist klar, was du heute für ein Opfer gebracht hast, wie sehr du an uns hängst."

„Du hattest mir gegenüber gemischte Gefühle?" Alf war darüber erstaunt.

„Ein bißchen."

„Jetzt wo du es sagst", überlegte Alf mit schief geneigtem Kopf. „Mir fällt jetzt auch auf, daß du dich nie dafür bedankt hast, daß ich dich aus dem Feuer in der Dusche gerettet habe. Aber darüber sprechen wir ein andermal. Im Augenblick bin ich zu erschöpft. Ich werde mich für die nächsten Tage auf die Couch legen."

Alf watschelte zur Couch und fläzte sich hin. Dann schaute er treuherzig zu Kate auf und meinte: „Jetzt könntest du mir ein Täßchen Suppe bringen, und danach ein Stück von meinem Alf-Kuchen. Aber saug vorher noch die Couch ab. Hier sind entsetzlich viele Haare. Das hättest du übrigens längst tun können. Was machst du eigentlich den ganzen Tag lang?"

Kate schlug die Augen gen Himmel und rief laut: „Skip! Rhonda! Kommt zurück! Bitte!"

Alf war also bei den Tanners geblieben, und wenige Tage später war die Aufregung um Rhonda vergessen, und alles war wieder beim alten.

Beim Mittagessen beschwerte sich Alf wie immer über die kleinen Portionen. Und wie immer ging Kate darüber hinweg. Unabsichtlich kam ihr Lynn zu Hilfe, noch bevor Alf weiterbohren konnte. Lynn erzählte, daß Scott Maynard seine Musikgeräte in Willies Garage für zwei Tage unterstellen wollte.

Scott Maynard ging auf Lynns Schule und hatte eine Rockgruppe, von der Lynn sehr schwärmte. Und Scotts Vater wollte am nächsten Tag in seiner Garage einen Flohmarkt veranstalten und hatte seinem Sprößling damit gedroht, dessen ganzen elektronischen Krempel für fünf Dollar zu verscherbeln, wenn der ihn nicht woanders unterstellte.

Willie war einverstanden, und am Nachmittag pfropften Scott und Lynn die Garage mit den Instrumenten der Band voll.

In der allgemeinen Hektik war niemandem aufgefallen, daß sich Alf merkwürdig ruhig benahm, ja, daß er eigentlich überhaupt nicht zu sehen war. Der Grund lag darin, daß Alf plötzlich zarte Gefühle für Lynn entwikkelte und wegen Scott vor Eifersucht fast platzte, weil Lynn nur noch von ihm redete.

Auf leisen Tatzen schlich Alf schließlich zur Garage und zog sich am Fenster hoch. Drinnen war Scott, ein hübscher dunkelhaariger Junge, gerade dabei, Lynn für Freitag abend zu einem Basketballspiel einzuladen.

„Nein!“ schrie Lynn, weil sie Alfs Schnauze in Scotts Rücken am Fenster auftauchen sah.

„Was? Magst du keine Basketballspiele?“ Scott war verwirrt. Denn Lynn wedelte jetzt mit beiden Armen, um Alf vom Fenster wegzuscheuchen. Der gute Scott hatte keine Ahnung, welche Gefahr in seinem Rücken lauerte. Alf hatte ihn zu seinem Feind Nummer eins erklärt.

„Äh, ich meine, ja", sagte Lynn fest, und Alf tauchte zitternd vor Wut wieder ab.

Später erwischte ihn Kate, wie er mit Brian im Trokkenraum die Fliegengitter tapezierte. Sie befahl Brian, den Unfug zu beenden und das Zeug in den Müll zu schmeißen. Als sie mit einem strafenden Blick auf Alf hinter Brian hergehen wollte, hielt sie der Melmac zurück.

„Kate, ich brauche einen Rat von dir."

„Den kannst du haben. Mach das mit den Fliegengittern nicht noch einmal", drohte ihm Kate mit dem Zeigefinger.

Alf schüttelte unwillig den Kopf. „Nein, ich brauche einen Rat, Frauen betreffend."

„Frauen mögen es nicht, wenn Fliegengitter tapeziert werden."

Alf knurrte. So kam er anscheinend nicht weiter. „Also gut. Es war mein Fehler. Bring mich um."

Kate mußte lachen. „Schon gut. Worum geht es?"

Alf ging erst einmal den Umweg eines Kompliments, bevor er zur Sache kam, weil Kate, wie Alf dachte, derlei gerne hörte.

„Ich möchte deshalb deinen Rat hören, weil du eine wunderschöne Frau bist."

Solchen Aussagen war Kate tatsächlich nicht ganz abgeneigt. Sie vergaß die Sache mit dem Fliegengitter. „Na ja, ich weiß nicht, ob ich das von mir sagen kann, aber wenn du meinst ..."

„Klar", nickte Alf. „Also paß auf. Sagen wir mal, ein gewisser Jemand fühlt sich zu einer gewissen wunderschönen Frau hingezogen ..."

„Schreibst du immer noch an diese Briefkastentante?" Kate verstand nicht, worauf Alf hinauswollte.

„Nein. Es ist jemand, der mir viel näher steht als sie. Offen gesagt, es ist jemand aus diesem Haus."

„Oh." Kate glaubte, jetzt richtig zu verstehen. „Und du willst jetzt wissen, wie du sie für dich gewinnen kannst."

„Es hat gedauert, aber wir kommen der Sache näher", bestätigte ihr Alf zufrieden. „Was hat beispielsweise Willie Umwerfendes angestellt, um dich von den Füßen zu reißen?"

Kate überlegte. „Tja, eines Tages haben wir übers Essen gesprochen . . ."

„Gut, fängt gut an", unterbrach Alf sie. „Wie ging es weiter?"

„Ich habe ihm gesagt, daß ich eine Vorliebe für Champignon-Cremesuppen hätte, und am nächsten Tag lagen in meinem Auto fünfhundert Büchsen davon."

„Schön dämlich", lautete Alfs spontaner Kommentar. „Bei Rinderhälften hätte ich das noch verstanden." Er leckte sich die Schnauze.

„Das war nicht dämlich", belehrte ihn Kate. „Das war romantisch."

„Na gut. Aber hättest du mir etwas anderes vorzuschlagen als Pilzsuppe?" Er glaubte nicht daran, damit gegen Scott Maynards Rockgenie ankommen zu können.

„Blumen vielleicht", überlegte Kate. „Oder ein Gedicht. Frauen lieben etwas Persönliches."

Das war es. Alf wackelte begeistert mit dem Kopf. „Da hätte ich schon was. Wie wäre es mit: ‚Frau Wirtin hatt' 'nen Astronaut, der hat sich nur mit Helm . . .'"

„Alf!“ rief Kate entsetzt und verließ den Dichter eilig.
„... getraut“, vollendete Alf nachdenklich. Der Erfolg war nicht überwältigend.

Später fand ihn Willie in der Garage über Scotts elektronischer Orgel, mit allerlei Werkzeug in den Pfoten und einem gestreßten Schnauzenausdruck.

„Ich dachte, wir hätten abgemacht, du fragst mich erst, bevor du mein Werkzeug nimmst“, tadelte ihn Willie.

Alf brummte. „Entschuldige. Darf ich?“

„Du darfst. Aber wozu brauchst du es eigentlich?“

Alf runzelte die Stirn, soweit das möglich war. „Ich will Scotts Orgel reparieren. Muß beim Umzug kaputtgegangen sein.“

„Vielleicht steckst du einfach den Stecker rein“, lachte Willie. „Was hast du vor mit dem Ding?“

Alf gab ihm ein Blatt Papier. „Ich habe ein Gedicht geschrieben und will es vertonen.“

„Sieh mich einmal an und sag, was siehst du dann –“, las Willie, „ein anderes hübsches Gesicht.“ Willie fand es ganz amüsant, wie er Alf gegenüber zugab. Nur der Refrain „I can't get no satisfaction“ kam Willie bekannt vor. Wenn ihn nicht alles täuschte, hatten die Rolling Stones mal derartiges geschrieben.

„Vergiß es“, meinte Alf nur. „War ein alter Entwurf. Und jetzt habe ich zu tun, wenn du erlaubst.“ Willie ließ den Künstler allein in der Garage.

Drüben im Haus brachte er Brian zu Bett, nachdem Scott Lynn abgeholt hatte. Anschließend beschwerte sich Mrs. Ochmonek telefonisch über furchtbaren Lärm aus Tanners Garage. Willie versprach, ihn abzustellen. Dabei genoß er es im Moment mehr, mit Kate endlich einmal alleine zu sein.

„Das drüben in der Garage ist Alf", klärte er Kate auf. „Als ich ihn verließ, wollte er einen Song vertonen, den er geschrieben hatte. Sieht fast so aus, als wäre er wieder mal verliebt. Hoffentlich kommen da nicht wieder irgendwelche bösen Überraschungen auf uns zu."

„Willie", sagte Kate leise. „Ich glaube, er hat diesen Song für mich geschrieben. Alf schwärmt neuerdings für mich."

Der Erfolg dieses Geständnisses war, daß Willie vor Lachen beinahe von der Couch fiel, was Kate entrüstete.

„Findest du das so komisch, daß sich jemand in mich verliebt?"

Die Zeichen standen auf Sturm, bemerkte Willie sofort: „Kate, ich kenne da noch jemanden, der sehr in dich verliebt ist, und du bist alleine mit ihm." Er beugte sich zu Kate, um sie zu küssen ...

„Gut so, geh ran, Willie", sagte Alf hinter ihm, der unvermeidliche, unsägliche Alf, der immer im falschen Moment dort auftauchte, wo er nicht sein sollte. Darauf war bei ihm wirklich Verlaß.

Willie richtete sich wieder auf. „Was ist nun wieder los, Alf?"

„Ich suche Lynn", schaute sich Alf um.

„Sie ist noch mit Scott unterwegs."

„Verstehe", war Alf sofort beleidigt.

„Außerdem hatten wir Beschwerden von den Nachbarn ...", stichelte Willie, weil er sich über Alfs Auftauchen immer noch ärgerte. Man hatte keine private Minute mehr in diesem Haus.

Alf war nicht überrascht: „Das wundert mich nicht. Lynn gibt allen anderen Töchtern ein schlechtes Beispiel."

„Wie ist dein Song geworden, Alf?“ wollte Kate wissen. Sie war doch sehr geschmeichelt, daß sich Alf wegen ihr solche Mühe machte.

Alf warf den Kopf in den Nacken, daß seine Bockshaare nach hinten flogen. „Es ist nicht einfach ein Song. Es ist ein Rockvideo, das ich für Lynn gemacht habe.“

Nach diesen Worten hing betretenes Schweigen in der Luft. „Verstehe“, sagte Kate dann nur. Alf konnte sich nicht recht erklären, warum Katilein ihn dabei mit Blikken erdolchte und aus dem Zimmer rauschte.

„Dein Feingefühl ist immer wieder bewundernswert“, stellte Willie danach fest und ging hinter Kate her, um sie zu beruhigen.

Alf schaute den beiden hinterher und legte den Kopf schief. Manchmal war diese Familie schon eigenartig. Er beschloß, sich auf die Couch zu legen, um auf Lynn zu warten.

„Der Gedanke, daß Alf sich für unsere Tochter erwärmt, ist nicht gerade erheiternd“, meinte Kate im Schlafzimmer düster zu Willie.

„Du bist darüber doch nicht wirklich beunruhigt“, fragte Willie erstaunt.

„Doch, das bin ich. Stell dir vor, das entwickelt sich ernsthaft. Wie willst du später den Leuten Fotos von unseren Enkelkindern zeigen?“ Kate schüttelte sich.

Willie küßte sie. „Ich kann mir nicht vorstellen, daß unsere Lynn einen Mann will, der über zweihundert Jahre älter ist als sie.“ Das Argument beruhigte schließlich auch Kate, während draußen im Wohnzimmer das Böse auf einen gewissen Scott lauerte: Alf war hellwach. Die Eifersucht nagte an seiner Seele. Endlich hörte er Stimmen vor der Tür. Alf schlich hin und preßte ein

Ohr gegen das Holz. Was er hörte, ließ ihn von den Zehen bis in die Haarspitzen erzittern.

„Das war ein sehr netter Abend mit dir“, sagte Scott gerade, worauf ihm Lynn auch noch recht gab. Alfs schwarze Augen funkelten boshaft.

„Hast du nächsten Freitag wieder Zeit?“ fragte Scott zärtlich.

„Nein!“ schrie Alf rüde durch die Tür.

Das brachte die romantische Stimmung draußen durcheinander.

„Wer war das?“ war Scott entsetzt.

Lynn, die genau gehört hatte, wer das war, konnte dies Scott schlecht erklären und meinte deshalb in ihrer Not: „Äh, mein Vater.“

Das verwunderte Scott: „Dein Vater? Aber ich dachte, das ist so ein netter Kerl.“

„Hey, Pickelgesicht“, rief der nette Kerl von drinnen. „Geh nach Hause und versuch es mit einer Kamillentinktur.“

„Na ja, vielleicht ist er etwas müde“, meinte Lynn lahm zu dem zusammenzuckenden Scott, der sich gleich noch stärkeren Kalibern gegenübersah, als Alf schrie:

„Hör zu, du Erdferkel, entweder machst du jetzt die Fliege, oder ich stelle den Gartenschlauch an.“

„Also, ich gehe lieber, ich möchte nicht naß werden“, beschloß Scott daraufhin und sah Lynn merkwürdig an. „Wie man sich in einer Familie doch täuschen kann“, dachte er nur.

Lynn hielt ihn am Ärmel fest und wäre am liebsten in den Boden versunken. „Nein, Scott, bitte geh nicht. Vielleicht meint er gar nicht dich, vielleicht sitzt er vor dem Fernseher oder streitet mit meiner Mutter.“

Aber in der Nähe eines Hauses, in dem der Vater die Mutter als Erdferkel bezeichnete, wollte Scott auch nicht unbedingt länger als nötig bleiben. Und als Alf noch schrie: „Hau endlich ab, Scott", verabschiedete er sich endgültig.

Sekunden später sah sich Alf im Wohnzimmer Lynn gegenüber, die Gift und Galle spuckte, so daß Willie schließlich, durch ihr Geschrei aufgeweckt, aus dem Schlafzimmer kam.

„Was ist hier los, mitten in der Nacht? Alf, warum bist du nicht in deinem Bett?"

Alf räkelte sich auf der Couch. „Ich mußte nur einen Landstreicher rausschmeißen."

Lynn stampfte mit dem Fuß auf. „Er hat Scott weggeekelt. Und der hat gemeint, daß du so gemein zu ihm bist."

„Es war höchste Zeit", erklärte Alf. „Sonst hätte er noch versucht, sie zu küssen."

„Ich wollte, er hätte es", schimpfte Lynn.

Alf setzte sich auf und sah an Willie hoch. „Sieh mal, reden wir mal unter Männern, die etwas davon verstehen. So fängt es immer an, dann dauert es nicht lange, und es werden gemeinsam die Vorhänge ausgesucht."

„Du weißt ja gar nicht, wovon du sprichst", empörte sich Lynn.

Willie stemmte die Arme in die Hüften und baute sich vor Alf auf. Alf bekam das Gefühl, ihn nicht auf seiner Seite zu haben. „Mach den Bademantel zu", lenkte er deshalb schnell ab.

Für einen kurzen Moment wirkte das tatsächlich. Willie raffte seinen Bademantel zusammen, obwohl er darunter einen Schlafanzug trug. Aber er vergaß nicht, was er sagen wollte. Alf bekam Unterricht über Teenager, darüber, daß sich Mädchen in Lynns Alter mit Jungen in ihrem Alter verabredeten und daß sich die Väter damit abfinden müßten und gefälligst auch Melmacs.

„Ist mir doch Wurscht, mit wem sich Lynn verabredet“, war Alf von der Standpauke tief getroffen. „Aber das mit dem Song kannst du auch vergessen.“

„Welcher Song?“ wollte Lynn wissen, die sich langsam wieder beruhigte.

Willie seufzte. „Alf hat dir einen Song geschrieben und ein Video daraus gemacht.“

Lynn schmolz augenblicklich dahin. „Einen Song, nur für mich? Oh, bitte, Paps, laß mich mit Alf mal alleine.“

„Meinetwegen“, resignierte Willie. Er wandte sich energisch an Alf: „Und du rufst morgen früh Scott an und sagst ihm, ich hätte ihn wirklich nicht gemeint. Laß dir was einfallen.“

„Misch dich nicht in meine Angelegenheiten ein“, raunzte Alf frech zurück und machte einen Satz nach hinten, weil Willie einen Satz nach vorne machte.

„Du, ich habe noch gar nicht angefangen, mich mit dir zu befassen, und wenn du vielleicht glaubst . . .“

„Deine Haltung macht mich nervös“, unterbrach ihn Alf. Er zitterte heftig.

„Bitte, Paps“, rettete ihn Lynn, und Willie zog sich brummend zurück. Es war wirklich am besten, man mischte sich als Vater nicht in die Liebesangelegenheiten seiner Tochter. Er hörte noch in seinem Rücken, wie Alf ihm hinterherrief: „Der Mantel, Willie.“

Alfs Rockvideo war eine Wucht, wie Lynn danach ehrlich bewundernd fand. Sie gab ihm einen Kuß auf den Rüssel, gerade in dem Augenblick, als Kate schlaftrunken aus dem Schlafzimmer kam, um sich aus der

Küche etwas zu trinken zu holen. Bei dem Anblick, der sich ihr bot, beschloß Kate allerdings schnell, daß sie träumte, machte kehrt und ging wieder ins Bett.

Alf versprach Lynn danach, wenn auch widerwillig, er würde sich daran gewöhnen, daß sie beide nur Freunde wären.

Auch Alf und Willie schlossen Frieden, und so spielte Alf Regisseur hinter der Videokamera, während Willie in silberner Glitzerjacke an der Hammondorgel tobte.

So bekam Kate schließlich auch noch ihr Rockvideo.

Lynn saß im Wohnzimmer und telefonierte nervös mit ihrer Freundin Kathy. Ein Popkonzert von den Pretenders war angekündigt, und Willie hatte Lynn versprochen, daß sie den Wagen haben konnte, wenn er mit Kate vom Einkaufen aus der Stadt zurückkam. Doch die beiden waren längst überfällig.

„Nein, Kathy“, redete Lynn hastig in den Hörer. „Sie müssen jeden Moment kommen. Wir werden nicht zu spät zum Konzert kommen. Tschüs, bis dann.“

„Also, es ist doch nicht zu glauben“, entrüstete sich Alf, der auf der Couch vor dem Fernseher hockte.

„Ja, seit einer Stunde sollten sie dasein“, fühlte sich Lynn angesprochen.

Aber Alf hatte nicht sie gemeint. Er beschäftigte sich mit höheren Dingen.

„Ich meine diesen Kerl von der Wall-Street-Woche. Der sitzt da mit eiskalter Miene und spricht über Gold, als wäre das Zeug wertvoll.“

Lynn setzte sich neben ihn. „Aber Gold ist wirklich wertvoll, Alf.“

Der Melmac zog eine skeptische Grimasse. „So,

wirklich. Also auf Melmac war es völlig wertlos. Reiner Plunder.“

Lynn hörte nur mit halbem Ohr hin und sprang auf, als sie von draußen Motorengeräusche hörte. Sie eilte zum Fenster. Das mußten endlich ihre Eltern sein.

Sie waren es auch. Aber sie hatten eine böse Überraschung für Lynn: Das Auto war kaputtgegangen.

Für Lynn war das Pretenders-Konzert geplatzt. Enttäuscht verzog sie sich in ihr Zimmer, um ihre Lieblingsgruppe wenigstens auf Kassette anzuhören.

Als Lynn gegangen war, begann Alf mit einem harmlosen Satz eine folgenschwere Diskussion.

„Warum kaufst du ihr eigentlich kein eigenes Auto, Willie?“

Alf hatte die Angebote schon studiert. „Es war nie billiger! Vier Komma acht Prozent Finanzierungskosten für jeden Wagen auf Lager. Greif zu. Du bist doch kreditwürdig.“

Das mußte Willie verneinen. „Ich fürchte, meine Kreditwürdigkeit wurde durch die Reparatur eines Garagendachs aufgezehrt. Es wurde übrigens durch ein Raumschiff beschädigt.“

„Keine Namen bitte“, nuschelte Alf geniert.

Kate machte einen anderen Vorschlag. „Was hältst du davon, wenn wir ein bißchen was dazugeben, und Lynn nimmt ihre Ersparnisse und kauft davon einen Gebrauchtwagen?“

Lynn, die auf der Suche nach ihrer Pretenders-Kassette war, kam herein, und Kate sprach sie gleich an: „Sag mal, Lynn, wieviel Geld hast du auf deinem Sparkonto?“

„Etwa hundertfünfzig Dollar“, überlegte Lynn.

„Und wenn wir nun hundertfünfzig dazulegen würden. Welches Auto würde Lynn dafür bekommen?“

Kates Frage richtete sich zwar an Willie, aber Alf wußte die Antwort schneller und zerstörte Kates Illusion mit der ihm eigenen glasklaren Logik: „Ein geklautes."

Lynns Gesicht hellte sich auf. „Ihr würdet mir die Hälfte für ein Auto bezahlen?" Sie sah ganz neue Möglichkeiten auf sich zukommen.

Willie nickte. „Wenn wir dafür ein verkehrstüchtiges Fahrzeug bekämen, ja."

Lynn war hellauf begeistert. „Ich könnte einen Teilzeitjob annehmen. Sie suchen noch eine Bedienung für Mr. Jims Huhn-und-Austern-Imbiß."

Der Name löste bei Alf Erinnerungen aus, die er mitteilen mußte: „Wir hatten auch so einen Mr. Jim auf Melmac. Aber bei dem gab es Hunde und ..."

„Behalt es für dich, Alf", bat Willie.

Das tat Alf natürlich nicht. „Der mußte dann ins Gefängnis, weil er Hundefutter serviert hatte, und dabei hatte er gesagt, es wäre Collie."

„Scheußlich", rief Willie.

Alf legte den Kopf schief und schaute Willie über den Tisch hinweg fragend an. Er fand es auch scheußlich, wenn Hundefutter statt Collie serviert wurde. Aber er hatte nicht erwartet, daß Willie ihm da zustimmte. Wenn Willie so dachte, konnte er es vielleicht wagen, doch mal mit ihm zu reden. Alf schielte nach dem Kater.

„Sag doch was dazu, Paps", forderte Lynn, um wieder auf das Thema Auto zu kommen.

Willie aber war durch Alfs Blick irritiert und wiederholte laut: „Ich sagte bereits, daß ich es scheußlich finde, Hunde zu essen." Alfs Illusion zerflog. Er hatte Willie also doch überschätzt.

„Ich meine doch die Sache mit dem Job", versuchte Lynn Willie wieder für das Auto zu interessieren. Sie begann langsam zu verzweifeln. Alf konnte wirklich jedes ernsthafte Gespräch mit einigen Worten völlig durcheinanderwirbeln. Paps war ihm einfach nicht gewachsen.

„Ah so, ja“, kam Willie mühsam wieder zum Kern der Sache zurück. „Wird dir denn das nicht zuviel neben der Schule? Du weißt, du hast nicht die besten Noten.“

„Ein Grund mehr, eine andere Karriere zu starten“, mischte sich Alf wieder ein. Diesmal bekam er es aber mit Kate zu tun, die ihn streng zurechtwies: „Dich hat niemand gefragt, Alf.“

„Wenn ich darauf warten würde, käme ich nie zu Wort“, maulte der Melmac.

Der Familienrat beschloß trotzdem, Lynn ihren Job zur Finanzierung eines eigenen Autos zu erlauben.

Alf übernahm es am Abend, Lynn den Test abzufragen, den sie dafür machen mußte. Sie saßen auf dem Bett in Lynns Zimmer, und dem Mädchen fielen fast schon die Augen zu, nachdem sie einhundertfünfzig Fragen über Hühner und Austern durchgegangen waren. Als Kate schließlich mit einer Tasse Kakao hereinkam, war Lynn bereits eingeschlafen.

Der zusätzliche Streß nach der Schule war einfach zuviel für sie, wie sich in den nächsten Tagen immer wieder herausstellte. Dennoch hielt sie tapfer durch und übte zu Hause beim Essen auch noch das fachgerechte Servieren. Alf beobachtete sie und machte sich offensichtlich seine eigenen Gedanken ...

Einige Tage später ließ er die Bombe platzen: Alf bat, nein, er bestellte die Familie in die Garage – und dort brachten die Tanners den Mund erst einmal nicht mehr zu. Vor ihnen stand ein nagelneuer roter Neunzigtausend-Dollar-Ferrari. Und was für ein Wagen! Das Armaturenbrett aus Mahagoni, die Sitze in Leder, die Räder verchromt und als Clou ein Autotelefon.

„Für dich, Lynn“, sagte Alf so selbstverständlich, als hätte er ihr eine Schallplatte gekauft.

Lynn schnappte nach Luft, Willie fuhr sich über die Augen, weil er hoffte, daß dies nur ein Traum war, und Kate wurde es abwechselnd heiß und kalt bei den Überlegungen, wie dieser Superschlitten wohl hierhergekommen war. Brian sprach schließlich aus, was alle dachten:

„Wo hast du den geklaut, Alf?“

Alf machte ein beleidigtes Gesicht. „Gekauft. Ein Melmac klaut nicht.“

„Ich kann es nicht fassen“, keuchte Willie und sah sich schon im Gefängnis, verurteilt wegen Betrugs. Wie sonst, als über sein Kundenkonto hätte Alf den Ferrari wohl kaufen können? Trotzdem fragte er sicherheitshalber, wenn auch mit wenig Hoffnung:

„Wie hast du den gekauft?“

Dabei traten Willie Schweißperlen auf die Stirn. Er fürchtete sich vor der Antwort.

„Über meine Makler, Checkter, Cosay und Klein“, erklärte dagegen Alf lapidar, ganz im Stil eines Großkapitalisten. „Ich hatte die Jungs beauftragt, das Gold aus meinem Raumschiff zu verkaufen.“

„Du hast Gold?“ Willie mochte es nicht fassen.

„Ich hatte Gold“, berichtigte ihn Alf, der sehr für Logik war, wie bekannt ist. „Alle Leitungen in meinem Raumschiff waren aus Gold, nicht aus Messing, wie du dachtest. Außer in der Toilette. Die waren aus Platin. Übrigens haben Checkter, Cosay und Klein vom restlichen Verkaufserlös für mich eine Mango-Farm in Oxnard gekauft. Werde dort wohl demnächst nach dem rechten sehen.“

Lynn kniete nieder und fiel Alf überschwenglich um den Hals. „Oh, Alf, das ist das schönste Geschenk, das ich jemals bekommen habe."

Willie schüttelte den Kopf. „Darüber werden wir noch reden müssen, Lynn. Wir können kein Neunzigtausend-Dollar-Auto behalten."

„Was soll dieser Neid", konterte Alf lässig. „Nur weil deine Tochter jetzt ein besseres Auto fährt als du. Ich hätte mehr Charakter von dir erwartet, Willie."

Willie fauchte. „Und ich erwarte von dir, daß du deine Makler anrufst, daß sie den Wagen zurücknehmen."

Alf schüttelte den Kopf. „Geht nicht. Joel, der die Angelegenheit für mich gedeichselt hat, ist bis Donnerstag in Palm Springs. Er ist ein vielbeschäftigter Bursche, dieser Joel. In der freien Wirtschaft geht es nun mal härter zu, als bei deinen Beamten, Willie. Und jetzt habe ich zu tun. Ich muß noch ein paar Sender in diesem computergesteuerten Autoradio programmieren." Alf kletterte auf den Beifahrersitz.

Willie schnaufte verächtlich durch die Nase. „Du rührst dich hier nicht vom Fleck, bis wir drüben die Sache durchdiskutiert haben. Kommt mit", forderte er dann Kate und die Kinder auf.

Alf rief Lynn noch hinterher: „Laß dich von dem Spießer nicht unterbuttern, Mädchen."

Willie verzichtete darauf, dem Melmac an die Gurgel zu gehen, vorerst. Hier galt es, den anderen den Wert des Geldes und den Sinn von Geschenken klarzumachen. Geschenke, das waren für Willie Krawattennadeln oder Füllfederhalter oder eine Blumenvase.

Brian sah dies logischer und erinnerte Paps daran: „Das haben wir aber schon alles. Wir brauchen ein Auto."

„Ich weiß schon, was ihr jetzt denkt", vermutete Willie, „ihr haltet mich für einen Spielverderber und für ein Scheusal."

„Ich nicht", beruhigte ihn Kate sanft, während Lynn nüchtern feststellte: „Ich schon." Brian gab ihr absolut recht.

Willie versuchte es mit väterlichem Einfühlungsvermögen: „Aber ihr verliert ein wichtiges Ziel aus den Augen. Man schätzt die Dinge einfach mehr, wenn man sie sich verdienen muß und nicht geschenkt bekommt. Man soll für das, was man haben will, arbeiten."

Lynn rechnete in Gedanken nach und kam zu dem Ergebnis: „Also dann könnte ich mir mit sechzig das Armaturenbrett von dem Ferrari leisten und eventuell eines dieser verchromten Räder dazu, vielleicht ein zweites, wenn ich bei Mr. Jim Überstunden mache und die Hühner im Akkord verkaufe."

„Der Wagen kommt weg, das ist mein letztes Wort, so leid es mir tut", blieb Willie hart. „Und ..."

Der Rest ging im Lärm eines tieffliegenden Flugzeuges unter. Es mußte allerdings sehr tief fliegen, weil es durch Willies Garage rauschte und eine Wand durchbrach.

Willie und die anderen brauchten ein paar Sekunden, bevor sie verstanden, daß das kein Flugzeug war, sondern etwas anderes Schreckliches. Sie stürzten zur Tür hinaus und sahen gerade noch das Heck des roten Ferrari in Richtung Highway schießen.

Willie wurde es schwarz vor Augen: „Oh, mein Gott. Irgendwo auf einer Autobahn jagt jetzt ein Außerirdischer in einem roten Ferrari dahin."

„Das Ding macht locker seine zweihundertachtzig Stundenkilometer", wußte Brian dazu zu sagen, was

Willie nicht gerade beruhigte. Auf diese Weise konnte Alf in null Komma nichts in Mexiko sein.

Der Ferrari bog inzwischen mit heulenden Reifen auf den Highway in Richtung Oxnard ein. Alf fuhr Vollgas, wenn er auch noch nicht richtig begriff, was ihm geschah. Er hatte nur kurz den Motor angelassen, und schon war er durch das geschlossene Garagentor gerauscht.

Jetzt befand er sich auf der Überholspur, und der Fahrtwind in dem offenen Wagen bog ihm seinen Bocksschopf flach nach hinten. Alf jagte eine ältere Dame in ihrem Chevy von der Straße und schrie grob hinüber, sie solle sich gefälligst davonscheren, sie befände sich hier nicht auf einer Parade. Gott sei Dank konnte die nicht sehen, was da eigentlich am Steuer des Sportwagens saß. Alf war zu schnell. Er grunzte zufrieden. Dann bediente er das Autotelefon, um ein bißchen mit Willie zu plaudern.

Der war einem Herzinfarkt nahe, als er so plötzlich Alfs Stimme hörte. „Bitte, Alf", jammerte Willie, „bitte fahr von der Straße herunter, einfach runter von der Straße und sag mir, wo du gerade bist."

„Hey, du Träne, schon mal was von Blinkzeichen gehört", kam es durch den Hörer. „Entschuldige, Willie, du warst nicht gemeint. Aber die fahren hier wie die Idioten, einfach saumäßig."

„Wo bist du, Alf?"

Willie schrie es verzweifelt hinaus. Er war am Zusammenbrechen.

„Bleib ganz ruhig, Willie", hörte er Alf sagen. „Ich schau nur mal schnell nach meiner Mango-Plantage. Gerade bin ich an einem Motel vorbeigefahren, in dem heute ein Barkeeper-Kongreß stattfindet ... ich ... bin jetzt in ... der Nähe ... von ...“ Dann war die Verbindung tot.

Willie stöhnte auf. Auch das noch! Er mochte gar nicht daran denken, was der verrückte Melmac jetzt mit seinem Geschoß anstellen konnte.

In den folgenden Stunden erkundigte sich Willie jede Viertelstunde bei der Polizei nach größeren Unfällen. Aber abgesehen davon, daß ein Schwein von einem Sattelschlepper gefallen war, konnten die Beamten nichts vermelden. Also war Alf wohl schon über die Grenze nach Mexiko gedonnert, schloß Willie scharf und begann zu beten.

Alf war aber nicht in Mexiko, wie ein neuerliches Krachen aus der Garage kurz darauf bewies. Im Nu war die ganze Familie dort versammelt.

Da stand der Ferrari, und Alf saß hinter dem Steuer. Der Melmac war zwar etwas außer Atem von seinem rasanten Ausflug, aber unversehrt, was man von der Garage nicht sagen konnte: Sie war inzwischen nach zwei Seiten offen. Auch vom stolzen Ferrari war nicht mehr viel übrig. Alf mußte schwer gewütet haben.

Willie half dem Kleinen aus dem Sitz, der mit einem Blick auf die lädierte Garage bemerkte, daß er wohl eine Brille beim Fahren bräuchte.

Willie war, jetzt wo Alf gesund wieder zu Hause war, außer sich und bombardierte Alf mit schweren Vorwürfen: „Du brauchst keine Brille, sondern einen Anwalt, wenn ich mir die Trümmer hier so betrachte. Und solche und ähnliche Dinge passieren mit dir immer und immer wieder. Ich habe es satt!“

Alf bettelte mit seinen Augen Kate an und meinte treuherzig: „Aber wir hatten auch lustige Zeiten. Sag es ihm, Kate, sehr lustige Zeiten.“

„Aber das hier gehört bestimmt nicht dazu", ließ ihn Kate im Stich. „Sag lieber gleich, was du noch alles bei deiner Wahnsinnsfahrt angerichtet hast."

Alf überlegte. So einfach war das in einem Satz nicht zu sagen. Langsam und konzentriert begann er aufzuzählen: „Also, Mrs. Ochmonek wird wohl in Kürze anrufen. Wegen ihrer Hecke. Viel ist nicht mehr davon übrig, wenn ich ehrlich bin. So ein Ferrari macht keine halben Sachen. Die Leute, deren Veranda ich auf dem Rückweg mitgenommen habe, kenne ich nicht. Du wirst aber sicher von ihrer Versicherung hören, Willie, sei da ganz beruhigt. Dann waren da noch ein paar Vorgärten. Der Rest ist verschwommen."

Alf sah zu Willie hoch, mit einem Ausdruck, als wollte er sagen: „Na, du hast dir das alles wohl schlimmer vorgestellt. Aber auf den alten Alf ist Verlaß."

Willie jedoch reichte es vollauf. Wenn er an die kommenden Schadensrechnungen dachte, sah er auch schon alles verschwommen.

Aber da schlug ihm Alf vor, den Ferrari wieder zu verkaufen und ihm die Summe zur Verfügung zu stellen, was Willie ganz in Ordnung fand. Damit war die Sache mit Lynns Geschenk erledigt.

Am nächsten Tag erfuhr Alf, daß seine Plantage davongeschwemmt worden war und sich Joel mit dem Bargeld und auf unbestimmte Zeit nach Paraguay abgesetzt hatte.

Alf war pleite, ohne daß ihn das natürlich sonderlich aufregte.

Anschließend reparierte er zu Willies Überraschung auch noch dessen altes Vehikel, wie er es in der Fernsehserie „Selbst ist der Mann" gelernt hatte. Über ein zweites Auto wurde innerhalb der Familie Tanner nicht mehr gesprochen, und Lynn verzichtete darauf, Hühner und Austern zu verkaufen.

Wenn es um seine Bequemlichkeit ging, konnte Alf äußerst erfinderisch sein.

Eines Tages kamen Kate und Willie vom Einkaufen nach Hause und fanden ihn auf der Couch, vor sich seine neueste Erfindung, ein Regal, in dem er mühelos alles erreichen konnte, was sein Leben zum Genuß machte: Essen und die Fernbedienung vom Fernseher.

Im Augenblick trank er eine Tasse Kaffee und sah sich Jane Fondas Aerobic-Sendung an, und die Fächer in seinem Regal glichen einer erlesenen Salatbar.

„Kannst dich ruhig bedienen", lud er Kate gutgelaunt ein, während Willie die Einkaufstüten in die Küche brachte. „Nur, wenn du mir den Kassettenrecorder noch zurechtrücken würdest. Den kann ich schlecht erreichen ..." Er wurde durch das Läuten der Türglocke unterbrochen.

Kate meinte sarkastisch zu Alf, dem Faulen: „Also, wer immer das ist. Ich werde ihn abwimmeln. Wir können unmöglich zulassen, daß du gestört wirst."

„Sag einfach, man möge sich schleichen", schlug Alf, vornehm in der Sprache und rüde im Ausdruck, vor und nahm einen Schluck Kaffee.

Kate lugte gerade durch den Türspion, als Willie aus der Küche kam: „O Gott, es ist meine Mutter!" entfuhr es ihr.

Alf grunzte unwillig. „Ha, und was treibt sie an unser Ufer? Wie kann sie es wagen, dero Gnaden Alf in seiner Ruhephase zu stören?" Er wußte natürlich, was der Besuch für ihn bedeutete.

Willie machte es ihm auch gleich klar. „Hör auf,

große Reden zu schwingen, du Faultier. Pack deinen Kramladen und ab in die Küche.“

Alf zog beleidigt ab.

Von der Küche aus hörte er Kate ihre Mutter begrüßen, und auch Lynn und Brian waren inzwischen ins Wohnzimmer gekommen, um ihre Großmutter zu umarmen. Alf war sauer.

„Also, was soll ich euch sagen“, hörte er Großmutter erzählen, „ich bin auf dem Weg nach Hawaii, mit der verrückten Estelle. Sie besucht ihre Tochter hier, und ich dachte, ich schau’ die drei Tage mal bei euch rein.“

Alf schüttelte sich angeekelt. Wie er Willie und Kate kannte, bedeutete das für ihn, daß er drei Tage unsichtbar bleiben mußte. Alf riskierte einen Blick durch die Küchendurchreiche. Kates Mutter stand mit dem Rükken zu ihm, umgeben von einer besorgniserregenden Menge von Gepäckstücken, und musterte gerade Lynn und Brian.

„Ihr seht mager aus. Bekommt wohl nicht genug zu essen oder nur belegte Brote. Ich werde euch heute abend einmal etwas Anständiges kochen. Ich habe euch auch ein paar warme Sachen zum Anziehen mitgebracht. Ihr müßt ja frieren, so kalt wie es in diesem Haus ist. Willie verdient als Vertreter wohl zu wenig ...“

„Nein“, rief Kate und meinte Alf, dessen Kopf sie erblickte. Alf tauchte unter. Wie er bisher so gehört hatte, hatte Großmutter ganz schön Haare auf den Zähnen. Anscheinend war sie bereits dabei, hier das Kommando zu übernehmen.

„Was nein“, wollte Kates Mutter wissen. „Und wieso schreist du mich so an?“

„Sie wollte dir nur sagen“, griff Willie ein, „daß ich kein Vertreter, sondern Beamter bei der Fürsorge bin.

Und in Kalifornien muß man um diese Zeit kein Haus heizen. Draußen hat es dreißig Grad im Schatten."

„Trotzdem. Ich habe einen Schal für Brian und einen warmen Pullover für Lynn mitgebracht", sagte Großmutter energisch und maß Willie mit einem verächtlichen Blick, weil sie von Vertretern nicht viel hielt, schon gar nicht von solchen, die ihren Beruf auch noch verleugneten. „Die armen Kinder haben ja gar kein Körperfett auf den Rippen."

„Die Alte ist pures Gift", dachte Alf in der Küche wütend. Mit der würden Kate und Willie nicht fertig werden. Und für seine Bequemlichkeit sah er ganz schwarz.

Alf behielt recht. Während Großmutter in ihrem Zimmer die Koffer auspackte, zerrte Willie den zeternden Melmac in die Garage hinüber und schloß das Tor zu.

Später brachten Kate und Lynn ihm sein Abendessen hinüber. Sie fanden Alf am Mikrophon des Kurzwellensenders, wie er hineinrief: „Hilfe, Hilfe, man hat mich in der Garage eingeschlossen. Es soll bitte jemand bei Pizza-Barke anrufen und eine Riesenpizza bestellen. Ich bin ohne Nahrung und werde gleich ohnmächtig ... Oh, die Sache hat sich erledigt. Meine Wärter sind da."

Alf machte sich über das Essen her wie ein ausgehungerter Wolf, wobei ihn die beiden kopfschüttelnd beobachteten.

„Er muß ziemlich hungrig sein", bemerkte Lynn. „Er hat sich nicht einmal Zeit für ein Gebet genommen."

Alf schmatzte und rülpste dazwischen laut. „Schmeckt gut. Hast du endlich kochen gelernt, Kate?" Dann steckte er seine Schnauze in voller Länge in die Schüssel und leckte sie aus.

„Das hat meine Mutter gemacht", berichtigte ihn Kate so böse, wie sie werden konnte, wenn man über ihre Kochkünste herzog. „Übrigens wirst du einige Tage in der Garage bleiben müssen", setzte sie rachsüchtig hinzu.

„Steck doch deine Mutter in die Garage", schlug Alf vor.

„Du kannst doch nicht erwarten, daß ich meine Mutter in der Garage schlafen lasse", entrüstete sich Kate. „Außerdem gefällt mir deine Ausdrucksweise nicht."

Alf tat beleidigt. „Klar, soll doch der Abartige in der Garage pennen. Mit dem kann man es ja machen."

„Niemand hält dich für abartig." Kate war verwundert.

„Könntest du dir mich als Schwiegersohn vorstellen?"

„Nein." Das konnte Kate beim besten Willen nicht, woraus Alf schloß:

„Also, dann bin ich ein Zwischending zwischen einem Abartigen und einem Schwiegersohn, den keiner haben will."

„Meine Güte, Alf, es ist doch nur für drei Tage", erinnerte ihn Lynn. Aber Alf konnte dem nichts Positives abgewinnen und meinte düster: „Lange genug, um mich an Körper und Seele zu brechen. Hier drin ist ja nicht einmal ein Fernseher."

„Wir können dir den kleinen Apparat reinstellen", schlug Kate vor.

Alf war empört. Er rollte mit den Augen. „Die Schwarzweiß-Schachtel mit dem Briefmarken-Bildschirm. Soll ich mir die vor die Schnauze kleben?"

„Ich hoffe, Eure Lordschaft werden die drei Tage überstehen", meinte Kate süffisant. Alf streckte ihr die Zunge heraus, als sie mit Lynn aus der Garage ging.

Die nächsten drei Tage wurden besonders für Kate zur Qual. Ihre Mutter mäkelte ständig an ihr herum, putzte hinter ihr her und ließ kein gutes Haar an ihrer Haushaltsführung. Aber in einer guten halben Stunde würde alles überstanden sein, die Abreise stand bevor.

Doch dann hörte Kate, wie ihre Mutter mit deren Reisegefährtin Estelle telefonierte.

„Was heißt, du kommst in letzter Minute ... ich hasse es, zum Flugplatz zu hetzen ... ja allerdings, du verärgerst mich sehr ... was meinst du mit niemand kann mit mir auskommen ... jeder mag mich ... von mir aus, dann flieg doch alleine nach Hawaii ... ich hoffe, falls ein Vulkan ausbricht, du stürzt dich hinein."

Dann warf sie den Hörer auf die Gabel und verkündete der entsetzten Kate: „Mit dieser Frau fahre ich nicht nach Hawaii. Ich bleibe hier. Und jetzt putze ich erst einmal das Bad. Das hast du vorhin sehr schlampig gemacht, Kate."

„Also, deine Mutter ist wirklich erstaunlich", bemerkte Willie abends im Bett zu Kate, „in den Kacheln im Badezimmer kannst du dich spiegeln."

„Wer will denn das", fauchte Kate, und Willie merkte schnell, daß er empfindlich ins Fettnäpfchen getreten war. Er versuchte die Kurve noch zu kriegen und entschuldigte sich: „Ich nicht. War ja nur so dahingesagt."

„Schon gut", war Kate halbwegs besänftigt. „Es macht mich eben einfach wahnsinnig, daß sie mich immer noch wie ein kleines Kind behandelt und ständig bevormundet."

Willie starrte gegen die Decke, weil ihm ein Gedanke durch den Kopf ging, der zwar ungewöhnlich, aber, wenn er es sich recht überlegte, gar nicht so übel war. Er drehte den Kopf zu Kate und meinte langsam: „Vielleicht sollten wir ihr tatsächlich Alf zeigen. Das würde sie wahrscheinlich aus dem Haus treiben."

Unter ihm meldete sich eine zornige Stimme, die Willie hochfahren ließ. Auch Kate erschrak. Die Stimme sagte: „Herzlichen Dank für diese Liebenswürdigkeit. Es ist gut zu wissen, daß einen die anderen für ein Monstrum halten."

Dann wurde Alfs Schnauze unter dem Bett sichtbar und kurz darauf der Rest von ihm.

„Alf", erholte sich Kate wieder, „was um Himmels willen treibst du da unten, mitten in der Nacht?"

Alf stellte sich neben das Bett und knurrte: „Ich halte mich warm, was sonst. In der Garage herrschen Temperaturen wie in einem Leichenkeller. Aber ich kann nicht jede Nacht unter eurem Bett schlafen."

„Ganz meine Meinung", gab ihm Willie da durchaus recht. „Wäre ja noch schöner."

„Aber ich weigere mich, in die Garage zurückzugehen", erklärte Alf stur. „Und wenn wir uns gemeinsam etwas einfallen lassen, um Großmuttern aus dem Haus zu jagen. Stelle mich gerne zur Verfügung."

„Es wäre vielleicht wirklich das beste, wir würden ihr von Alf erzählen", erwärmte sich Kate für den Gedanken. „Er kann ja nicht ewig in der Garage leben. Alf braucht sein gewohntes Bett. Wenn Mutter trotzdem hierbleiben will, dann soll sie eben."

„Und wie sollen wir es anfangen?" fragte sich Willie. „Setzen wir sie in eine ruhige Ecke und fragen sie vorsichtig, ob sie schon mal etwas von E.T. gehört hat?"

„Ich bin nicht E.T.", wehrte sich Alf empört. „Ein blöder Vergleich. Stell dir vor, mich fragt jemand von

Melmac, welches Wesen du bist, und ich sage zu ihm, er solle sich den verrückten Professor aus dem Jerry-Lewis-Film vorstellen, dann kennt er auch Willie Tanner."

„Dummes Zeug", schnarrte Willie. Er war müde. „Okay, Alf. Wir reden morgen darüber. Vorher wirst du nichts unternehmen, klar."

„Mach dir nur keinen Knoten ins Nachthemd", empfahl ihm Alf salopp und kroch wieder unters Bett.

Aber er hatte seine eigenen Pläne längst gemacht. Hier war schnelle Initiative angesagt. Und da traf es sich seiner Meinung nach gut, daß Großmuttern um etwa diese Zeit meist in der Küche auftauchte, um sich noch etwas aus dem Kühlschrank zu holen, wie er von Lynn erfahren hatte.

Als er über sich die regelmäßigen Atemzüge von Kate und Willie hörte, schlich Alf sich aus dem Schlafzimmer und hockte sich mit einer Tasse Kaffee in die dunkle Küche. Bald darauf hörte er ein sich näherndes Schlurfen. Alf kicherte in froher Erwartung in sich hinein.

Eine Gestalt erschien in der Tür und knipste das Licht an.

„Hallo, Großmama", sagte Alf schlicht. Mehr brauchte es auch nicht. Dorothys Blick fiel auf den sie angrinsenden Alf. Dann griff sie sich ans Herz und flüsterte: „Oh, mein Gott."

„Setz dich doch, Großmütterchen", lud Alf sie herzlich ein, „und trink ein Täßchen Kaffee mit mir."

Aber Dorothy machte keine Anstalten dazu. Sie blieb in ihrer Ecke stehen und fragte heiser: „Wer bist du?"

Sie mußte versuchen, so schnell wie möglich aus diesem Alptraum aufzuwachen.

Alf stellte sich höflich vor:

„Mein Name ist Alf. Ich komme vom Planeten Melmac. Ich bin Angehöriger einer Zivilisation, die eurer um Millionen Jahre voraus ist, und lebe jetzt in einem Wäschekorb neben der Waschmaschine. Sonst noch Fragen?“

Dorothys Gehirn machte einen Gedankensprung. Jetzt glaubte sie zu wissen, was sie hier vor sich hatte. Sie marschierte entschlossen zu Alf und begann nun zu dessen Überraschung, mit einem Finger an ihm herumzustochern. Dabei sagte sie: „Ich weiß jetzt. Du bist etwas, das Willie gemacht hat. Er macht immer so verrückte Sachen in seiner Garage.“ Dabei piekste sie gegen seine Brust.

Alf begann diese Stocherei unangenehm zu werden. „Hey, hör auf, an mir rumzupieken. Ich gebe dir mein Wort darauf. Ich bin ein Wesen aus dem All, und seit du hier bist, muß ich in der Garage dahinvegetieren. Das paßt mir ganz und gar nicht. Ich bin Komfort gewöhnt ... Iihh, jetzt reicht es aber.“

Alf machte einen Satz hoch, weil Dorothys Finger ihn unter der Achselhöhle kitzlig erwischt hatte, und wetzte zur Tür.

„Wir sprechen uns morgen wieder“, versprach er noch, bevor er den Rückzug antrat.

Irgendwie war das erste Treffen zwischen ihm und Großmutter unentschieden ausgegangen.

„Oh, gütiger Gott, es war also doch kein Traum“, prallte Dorothy aber am nächsten Morgen erschrocken zurück, als sie Alf am Frühstückstisch sitzen sah.

„Setz dich hin und schütte mir dein Herz aus“, sagte Alf gütig.

Kate machte gerade in der Küche Frühstück und hatte von Alf bereits die Geschichte der nächtlichen Begegnung gehört. Sie wußte nicht recht, ob sie darüber glücklich sein sollte oder nicht. Aber jetzt war es sowieso nicht mehr zu ändern und am besten, den Dingen erst einmal ihren Lauf zu lassen.

Aber warum war es draußen so still?

Als Kate aus der Küche kam, um den Tisch zu dekken, saßen sich Alf und ihre Mutter gegenüber und starrten sich an. Dorothy guckte Alf böse an. Alf glotzte zähnefletschend zurück.

„Also, jetzt weißt du es", sagte Kate in die giftgeschwängerte Atmosphäre hinein. „Wir leben mit einem Außerirdischen zusammen."

„Was ist nur aus dir geworden, Kate", bekam sie als Antwort.

Es klang sehr niedergeschlagen. So, als hätte Dorothy gerade erfahren, daß ihre Tochter eine Kleptomanin war und außerdem nachts fremde Häuser anzündete.

„Ich spüre negative Schwingungen", stellte Alf schnüffelnd fest, als Lynn und Brian erschienen.

„Guten Morgen, Mam", wünschte Lynn. „Guten Morgen, Großmama, guten Morgen, Alf ... o Gott."

„Oder so", nickte Kate.

Brian begriff die Situation eher und freute sich. „Oh, Großmama, du kennst Alf schon. Ist er nicht großartig?"

„Wird er zusammen mit uns am Tisch sitzen?" fragte Dorothy in einem Tonfall, der Brians Frage beantwortete. Sie fand Alf widerlich.

„Alf ißt immer mit uns", klärte sie Brian auf, als Willie als letzter hereinkam und sich auf den Platz neben Alf setzte.

Das war zuviel für Dorothy. Offensichtlich pflegte dieses kleine Ungeheuer hier auch noch am Kopfende der Tafel zu thronen, wo normalerweise der Herr des

Hauses hingehörte, was sie Willie verächtlich an den Kopf warf.

Der winkte gemütlich ab. „Ist doch egal, wer wo sitzt. Es weiß doch jeder von uns, wer hier der Herr im Hause ist." Er reichte Alf eine Karaffe und fragte: „Saft?"

Alf nickte königlich. „Ja, und wie wäre es mit ein paar von diesen belgischen Waffeln? Die mag ich besonders."

„Heute gibt's Pfannkuchen", bedauerte Willie. „Einverstanden?"

Dorothy schnaufte laut. „Entsetzlich. Dieser kleine Mops vom Mond befiehlt in eurem Haushalt."

„Hey, hey, hey", belehrte sie Alf sofort aufgeregt. „In der Schule hast du aber nicht viel Zeit verbracht. Auf dem Mond gibt es keine Möpse."

„Ich habe das auch nicht wörtlich gemeint, sondern als Beleidigung", schoß Dorothy zurück.

„Grr", machte Alf. „Wenn ich jetzt eine Papierserviette und einen Strohhalm hätte, würde ich dich mit Spuckekugeln vollpumpen."

Brian und Lynn kicherten, was Dorothy erst recht auf die Palme brachte. „Muß ich mir das von diesem Giftzwerg gefallen lassen?" ereiferte sie sich.

Bevor einer von beiden antworten konnte, stellte sie Alf vor die Alternative: „Also, entweder geht die oder ich. Wen trifft es, Kate?"

Kates Entscheidung kam Dorothy nicht spontan genug. „Mußt du denn darüber wirklich noch nachdenken?"

„Nein, äh, ja", verhedderte sich Kate hoffnungslos. Alf und ihre Mutter, das war zusammen schlimmer als Fliegeralarm. Zu ihrer Erleichterung übernahm Willie das Wort und erklärte weise: „Niemand wird gehen und keiner wird bleiben."

„Ein ganz klarer Standpunkt", urteilte Alf bedächtig. „Kein Wunder, daß du nicht am Kopfende des Tisches sitzen darfst."

Dorothy beharrte auf Klarheit. Sie war bereit zu kämpfen, bereit zum Krieg mit diesem Monster. Hätte sie Alf besser gekannt, wäre ihr klar gewesen, daß man gegen Alfs Schnauze nicht ankam. So aber wandte sie sich gekränkt an Kate: „Ich hätte nie geglaubt, daß meine eigene Tochter mich mal aus dem Haus werfen würde."

„Aber niemand wirft dich raus", kam Lynn ihrer entnervten Mam zu Hilfe, was Großmutter nicht zur Kenntnis nahm. Sie bohrte weiter in Kate: „Seit ich hier bin, willst du schon, daß ich verschwinde."

„Das dürfte richtig sein", pflichtete ihr Alf eifrig bei, worauf ihn Dorothy mit Blicken tötete. „Würdest du dich da raushalten."

„Sag es ihr, Kate", hetzte Alf, zwar nicht unbeeindruckt von Großmutters Ausstrahlung, aber auch in der Gewißheit, am weitesten von ihr weg zu sitzen.

„Ja, ja, es ist wahr", brach es aus Kate heraus. Kate hatte keine Kraft mehr für Diplomatie.

Willie wurde dabei unwohl. „Äh, vielleicht ginge es etwas weniger direkt?"

„Halt du dich da raus, Willie", mahnte ihn Alf sofort. Die Sache entwickelte sich endlich ganz nach seinem Geschmack.

Aber nachdem der Anfang gemacht war, kam Kate sowieso in Fahrt. „Mami, du treibst mich zum Wahnsinn. Du kommst in mein Haus, übernimmst sofort das Kommando und gibst mir das Gefühl, daß ich überhaupt nichts richtig mache."

„Also ich, so was tu' ich doch nicht", wehrte sich ihre

Mutter gegen solche Anschuldigungen, was Alf sofort zum Eingreifen zwang.

„Darf man lügen", tadelte er Dorothy.

Die war nun sehr nahe daran, ihm den Kopf abzureißen. „Du bist an allem schuld. Du hast meine Tochter gegen mich aufgehetzt und irgendwelche kosmischen Kräfte benützt, um sich ihrer Gedanken zu bemächtigen."

„Großmütterchen redet Quatsch", erklärte Alf den anderen.

Kate machte dem Streit schließlich ein Ende, indem sie die beiden Kampfhähne zur Ruhe aufforderte und ihrer Mutter sanft erklärte:

„Jetzt hör mal. Wir lieben dich alle", wobei sie Alf scharf anblickte. „Aber das ist unser Haus, und wenn du hierbleiben möchtest, dann mußt du eben einige Regeln beachten ..."

„Keine Vergnügungsfahrten im Wäschetrockner und Lucky nicht anknabbern", konnte Alf sein loses Maul schon wieder nicht zügeln.

„Das gilt ja nun nur für dich", erinnerte ihn Lynn, was Alf regelrecht entsetzte: „Was, nur für mich? Darf sie etwa Lucky fressen?"

„Es gibt nur eine Regel, die wichtig ist", fuhr Kate lauter fort, um Alf abzuwürgen, „behandle deine Tochter wie eine Erwachsene. Und jetzt frühstücken wir erst einmal."

Damit war die Luft erst einmal gereinigt und Waffenstillstand erreicht. Dorothy beschloß, doch noch länger bei Tochter und Schwiegersohn zu bleiben, was sich sehr zum Verdruß von Alf erweisen sollte. Denn Dorothy hatte eine Vorliebe, die sich mit einer von Alfs Leidenschaften fatal ins Gehege kam: Fernsehen.

Am nächsten Tag, als er gerade eine seiner Lieblingssendungen verfolgte, eine blutrünstige Fernsehserie, schaltete Dorothy wieder mal auf einen anderen Kanal um, auf dem die „Dalton-Familie" lief.

Alf guckte böse von der Couch auf Großmutter, die ihm körperlich zu seinem Leidwesen überlegen war, so daß er sich auf Schimpfen beschränken mußte.

„Was bildest du dir ein? Das ist kein Fernsehfilm, sondern ein Schlafmittel."

Aber Großmutter beachtete ihn gar nicht. Bei den Daltons, einer betulichen Familienserie, war sie immer wie hypnotisiert. Alf schnappte nach der Fernbedienung und schaltete auf seinen Kanal um.

Der Fernsehkrieg war wieder ausgebrochen.

Alf zog dabei allerdings den kürzeren: Dorothy entriß ihm die Fernbedienung und schaltete die Daltons ein.

„Was findest du an diesem Mist", fauchte Alf, der vor Wut fast platzte.

„Ich sehe Liebe, Leidenschaft, Wärme, einen Appell für Menschlichkeit", klärte ihn Dorothy auf.

Alf lachte verächtlich: „Lucky würde bessere Drehbücher schreiben, und ich sowieso."

„Ha", machte Großmutter nicht weniger verächtlich. „Wann solltest du überhaupt Zeit haben zu schreiben? Wenn du dir nicht gerade deine Schnauze vollstopfst, hockst du vor dem Fernseher."

„Streitet ihr euch schon wieder wegen des Fernsehers?" fragte Kate seufzend, als sie ins Wohnzimmer kam, wo sich die beiden gegenseitig ankeiften.

„Kate, du weißt, wie gerne ich die Dalton-Familie sehe", beschwerte sich ihre Mutter. „Aber dieser rote Bettvorleger sabotiert mich ständig."

„Ha", ereiferte sich Alf. „Bettvorleger? Hör mal, du, du . . ." Er suchte nach einem passenden Vergleich.

„Alf", wollte Kate gerade das verhindern.

„Verhärmte Giraffe", zischte Alf unbeeindruckt.

Er handelte sich eine Standpauke von Kate ein, die ihn darüber aufklärte, daß ihre Mutter hier Gast sei und so lange bleiben konnte, wie sie wollte.

„Du wirst eine Menge Arbeit haben, die Spinnweben von ihren Koffern zu stauben", prophezeite ihr Alf düster.

Eine Woche später hatte Großmutter auch Kate soweit geschafft, daß die sich an einem Abend erschöpft auf die Couch sinken ließ und einen Eisbeutel gegen ihre Stirn preßte.

„Du fühlst dich prächtig, nicht", bemerkte Willie mitleidig.

Kate stöhnte. „Ja, laß uns ausgehen und uns austoben. Weißt du, wo sie hingegangen ist? Sie ist in den Supermarkt, um Kachelreiniger fürs Bad zu kaufen."

„In ein paar Wochen wird sie gegangen sein", tröstete sie Willie, ohne da selbst viel Hoffnung zu haben. Denn Dorothys neueste Version lautete, daß sich Estelle nun den Knöchel verstaucht hatte.

„Sicher", meinte Kate deshalb auch sarkastisch. „Erst wollte sie nur ein paar Tage länger bleiben, dann eine Woche und jetzt noch zwei Wochen länger. Warum muß sie eigentlich auf Estelle warten, um nach Hawaii zu fliegen, frage ich mich. Sie ist doch erwachsen und kann auch alleine reisen."

„Vielleicht solltest du sie festnageln und ihr klipp und klar sagen, daß sie abreisen soll", überlegte Willie ernsthaft.

Alf griff den Gedanken vom Wohnzimmertisch her auf seine Weise auf und meinte: „Gute Idee. Ich hole sofort die Nägel."

„Halt du dich da raus, Alf", wies ihn Willie zurecht und stutzte. „Was notierst du da eigentlich dauernd?" Denn schon die ganze Zeit war Alf dabei, auf einen Block zu schreiben.

„Wer, ich?" stellte Alf sich aufreizend dumm.

„Nein, der Mann im Mond", ärgerte sich Willie darüber.

„Ah, du meinst Fred. Keine Ahnung. Er ruft nie an und schreibt nie." Damit packte Alf seinen Block und stolzierte in sein Zimmer.

Alf hütete sein Geheimnis fast zwei Wochen.

Dann schleppte er die Familie vor den Fernseher, einschließlich Dorothys, der er zuckersüß den besten Platz auf der Couch zuwies. „Setz dich hier in die Mitte, Dottilein. Da kannst du die Daltons am besten sehen. Dies ist eine ganz besondere Folge. Darum sollst du den besten Platz haben."

„Gestern hast du noch gesagt, der beste Platz für mich wäre im Kamin", erinnerte sich Dorothy mißtrauisch. Sie wußte nicht, was sie von der plötzlichen Freundlichkeit des haarigen Monstrums halten sollte.

Brian deutete plötzlich aufgeregt auf den Bildschirm, auf dem gerade der Vorspann zur Dalton-Familie lief. „Schnell, schaut alle mal her. Da steht Alfs Name." Die Köpfe ruckten zum Fernseher, wo tatsächlich geschrieben stand, daß diese Folge ein gewisser Alf Shumway geschrieben hatte. Das erhöhte die Spannung natürlich sofort ungemein.

Auf dem Bildschirm kam Keith Dalton gerade ins

Wohnzimmer, wo er seine Frau erschöpft auf der Couch sitzend vorfand. Sie hielt sich einen Eisbeutel an die Stirn.

„Du fühlst dich prächtig, nicht“, bemerkte Keith mitleidig. „Es liegt an deiner Muter, habe ich recht.“

„Ja, ich fürchte, sie will für immer hierbleiben“, stöhnte seine Frau. „Sie macht mich schier verrückt. Im Augenblick ist sie im Supermarkt, um Kachelreiniger fürs Bad zu kaufen.“

„Ich habe vergessen, den Käse in der Küche umzurühren“, sagte Kate in die gespannte Atmosphäre hinein. Ihr Gesicht hatte die Farbe von frischgewaschenen Leinentüchern angenommen. Alf hielt sie gutgelaunt zurück.

„Bleib sitzen, Kate. Es wird noch besser.“

„Das befürchte ich auch“, murmelte Willie nervös, der wie Kate am liebsten im Erdboden versunken wäre.

Keith Dalton schlug seiner Frau gerade vor: „Warum nagelst du sie nicht fest und fragst sie klipp und klar, wann sie endlich abhauen will?“

„Gute Idee“, meinte dazu Butch, der Dalton-Sprößling. „Ich hole sofort die Nägel.“

Kate und Willie sahen nun wirklich elend aus, während Lynn und Brian in sich hinein grinsten. Dorothys Gesichtsausdruck konnte man mittlerweile mit mißtrauisch beschreiben. Ihre Augen zogen sich zusammen, als Mutter Dalton auf dem Bildschirm die Szene betrat und von Keith begrüßt wurde: „Hallo, Dorothy.“

Dorothy, die echte, stierte nun Kate an, die sich gerne unter der Couch verkrochen hätte. „Sie heißt Dorothy“, zischte Kates Mutter, während die Fernsehtochter die Fernsehmutter gerade knallhart fragte, wann sie denn endlich abreisen würde, und ihr weiter unmißverständlich erklärte: „Ja, ich will, daß du nach Hause fährst zu deiner verrückten Freundin Estelle."

Das war zuviel. Dorothy, die echte, stürmte aus dem Zimmer.

Kate war jetzt nahe daran, Alf einzustampfen. Doch dann fuhr sie ihn nur an, er solle zur Hölle fahren, und lief ihrer Mutter hinterher.

Alf zuckte mit den Schultern und meinte lapidar: „Hier ist ganz schön was los."

Die allgemeine Stimmung danach ließ die Temperaturen in der Eiszeit erahnen: Kate und Dorothy schwiegen sich im Wohnzimmer an, während Alf mit Block und Kugelschreiber auf der Couch saß und schließlich ungeduldig erwähnte, daß er keine Dialoge schreiben könnte, wenn hier niemand den Mund aufmachte.

Dorothy schlug laut eine Seite einer Illustrierten um, in die sie sich demonstrativ vertieft hatte. Kate tat das gleiche mit einer anderen Zeitung.

„Du schreibst keine Dialoge. Du verspritzt Gift", sagte Dorothy dann eisig.

Kate schloß sich nicht wärmer an: „Unsere Privatgespräche in ein öffentliches Spektakel zu verwandeln. Wie taktvoll."

Alf begann sofort, eifrig zu schreiben: „Gut, gut, wenigstens schon etwas. Hast du was dagegen, wenn ich das verwende, Kate?"

„Du wirst kein einziges Wort von uns mehr wiedergeben", befahl Kate scharf.

Alf wackelte empört mit dem Kopf. „Das ist Zensur. Jedenfalls ist es nahe dran."

„Und du bist nahe dran, dein Bündel zu schnüren",

gab Kate kühl zurück. Alf nickte zufrieden und schrieb das wieder nieder.

„Ich freue mich, daß du auf meine Gefühle Rücksicht nimmst“, meinte Dorothy plötzlich etwas freundlicher zu ihrer Tochter.

Kate sah sie bedauernd an. „Oh, Mam, natürlich nehme ich auf deine Gefühle Rücksicht. Es tut mir so leid, daß wir dich verletzt haben.“

„Ist schon gut“, meinte Dorothy versöhnlich. „Vielleicht sollte ich wirklich gehen. Ich werde Estelle anrufen und euch morgen verlassen.“

„Aber ihr verstauchter Knöchel“, wandte Kate ein und hörte Dorothy zu ihrer Überraschung sagen:

„Das habe ich nur erfunden. Auch die Hawaii-Reise. In Wahrheit habe ich mich mit Estelle zerstritten und bin aus unserem gemeinsamen Haus ausgezogen.“

„Das solltest du auch hier tun“, mischte sich Alf schnell ein, bevor Kate etwas zu dieser neuen Entwicklung sagen konnte. „Hier kannst du nicht bleiben.“

Er fing sich einen Blick von Dorothy ein, der selbst ihn den Kopf einziehen ließ. Auch ihre Antwort ließ Alf unruhig werden, weil sie verdammt ernst gemeint schien.

„Ich denke, daß du dich als Pullover gut machen würdest.“

„Mam, warum hast du mir von dem Streit mit Estelle nicht früher erzählt“, fragte Kate vorwurfsvoll.

„Nun, weil du dann Mitleid mit mir bekommen hättest und mich gefragt hättest, ob ich nicht hierbleiben will.“

Alf schätzte die Distanz zwischen Dorothy und sich ab, und sie erschien ihm weit genug für eine schnelle Flucht, falls Dorothy ihre Pulloverpläne in die Tat umsetzen wollte. Aufgrund dieses beruhigenden Abstandes rief er zu Kate hinüber: „Jetzt nicht weich werden, Katilein."

„Ich muß nicht Mitleid mit dir haben, um dich zu fragen, ob du hierbleiben möchtest", sagte Kate zu Alfs maßloser Enttäuschung statt dessen. Er schnaufte mißbilligend. Dann läutete das Telefon.

Es war für Alf. Am Apparat war der Redakteur der Dalton-Familie und drängte ihn nach einem neuen Manuskript für die Fernsehreihe.

Alf zog sich in die Garage zurück, um sein neues Manuskript mit Herzlichkeit und Wärme nur so vollzustopfen. Aber damit hatte er seine Probleme. Bosheiten wären ihm genug eingefallen, aber er hatte das bestimmte Gefühl, daß die kleinste Gemeinheit schon ihn auf Lebenszeit in die Garage verbannt hätte. Alf goß literweise Kaffee in sich hinein, bis er davon so nervös wurde, daß er sich mit einem von Willies Hosengürteln am Stuhl festbinden mußte. Dann stierte er weiter auf die leeren Blätter neben seiner Schreibmaschine.

Willie, der nach Alf schauen wollte, hörte einen lauten Schmerzensschrei, gerade als er die Garagentür öffnete.

„Alf, geht es dir gut?" fragte er besorgt und dachte im selben Moment, daß dies offensichtlich nicht der Fall war. Alfs Geist schien sich verwirrt zu haben: Da saß der Melmac festgeschnallt auf seinem Stuhl und hatte sich um den ganzen Kopf Wäscheklammern geklemmt. Dazu schaute er äußerst depressiv.

Willie beschloß, erst einmal vorsichtig zu fragen, was dies alles zu bedeuten hatte. Mit Verrückten mußte man einfühlsam umgehen.

Alf blickte ihn traurig an. „Ach, du meinst die Wäscheklammern. Habe mir gerade mit einer das halbe Ohr abgerissen. Aber ich dachte, daß mich diese Art von Akupressur inspiriert. Ich habe den Schriftsteller-Blackout."

„Du solltest dich erst einmal entspannen", riet ihm Willie, erleichtert darüber, daß Alf wenigstens noch bei Sinnen war.

Alf trommelte mit den Fingern auf die Tischplatte. „Entspannen, ha, ich brauche eine Handlung. Ich will Herzlichkeit und Wärme hineinbringen und muß bis morgen damit fertig sein."

Willie überlegte. „Schreib einfach nieder, was dir durch den Kopf geht, alles, was du denkst."

„Ich habe einen Schriftsteller-Blackout", schrieb Alf.

„Du bist zu nervös, Alf", stellte Willie fest. „Du darfst nicht so nervös sein."

„Ha", höhnte Alf, „ich habe fünfzig Tassen Kaffee in mich hineingeschüttet. Ich bin so aufgeputscht, daß ich mich am Stuhl festbinden mußte. Wenn du mir nicht anders helfen kannst, als mit solchen Ratschlägen, dann geh lieber ins Haus zurück."

„Fein", sagte Willie. „Es ist recht gemütlich dort drinnen, mit zwei Frauen, die nicht mehr miteinander reden und mit mir auch nicht. Und du hast uns in diese Misere hineingeschrieben. Jetzt schreib uns gefälligst auch da wieder heraus."

„Ja, ja, ja, ich tue mein Bestes", gnaunzte Alf. Nervös nestelte er an seinen Wäscheklammern und versetzte sie an andere Stellen. Es folgte ein erneuter Schmerzensschrei, als Willie die Garage verließ. Wenn das so weiterging, mußte man bis morgen um Alfs Ohren fürchten.

„Ihr werdet diese Folge mögen", versprach Alf zwei Wochen später. Die Familie hatte sich um den Fernseher versammelt, um Alfs Wiedergutmachungsaktion zu prüfen, mit der er sich wirklich gequält hatte.

„Guten Morgen“, wünschte die Fernseh-Dorothy zum Frühstück und erntete eine erfreute Reaktion von ihrer Tochter, die glücklich darüber war, daß Mutter wieder mit ihr sprach. Die gerührten Tanners erlebten anschließend die Versöhnung der Daltons mit und hörten deren Besuch sagen: „Mütter und Töchter haben nun einmal öfter Konflikte, aber das ist ein Teil dieses wundervollen Lebens.“

Und die Tochter pflichtete ihr erfreut bei: „Ja, man sagt eben manchmal einige unfreundliche Dinge über jemand anderen, was aber nicht bedeutet, daß man diesen Jemand nicht trotzdem liebt.“

Ja, es herrschte wieder Friede bei den Daltons, was Alfs Manuskript zu verdanken war.

Auch bei den Tanners im Wohnzimmer schauten sich Mutter und Tochter zärtlich in die Augen, während die Fernseh-Dorothy nun ganz freundlich meinte: „So bist du mir auch nicht böse, wenn ich dir sage, was für ein undankbarer, egoistischer kleiner Landstreicher du bist.“

Tochter Dalton antwortete ebenso nett: „Was glaubst du eigentlich, mit wem du sprichst, du buckliger, großmäuliger Fraßnickel.“

Bei Tanners wandelte sich die Stimmung abrupt. Man starrte Alf an, böse, sehr böse. „Landstreicher“, wiederholte Kate langsam das Gehörte.

„Fraßnickel“, sagte Dorothy gefährlich leise und begann, näher zu Alf zu rücken.

Es war Gefahr im Verzug, wurde Alf klar. Seine neunzig Zentimeter gerieten in Panik, was sich in starkem Zittern ausdrückte.

„Sie haben mein Manuskript geändert", kreischte Alf. „Ich schwöre es. Tu nichts, was du später bereuen könntest, Großmama."

Alf dachte dabei entsetzt an Dorothys schon einmal geäußerte Absicht, aus ihm einen Pullover zu stricken.

Dorothy stoppte mitten in ihrer feindseligen Annäherung an Alf, weil Mr. Dalton auf dem Bildschirm gerade seine Ehefrau davon abhielt, einen Muttermord zu begehen, indem er ihr erklärte, daß diese es gar nicht wert sei, sich die Hände an ihr zu beschmutzen, worauf die verächtlich ausrief: „Ha, gestern, als du mein Schlafzimmer verlassen hast, hast du anders geredet."

Bei Tanners sah sich nun plötzlich Willie merkwürdig taxierenden Blicken ausgesetzt. Er spürte die Gedanken dahinter in unangenehmer Weise fast körperlich und schlug sich hektisch auf Alfs Seite: „Er hat doch gesagt, sie haben sein Manuskript umgeschrieben."

Kate sprang auf und schaltete energisch diese unsäglichen Daltons ab.

Dann schritt sie ebenso energisch auf Alf zu. Der Melmac kauerte sich in die letzte Ecke der Couch und war sichtlich mit den Nerven runter. Kates Augen sprühten Feuer, so daß Alf jetzt schon das Gefühl bekam, sein Fell sei in Brand geraten. Auch innerlich war ihm heiß geworden.

Alf rief der auf ihn zukommenden Gefahr entgegen: „Ich habe das nicht geschrieben. In meiner Story umarmen und küssen sie sich. Liebes Katilein, tu mir nichts. Ich bin doch viel kleiner als du!"

„Wo sind meine Koffer?" fragte Dorothy, die echte. Das rettete Alf, weil Kate sich nun ihrer Mutter zuwandte.

„Mam, ich möchte nicht, daß du gehst."

Sie zeigte auf Alf: „Er wird gehen."

Alf gluckste entsetzt. Aber er war auch tief gekränkt.

Alf wußte, daß ihn jetzt nur noch eines retten konnte: der Durchschlag seines Manuskripts. Er hetzte in die Garage hinüber und drückte seine Fassung anschließend Willie in die Hand, der ihm noch am ruhigsten erschien. Wenigstens hatte der bisher keine Anstalten gemacht, ihn zu bedrohen.

„Hier, bitte lies das, Willie." Alf sah ihn bettelnd an. Der Kleine war wirklich in einem mitleiderregenden Zustand. Deshalb überflog Willie auch kurz die Zeilen und kam dann zu dem Schluß: „Ich denke, Alf sagt die Wahrheit."

„Danke", hauchte Alf erleichtert.

„Ich packe meine Koffer", erklärte dagegen Dorothy kühl. „Wenn hier schon der Hausherr mit diesem Schmierfinken unter einer Decke steckt, ist meines Bleibens nicht länger."

Alf wieselte um Großmama herum und baute sich vor ihr auf, allerdings vorsichtshalber außer ihrer Reichweite. „Komm zurück. Du kannst mir wenigstens den Gefallen tun und lesen, was ich wirklich geschrieben habe."

Dorothy taxierte ihn wie eine Schlange ihre Beute. „Warum sollte ich dir wohl einen Gefallen tun? Dazu habe ich keinen Grund."

„Ich gebe dir einen Grund", versprach Alf und drückte Kate sein Manuskript in die Hand. Und einen Teil davon Dorothy. „Nun kommt schon. Blättert auf Seite achtzehn und lest es laut vor. Kate spielt Mrs. Dalton, Dorothy spielt Dorothy."

Erwartungsvoll schaute er von einer zur anderen.

Widerwillig begann Großmama, ihren Part zu übernehmen, und las: „Du hast recht. Es war falsch, euch mit mir zu belasten, aber ich konnte nicht anders. Es ist nicht einfach, alleine zu leben. Deshalb bin ich zu Estelle gezogen, so verrückt, wie sie ist. Aber sie war wenigstens jemand, mit dem ich reden konnte."

„Estelle hat dich gebeten auszuziehen, nicht wahr?" übernahm Kate ihre Rolle und sah nun ihre Mutter traurig nicken.

Alf merkte, daß sich die Stimmung zu seinen Gunsten entwickelte und unterbrach schnell: „Ich habe mit Estelle telefoniert. Genauso war es. Deshalb ist Großmama hierhergekommen. Sie wollte einfach nicht alleine sein. Übrigens, Estelle ist wirklich verrückt."

Dorothys Augen bekamen plötzlich einen feuchten Schimmer, und dann lagen sich Mutter und Tochter in den Armen. Alf beobachtete die Szene zufrieden und murmelte in sich hinein: „Das war knapp am Schlachtfest vorbei, Gordi, mein Guter."

Am nächsten Tag packte Dorothy jedoch tatsächlich ihre Koffer zur Abreise und erklärte Willie und Kate, daß sie zu dem Schluß gekommen sei, endlich ihr eigenes Leben führen zu müssen, worauf Kate wissen wollte:

„Hat Alf dir das eingeredet?"

„Nicht direkt. Aber so steht es in seinem neuesten Manuskript."

Willie rief Alf aus der Garage. Der Melmac erschien mit dem Kugelschreiber in einer Pfote und trug eine Nickelbrille und eine wichtige Dichtermiene zur Schau.

„Ich dachte, du wolltest das Schreiben aufgeben, nachdem die dein letztes Manuskript umgeändert hatten", fragte Willie neugierig. „Was hat denn deine Absicht geändert?"

Alfs Augen blitzten schlau. „Der Scheck ist gekommen", sagte er dann schlicht. „Und jetzt habe ich wieder zu tun."

Es war Alfs letzter Ausflug in die aufregende Welt des Fernsehens. Denn bald entdeckte er eine neue Leidenschaft, die ihn voll in Anspruch nahm, die Landwirtschaft. Alf grub Tanners Garten um und ging mit Feuereifer ans Werk. Aber die erste Ernte fiel danach recht dürftig aus, was Alf sehr verdroß.

Mißmutig saß der Melmac in der Küche und schnüffelte in Fachbüchern und Katalogen über die Kunst des Ackerbaus und deren Tücken.

Kate saß neben ihm und stellte eine Einkaufsliste zusammen.

Alf reckte seine Schnauze aus einem Katalog und sagte knapp: „Dünger."

„Was meinst du?"

„Schreib Dünger auf deine Liste", grummelte Alf. „Ich muß meine Karotten bestreuen."

„Nimm doch Butter, wie alle anderen normalen Leute", empfahl ihm Kate ernst und verbiß sich ein Lachen. Alf ging wirklich voll in seiner Aufgabe als Bauer auf. Und Brian half ihm nach Kräften.

„Ich werde vielleicht bald Baumwolle anpflanzen", überlegte Alf, „und im Winter Wolle."

„Wolle wächst nicht aus der Erde", belehrte ihn Kate. „Außerdem, wo willst du noch Baumwolle anbauen? Du hast doch schon unseren ganzen Garten in Beschlag genommen."

„Ich bin eben ein naturverbundener Melmac", faselte Alf. „Ich liebe die Sonne, die Erde und die Früchte der Natur frisch von der eigenen Scholle." Leiser meinte er: „Ich fresse für mein Leben gern das Ungeziefer."

Als Kate abends vom Einkaufen zurückkam, hängte Alf gerade den Telefonhörer auf die Gabel und eröffnete ihr erfreut, daß er dem Haushaltsetat gerade fünf Dollar gespart hatte, weil er Dünger en gros als ganze Lastwagenladung bestellt hatte.

„Und so, wie er kommt, wirst du ihn auch wieder zurückschicken", befahl ihm Kate entsetzt. „Für dein bißchen Gemüse brauchst du nicht in den Düngergroßhandel einsteigen."

Die Diskussion wurde nicht weiter fortgeführt, weil Brian mit einem Armvoll Feldfrüchte aus Alfs Zucht aus dem Garten hereinkam und sie auf den Tisch legte.

„Hier, Alf, ich muß mich noch um die Kürbisse kümmern."

„Ist das alles?" fragte Alf niedergeschlagen. Es war wirklich eine magere Ausbeute.

Brian zuckte mit den Schultern. „Wir bräuchten mehr Dünger."

Alf beäugte feindselig das verschrumpelte Gemüse und kommentierte sarkastisch: „Großartig. Die große Dürre 87."

Kate schaute ihm über die Schulter und meinte tröstend: „Na, zugegeben, es sind nicht viele, aber es sind doch perfekte Gewürzgurken."

„Aber Mam", berichtigte sie Lynn, die gerade hereingekommen war, „das sind doch Auberginen."

„Es ist Mais", stellte Alf traurig klar.

„Es ist wirklich sonderbar", grübelte Kate. „Nichts will hier wachsen. Aber wir haben genug Zucchini, um einen Supermarkt zu füllen."

Alf schaute sie geschmerzt an. „Es ist sonderbarer, als du denkst. Ich habe gar keine Zucchini angepflanzt."

Lynn streichelte ihm über seinen Haarschopf. „Mach

dir nichts draus, Alf. Es wird schon besser werden. Gartenbau ist eben schwieriger, als es anfangs aussieht."

„Es würde leichter sein, wenn Bob Barker nicht wäre", maulte Alf. „Er kommt jede Nacht in meinen Garten und gräbt meine Pflanzen aus."

Bob Barker war der Chihuahua-Hund, den sich die Ochmoneks zugelegt hatten. „Sind Chihuahuas schnell?" überlegte Alf und schlug seine Pranke mit einem tückischen Grinsen auf den Tisch.

Er wollte sich heute nacht in der Garage auf die Lauer legen. Und dann würde er Bob Barker in den Hundehimmel schicken.

Inzwischen rief Willie vom Büro aus an, um Kate zu erklären, daß er später nach Hause kommen würde, bekam aber Alf an den Apparat.

„Hast du eine kleine Freundin?" verdächtigte Alf ihn, bevor Kate das zweite Telefon abnahm und mit Willie sprach. Natürlich hörte Alf trotzdem weiter mit, wie Willie erläuterte, er hätte ein Problem mit einem vierzehnjährigen mexikanischen Jungen, der kein Englisch sprach, und dessen Vater er ausfindig machen wollte, bevor er ihn in einen Bus nach Mexiko setzte.

„Hey, Kate, du kaufst ihm diese alberne Geschichte doch nicht ab", rief Alf dazwischen, beeilte sich aber dann sehr, den Hörer aufzulegen, weil der Ton anschließend für ihn von zwei Seiten sehr bedrohlich wurde. Na gut, er mußte sich sowieso um Bob Barker kümmern. Und vorher wollte er sich mit Brian noch ein Basketballspiel im Fernseher anschauen.

Das war bereits in vollem Gange, als Willie nach Hause kam und Alf in die Küche jagte, was der nur unter unfeinen Ausdrücken mit sich geschehen ließ.

Der Grund war, daß Willie den Mexikanerjungen mit

nach Hause brachte, weil sie den Bus verpaßt hatten. Außerdem hatte er den Vater des Ausreißers immer noch nicht gefunden.

Der Junge hieß Luis Mancia und wurde für die Nacht auf der Wohnzimmercouch einquartiert, während Alf seinen Posten in der Garage bezog, um Bob Barker den Garaus zu machen.

Doch Luis wartete nur, bis er glaubte, daß alle im Haus schliefen. Dann stand er leise auf und schlich durch die Hintertüre hinaus. Die Außenbeleuchtung tauchte den Garten in ein sanftes Licht. Luis stutzte, als er die Gartenbeete sah und den armseligen Zustand von Alfs Anpflanzungen. Als Sohn eines Farmers tat ihm der Anblick in der Seele weh. Luis zögerte. Eigentlich hatte er sich davonmachen wollen. Jetzt überlegte er es sich anders. Er wollte wenigstens vorher noch in diesem schlaffen Garten Ordnung schaffen, soweit es möglich war. Er sah einen Eimer an einem Haken an der Garagenwand hängen und nahm ihn herunter. Dumpf schlug der Henkel gegen den Kübel.

In der Garage trieb es Alf in die Höhe. Er hatte das metallene Geräusch gehört. „Bob Barker", durchfuhr es Alf, sein Todfeind, der Gartenschänder.

Alf packte das Jagdfieber. Seine Stunde der Rache war gekommen. Er schnappte sich eine Harke und stürmte aus der Garage, ein Wutgeheul auf den Lippen: „Stirb, verfluchter Hund!"

„Großer Gott", entfuhr es dem armen Luis auf spanisch, als er dieses unheimliche Wesen, einem Rachegott gleich, auf sich zuwetzen sah, eine blitzende Waffe in der hocherhobenen Faust. Er stand da wie gelähmt.

Gerade noch rechtzeitig erkannte der rasende Alf, daß ihm Ochmoneks Chihuahua über Nacht über den

Kopf gewachsen war, und stoppte seinen Angriff verblüfft. Dann erst merkte er, daß er einen menschlichen Zweibeiner vor sich hatte. Beide musterten sich mißtrauisch, bis Alf sich darauf besann, daß er hier in seinen Gefilden jagte, während der andere offensichtlich ein fremder Eindringling war.

„Eh, was treibst du hier?" fragte er mit gebotener Vorsicht. Eindringlinge konnten immerhin recht gemein werden, wenn man sie ertappte, dachte Alf und war überrascht, als der andere ihm verschüchtert auf spanisch antwortete: „Bist du ein Teufel?" Luis bekreuzigte sich dreimal schnell.

Der andere hatte ganz schön die Hosen voll, erkannte Alf beruhigt. Spanisch war für einen Melmac seiner Intelligenz natürlich keinerlei Problem. Und so unterhielten sich die beiden die nächsten Minuten in Luis' Sprache und kamen sich dabei näher. Der Junge verstand eine ganze Menge von der Landwirtschaft, erfuhr Alf zu seiner Freude und vergaß Ochmoneks Köter und seine blutrünstigen Gelüste.

Von Alfs Geheul aber waren Willie und Kate aufgewacht. Voller Schreck sahen sie kurz darauf die leere Couch und liefen nach draußen, um den Jungen vielleicht doch noch zu finden. Und sie fanden ihn, einträchtig mit Alf im Garten arbeitend und sich auf spanisch unterhaltend. „Hier könnte mehr Dünger nicht schaden", stellte Luis gerade fest.

„Meine Rede", nickte Alf zufrieden. „Laß uns weitermachen. Vielleicht finden wir ein paar fette Blattläuse."

Am nächsten Nachmittag jäteten Luis, Alf und Brian Unkraut im Garten, der sich schon sehr zu seinem Vorteil verändert hatte. Aber Alf hatte inzwischen die Lust verloren und verlangte eine Pause, die ihm von den anderen beiden strikt verweigert wurde.

„Hey", rief Alf, als Luis wieder rigoros ein ganzes Büschel Unkraut aus dem Boden riß und in den Abfall warf, und Brian es ihm nachtat, „das ist mein Spinat."

Dann dachte er ernsthaft darüber nach, ob es nicht ein Regierungsprogramm gab, das dafür bezahlte, daß man nichts anbaute. Alf tat nämlich das Kreuz weh.

Drinnen deckte Kate inzwischen den Tisch fürs Abendessen und wurde von Lynn gefragt, wie lange sie noch Zucchini essen müßten.

„Du kannst dir welche mitnehmen, wenn du mal aufs College kommst", lautete die wenig tröstliche Antwort.

Als Willie nach Hause kam, brachte er die Nachricht mit, daß er inzwischen den Vater von Luis gefunden hatte. Der Junge schaute dabei recht unglücklich drein, und Willie wußte, warum.

Sein Vater hatte früher eine Farm in Mexiko, arbeitete aber mittlerweile in einer Teppichfabrik in Riverside und war schon auf dem Weg zu Tanners, um seinen Sohn abzuholen.

Luis aber war ihm davongelaufen, weil er seine Heimat und seine Freunde dort vermißte und wieder nach Mexiko wollte, auch ohne seinen Vater. Bei Willies Nachricht bekam er einen regelrechten Wutanfall aus Verzweiflung. Luis war todunglücklich. Er sprach übrigens ganz gut englisch, hatte dies nur geschickt verborgen.

Das Hauptproblem des Mexikanerjungen war, daß er in Amerika einfach keinen Anschluß gefunden hatte und keine Freunde hier besaß. Alf erinnerte ihn daran, daß er jetzt sein Freund war und Luis ihn jederzeit besuchen konnte.

„Du vergißt, daß du mich mit einer Harke erschlagen wolltest“, meinte Luis dazu, worauf Alf zugab: „Na gut, es war ein rauher Anfang unserer Bekanntschaft, weil ich dich mit Ochmoneks Bob Barker verwechselt hatte. Aber nun ist die Sache doch anders zwischen uns. Gemeinsame Gartenarbeit verbindet. Du kannst hier vorbeikommen, wann du willst. Aber ruf vorher an. Wenn ich nicht abhebe, bin ich höchstens gerade unter der Dusche.“

Luis versprach daraufhin, es noch einmal bei seinem Vater in Riverside zu versuchen. Beim Abschied drückte ihm Willie eine große Tasche mit Zucchini in die Hand.

Danach wollte Willie noch mit Alf ein Hühnchen rupfen, der sich gerade bei einem Videospiel vergnügte. Er hatte nämlich seine gute neue Harke in einem sehr verbogenen Zustand gefunden und stellte Alf deshalb zur Rede.

„O ja“, entschuldigte sich Alf so nebenbei. „Das ist passiert, als ich meinen Garten umgrub. Ich bin dabei auf eine Wasserleitung gestoßen. Keine Angst, Willie, es war nicht unsere. Außerdem bin ich zu dem Schluß gekommen, daß die Gartenarbeit zu hart für mich ist.“

„Du willst es also aufgeben“, fragte Willie hoffnungsvoll, wegen der Zucchini.

„Sagen wir mal, ich steige auf eine andere Züchtung um“, tat Alf geheimnisvoll.

„Auf was?“ wollte Willie wissen.

Aus der Küche drang ein gellender Schrei von Kate.

„Regenwürmer“, sagte Alf.

Alf ging wieder einmal seiner Lieblingsbeschäftigung nach: auf der Couch sitzen und Unmengen von Eßbarem in sich hineinstopfen. Diesmal mußte eine Schachtel Pralinen dran glauben, die er in Willies Schrank aufgestöbert hatte. Da bald der Valentinstag bevorstand, war Alf außerdem dabei, Postkarten zu schreiben, an alle möglichen berühmten und weniger berühmten Leute, die er sich wahllos aus Starmagazinen und aus Telefonbüchern herausgesucht hatte. Und dann gab es für ihn noch einen weiteren Grund zum Feiern: Dorothy, Kates Mutter, zog endgültig aus. Sie hatte sich in der Nähe ein Appartement genommen. Den ganzen Tag über schon schleppten Willie und Kate schwitzend Dorothys noch hier befindlichen Möbel aus dem Haus.

„Schwer?“ fragte Alf mit geheucheltem Interesse, als die beiden wieder mal eine Kiste an ihm vorbeischleppten.

Willie keuchte: „Nicht schwerer als die anderen, bei denen du uns auch ungerührt zugesehen hast.“

Alf überging diese Spitze geflissentlich und fragte Willie ungeniert: „Dann hast du also keine Zeit, um meine Briefmarken abzulecken?“

„Strengt dich das so sehr an“, höhnte Willie zurück.

„Das nicht. Aber ich habe gerade einen so schönen Schokoladengeschmack auf der Zunge. Den möchte ich nicht verlieren.“

Willie schaute näher hin. Plötzlich kam ihm die leere Pralinenschachtel sehr bekannt vor. Wütend wandte er sich an Alf: „Du egoistisches, verfressenes Biest. Wo sind die Pralinen, die ich Kate zum Valentinstag schenken wollte?“

„O mein Schatz, das ist aber wirklich lieb von dir“, freute sich Kate.

Doch Willie schien alles andere als begeistert zu sein. Erbost starrte er Alf an.

Alf beteuerte, daß es ihm leid tue, und wandte sich wieder eifrig seiner Post zu. Für ihn war die Sache erledigt.

Nicht so für Willie, der nun anhob, ihm einen geharnischten Vortrag über das Recht eines jeden an Eigentum zu halten.

Alf aber unterbrach ihn ungerührt: „Ich habe schon gesagt, daß es mir leid tut. Weinen bringt uns auch nicht weiter, Willie."

Kate konnte gerade noch verhindern, daß Willie dem unverschämten Melmac das Fell durchklopfte. Mutters Umzug war jetzt wichtiger, als sich auf sinnlose Diskussionen mit Alf einzulassen.

„Es wäre aber immerhin zu wünschen, daß Alf damit aufhört, zum Valentinstag Schinken an alle möglichen Leute zu verschicken", schimpfte Willie.

Er kannte Alfs Marotten. Tatsächlich hatte der gerade seine Schinken-Adressenliste zum Valentinstag in Arbeit. Und darauf standen neben Clint Eastwood, Frank Sinatra, Sammy Davis junior, Joan Collins und vielen anderen Stars und Sternchen auch ein gewisser Mr. Reagan.

„Shrimps kann jeder Trottel verschicken", war Alfs trockene Antwort. Wenn Willie doch nur mal einsehen würde, daß er gegen ihn immer den kürzeren ziehen würde.

Das Geplänkel zwischen den beiden wurde durch Dorothys Auftauchen unterbrochen. Bei Alfs Anblick stellte sie sofort klar: „Für dich bin ich heute überhaupt nicht in Stimmung."

Und zu Kate gewandt, sagte sie: „Die Maler sind immer noch nicht mit meinem Appartement fertig. Jetzt muß ich noch einmal bei euch übernachten."

„Und wo bleibt die gute Nachricht?“ fragte Alf spitz.

„Schick dieses Ding in sein Zimmer“, forderte Dorothy von Kate, woraufhin Alf sie demonstrativ von seiner Schinken-Geschenkliste strich.

Aber er mußte dennoch in die Küche verschwinden, weil Dorothy Besuch mitgebracht hatte. Es war ihr neuer Nachbar, Whizzer Deaver, der sich angeboten hatte, ihr beim Umzug zu helfen. Nachdem man sich miteinander bekannt gemacht hatte, klemmte er sich eine Riesenumzugskiste unter die Arme und verabschiedete sich mit den Worten: „Wir sehen uns ja dann bei der Hochzeit.“

Kate und Willie sahen sich mit großen Augen an.

„Oh, der ist aber wirklich nett“, meinte Kate dann. „Wo hast du ihn kennengelernt?“

„Unter meiner Spüle“, erklärte Dorothy. „Er hat meinen Müllschlucker repariert. Seitdem funktioniert er nicht mehr!“

Zum Abendessen bei Tanners brachte Whizzer dann für Dorothy Blumen mit. Er war wirklich nett. Aber Dorothy behandelte ihn nicht gerade fein, wie Kate und Willie bemerkten. Die Blumen empfand sie als zudringlich, und als Whizzer bei ihrem Gepäck einen Instrumentenkasten sah und ins Schwärmen geriet, verbot ihm Dorothy zickig, das Musikinstrument auch nur anzufassen. Es gehöre schließlich ihrem verstorbenen Mann.

Bei Willie fiel nun der Groschen.

„Whizzer Deaver and the Whizztones“, rief er sichtlich aufgeregt aus. „Ja, natürlich, ihr habt in dem Club an der Juniper Street gespielt. Meine Güte, an unserem Tisch sitzt einer der besten Klarinettisten dieses Landes.“

Willie bekam vor Begeisterung glänzende Augen. „Ich würde viel dafür geben, Sie wieder spielen zu hören, Whizzer."

„Das läßt sich machen", lächelte Whizzer. „Das nächste Mal bringe ich meine Klarinette mit – und auch Dorothy, wenn sie Zeit hat. Dann machen wir eine ordentliche Jam-Session."

„Ich habe keine Zeit", sagte Dorothy schnell.

Willie und Kate sahen sich vielsagend an. Nur Whizzer schien nicht zu bemerken, wie eklig sich Dorothy ihm gegenüber benahm.

Am nächsten Tag wollte Willie den Toaster reparieren, der plötzlich seinen Geist aufgegeben hatte. Warum dem so war, wurde ihm klar, als er die Reste von Gewürzgurken zwischen den Heizdrähten entdeckte.

„Du?" fragte er Alf nun drohend.

Der wehrte dankend ab. „Nein, ich bin nicht hungrig."

„Ich meinte, ob du das warst", ächzte Willie.

„Ja", sagte Alf und guckte ihn unschuldig an.

In dem Moment kam Kate mit mehreren Paketen herein. Alfs Schinkensendungen zum Valentinstag waren zurückgekommen, wegen fehlender Frankierung.

Alf starrte auf die Schinkenpakete. „Wieviel Porto kostet es in diesem verdammten Land, ein paar Schinken zu verschicken?"

„Mehr jedenfalls, als du frankiert hast", meinte Kate ironisch.

„Auf Melmac sind Fisch- und Schinkensendungen portofrei", ereiferte sich Alf gerade, als Dorothy zur Tür hereinkam.

Sie grüßte die Anwesenden, Alf übersah sie einfach.

Kate ergriff die Gelegenheit, um Dorothy vorsichtig

darauf anzusprechen, warum sie Whizzer am Abend vorher so unwirsch behandelt hatte.

Ihre Mutter antwortete barsch, daß Whizzer zwar ein netter Mann, sie aber überhaupt nicht an einer Bindung interessiert sei. Und außerdem ginge das niemand etwas an.

Alf war da natürlich ganz anderer Meinung. „Du bist also einem Leichnam treu, Dorothy", sagte er in seiner direkten Art.

„Alf", wies Kate ihn entsetzt zurecht. „Wie kann man nur so taktlos sein."

Alf hatte da keine Schwierigkeiten: „Genauso ist es aber. Und ich bin nicht der einzige, der so denkt."

„Was meinst du damit?" fragte Dorothy scharf.

„Ich habe mit Sparky darüber gesprochen."

Dorothy starrte ihn an. „Du hast mit meinem verstorbenen Mann gesprochen? Du lügst."

„Ich glaube, ich habe bisher vergessen zu erwähnen, daß ich mit Verstorbenen Kontakt aufnehmen kann", erwiderte Alf bescheiden. „Jeder auf Melmac konnte das. Manchmal, wenn das Fernsehprogramm mies war, saßen wir nach dem Abendessen in einer Runde und plauderten mit den Verstorbenen."

„Du hast niemals mit Sparky gesprochen", erregte sich Dorothy, bis in ihr Innerstes aufgewühlt.

Doch Alfs weitere Ausführungen ließen sie erbleichen. Er wußte von Sparkys Lieblingsspeise, französischem Toast mit Bratensoße.

Kate bestritt energisch, daß Alf dies von ihr wußte.

Alf aber setzte dem Ganzen noch eins drauf: „Sparky hat mir auch erzählt, daß er Dorothy immer Dodo nannte. Außerdem soll ich dir ausrichten, daß er seine Beerdigung für sehr geschmackvoll hielt."

„Das ist nicht mehr komisch, Alf“, drohte Kate ernst. Zu ihrer Überraschung aber schlug sich Dorothy auf Alfs Seite und bat ihn, sie mit Sparky sprechen zu lassen, noch am heutigen Abend.

Alf murmelte, nichts garantieren zu können wegen zu schlechter Luft hier auf der Erde. Aber er hatte sich schon zu weit vorgewagt. Nun konnte er nicht mehr zurück. Für den Abend wurde eine Séance angesetzt – außer das Fernsehprogramm würde wider Erwarten mal interessant sein.

Den ganzen Nachmittag über richtete Alf das Wohnzimmer für die Séance her. Ein umgestülptes, leeres Goldfischglas sollte die silberne Zauberkugel sein und ihm dazu dienen, sich in Trance zu versetzen. Den Goldfisch hatte er in die Toilette befördert und einen Zettel an der Tür befestigt, mit der Bitte, die Spülung nicht zu bedienen. Er selbst hatte sich ein Handtuch als Turban um den Kopf gewickelt, und zwei riesige Ringe baumelten ihm von den Ohren herab. Dazu hatte er eine silberne Bluse von Kate angezogen.

Es wurde Abend, und Willie, Dorothy, Lynn und Kate fanden sich ein – nicht ohne sich über Alfs Aussehen zu mokieren. Alle wurden von Alf an den Tisch gebeten. „Wo ist Brian?“ fragte Kate.

In diesem Moment hörte man, wie in der Toilette die Wasserspülung betätigt wurde.

„Kein allzu großes Opfer, nicht – um mit dem Jenseits Kontakt aufzunehmen?“ Alf ließ keine Diskussion mehr aufkommen.

Die Fensterläden klapperten plötzlich leise im Wind. Willie mußte das Licht ausdrehen. Eine Kerze in der Mitte des Tisches flackerte und warf bizarre Schatten auf die Gesichter. Alf war bereit für den Kontakt mit dem Jenseits. Er gab nur noch eine Verhaltensmaßregel an die Teilnehmer aus und erklärte: „Der einzige, der Fragen stellen darf, bin ich bei dieser Sitzung. Ist das klar?!"

„Warum nur du?" wollte Willie prompt wissen und wurde von Alf zurechtgewiesen.

„So, nun nehmt euch bei den Händen", fuhr Alf fort. „Ich versetze mich jetzt in Trance."

Die Teilnehmer mußten die Augen schließen, nachdem sie sich bei den Händen gefaßt und den spiritistischen Kreis gebildet hatten.

Alf versetzte sich in Trance. Nach einer Weile vernahmen sie seltsame Geräusche, die einem Rülpsen verdammt ähnlich klangen. Dann hörten sie Alf mit dumpfer Stimme Sparky rufen.

Plötzlich antwortete eine Stimme, die von sehr weit her zu kommen schien.

„Gordon, bist du das?"

Dorothy nahm aufgeregt die Hände links und rechts neben sich fester in ihre. „Ich kann es nicht glauben", flüsterte sie. „Das klingt wie Sparky."

„Sparky", sagte Alf, „ich sitze hier neben deiner Witwe."

„Meine kleine Dodo", kam es von irgendwoher zurück. Dorothy konnte sich nicht mehr zurückhalten.

„Sparky, Sparky, bist du es wirklich?" rief sie.

„Ruhe!" gebot Alf. „Wir wollen den Verblichenen zu Wort kommen lassen. Sparky, sprich zu deiner Dorothy. Gib uns ein Zeichen."

Die Anwesenden hörten ein Geräusch, als wenn die Kugel alle neune auf einer Kegelbahn getroffen hätte. Es klang schaurig durch die Stille.

„Er ließ den einen außen stehen", murmelte Alf in

sich hinein, was Gott sei Dank keiner der Anwesenden verstand.

Nur Dorothy rief aufgeregt: „Das ist Sparky! Er hat immer den Kegel rechts außen stehen lassen."

„Mam, laß uns keine übereilten Schlüsse ziehen", bat Kate neben ihr, der leichte Schauer über den Rücken liefen.

Aber da meldete sich Sparky bereits wieder: „Dodo, wenn du einen Mann treffen solltest, der dir gefällt, dann nur zu."

„O Sparky", flüsterte Dorothy ergriffen. „Ich weiß gar nicht, was ich sagen soll!" Sparkys Stimme war plötzlich nicht mehr verständlich, ging über in ein Geräusch, das klang, als würde ein Tonband schnell zurückgespult.

„Was bedeutet das", fragte Dorothy verwirrt.

„Das bedeutet, daß die Séance vorbei ist", entschied Alf hastig. „Ihr könnt das Licht wieder anmachen. Keine Fragen bitte. Ich befinde mich noch in Trance."

Aber Willie war mißtrauisch geworden. Während Kate das Licht anknipste, drohte er Alf: „Du wirst gleich im Koma liegen, wenn ich mit dem, was ich glaube, recht behalte."

Willie hob die Tischdecke hoch und entdeckte darunter seinen neuen Kassettenrecorder.

Alf wurde es sehr heiß unter seinem Turban.

„Warte, ich kann das erklären", versuchte er einer Reaktion Willies zuvorzukommen.

„So, kannst du das? Du bist ein Betrüger, ein falscher Fuffziger!" polterte dieser und wollte auf Alf losgehen. Kate ging dazwischen. Sie deutete schweigend und mit einem verzweifelten Blick auf ein dunkles Etwas, das sich auf dem Tisch befand. Besser gesagt: im Tisch. Alf hatte aus dem neuen Wohnzimmertisch ein ziemlich großes Loch herausgesägt, um ein Blitzgerät darin zu verstauen. Dadurch sollte das Auftauchen Sparkys die richtige Atmosphäre erhalten.

Kate hielt es nun für angebracht, Brian und Lynn hinauszuschicken. Sie kündigte an, daß gleich hier jemand vereidigt werden würde, um die Wahrheit aus ihm herauszubringen.

Dorothy aber zeigte Alf demonstrativ eine Schnur von den Fensterrollos und fauchte ihn an: „So, du kleines Ungeheuer. Siehst du diese Schnur? Die ist echt, im Gegensatz zu deinem Budenzauber hier. Aber bevor ich dir damit die Luft abschnüre, will ich wissen, woher du diese Details aus meinem Leben gekannt hast."

„Versprichst du mir, daß du mich nicht schlägst", wollte Alf sichergehen.

Als Dorothy nickte, erklärte ihr Alf: „Ich habe deine Sachen durchgesehen, Briefe und so weiter. Ich dachte, die Séance würde es dir leichter machen, mit Whizzer zusammenzugehen."

„Whizzer, Whizzer", schrie Dorothy wütend. „Ich kann den Namen nicht mehr hören. Und ich brauche niemanden, der sich in mein Leben einmischt! Verstanden! Und wenn irgend jemand von euch Zeit hat, kann er mich in mein Appartement fahren."

Damit stürmte sie aus dem Zimmer. Im Vorbeigehen zischte sie Alf noch zu: „Du sitzt tief in der Tinte, mein Lieber!"

„Du hättest für dein Geld ruhig einen besseren Recorder kaufen können", maulte Alf und sah Willie vorwurfsvoll an. „Einen, der nicht gleich beim ersten Gebrauch Bandsalat produziert."

„War ein Sonderangebot", knurrte Willie nur und verließ wütend das Zimmer.

Später, als Dorothy in ihrem Appartement gerade ihre Kisten und Kartons auspacken wollte, läutete es an der Tür. Neugierig ging sie zur Tür, vor der ein Gepäckbote mit einer großen Schachtel stand. Verwirrt, weil sie nichts bestellt hatte, unterschrieb Dorothy die Empfangsbestätigung. Als sie drinnen den Deckel abnahm, stand Alf da und rieb sich den Rücken.

„Was für eine ungemütliche Beförderung", maulte er. „Jetzt weiß ich wenigstens, wie elend sich mein Schinken fühlen muß, den ich verschicke."

„Hau ab", war alles, was Dorothy sagte.

Alf kletterte dessenungeachtet aus der Schachtel.

„Dorothy, bitte, ich gebe zu, daß die Séance ein gemeiner Trick war. Aber ich habe das nur getan, um dir zu helfen."

„Danke", zischte Dorothy. „Du hast Glück, daß ich die Messer noch nicht ausgepackt habe. Aber sie müssen hier irgendwo sein."

Sie begann eifrig die Taschen zu durchwühlen.

„Hey, sachte, sachte", bremste Alf, denn Dorothy sah sehr entschlossen aus, die Messer auch zu benützen, sobald sie diese gefunden hatte. „Ich weiß, wie du dich nach Sparkys Tod gefühlt und was du für ihn empfunden hast. Es ist sicher schwer, jemanden zu verlieren, den man geliebt hat. Ich weiß das. Ich habe schließlich meine ganze Welt verloren. Aber eines Tages muß man auch wieder mal eine Seite weiterblättern. Das Leben geht weiter."

Alfs Worte machten Eindruck auf Dorothy, aber sie wollte das nicht zugeben. Deshalb funkelte sie Alf weiterhin böse an. „Du bist im falschen Spiel, mein Lieber! Versuch das nicht mit mir."

Alf durchschaute sie und meinte: „Ich habe wohl einen Nerv getroffen. Du bist ganz schön damit beschäftigt, deine Schutzmauer nicht einstürzen zu lassen."

Aber Dorothy gab nicht klein bei. Sie empfahl Alf dringend, sich zu verdünnisieren. Alf stieg kopfschüttelnd in seine Schachtel zurück. Dorothy stülpte den Deckel wieder darauf und ging dann zur Tür, weil es erneut geläutet hatte.

Es war Whizzer mit einem kleinen Päckchen.

„Keine Angst, es ist nichts Romantisches. Du hast nur deine Messer im Auto vergessen."

Alf schluckte in seiner Schachtel mehrmals kräftig. Überrascht hörte er dann, wie Dorothy Whizzer hereinbat, der sich schon hatte verabschieden wollen.

Whizzer war nicht weniger überrascht.

„Wobei soll ich dir helfen?" fragte er. Er deutete auf die Schachtel mit Alf darin. „Was ist das? Soll ich die für dich irgendwo hinbringen?"

Dorothy schüttelte den Kopf. „Du mußt mir nicht helfen. Ich wollte einfach nur, daß du einen Augenblick hereinkommst. Und in der Schachtel ist nur ein alter Pelz."

Alf grollte leise.

„Ein räudiger alter Pelz", setzte Dorothy noch einen drauf. „Vielleicht lasse ich mir einen Hut oder Handschuhe draus machen."

Alf schüttelte es in seiner Schachtel durch. Das traute er dem alten Drachen durchaus zu.

Whizzer wußte nicht so recht, was er von der ganzen Sache hier halten sollte. Er schaute verlegen auf die Uhr. „Die eine Minute, die du mich sehen wolltest, ist um."

„Es tut mir leid, daß ich so abweisend zu dir war, Whizzer", sagte Dorothy dann unvermittelt. „Ich mag dich, Whizzer. Das wollte ich dir sagen."

Sie kramte nach dem Klarinettenkasten und gab ihn

ihm. „Nimm ihn. Ich habe keine Verwendung mehr dafür."

Alf schwitzte langsam in seiner Schachtel. Und es wurde nicht gerade weniger, als er mitbekam, daß Dorothy und Whizzer sich anschickten, in ein Restaurant zu gehen. Tatsächlich hörte er sie kurz darauf das Haus verlassen. Dann kamen Schritte zurück, und er hörte Dorothy sagen, offensichtlich an ihn gerichtet: „Gute Nacht und danke für die Unterstützung."

Kurz darauf erhielt Kate einen Anruf von Dorothy. Willie saß im Sessel und las Zeitung. Als er mitbekam, wie Kate sich offensichtlich über etwas freute, fragte er neugierig, was denn los sei. Kate lächelte.

„Mam ist mit Whizzer ausgegangen", sagte sie. „Sie sind beim Bowling."

„Ist ja toll", staunte Willie. „Was hat ihren Stimmungsumschwung denn bewirkt?"

„Sie sagte: Alf!"

„Alf?" echote Willie. „Da fällt mir auf, daß ich ihn den ganzen Abend noch nicht gesehen habe."

„Wahrscheinlich ist er in der Garage und versucht, Kontakt mit Brians Goldfisch zu kriegen", vermutete Kate. „Mutter hat gesagt, wir sollen uns bei ihm in ihrem Namen bedanken."

In dem Augenblick läutete es an der Tür. Draußen stand ein Bote mit einer großen, offensichtlich nicht leichten Schachtel. „Bitte den Empfang bestätigen", keuchte er und ließ die Schachtel auf die Stufen fallen.

Die erstaunten Tanners vernahmen ein seltsames Geräusch, das klang, als hätte man einer Katze auf den Schwanz getreten . . .

Eines Nachts, als Willie sich noch ein Glas Milch holen wollte, ließen ihn merkwürdige Geräusche aus Alfs Zimmer stutzen. Willie öffnete leise die Tür, um nach Alf zu sehen, und fand ihn im Stehen schlafend, den Kopf gänzlich unter einem Pappkarton versteckt. Die merkwürdigen Laute entpuppten sich als nichts anderes als Alfs Schnarchtöne.

Besorgt zog Willie Alf den Karton vom Kopf und rüttelte ihn wach. Alf schaute verwirrt um sich, bis er Willie erkannte.

„Was treibst du denn da?" wollte Willie wissen. „Seit wann schläfst du im Stehen?"

„Seit ich die Schachtel auf dem Kopf trage", antwortete Alf, als wäre dies ganz normal.

Willie dagegen meinte, daß sei mehr als lächerlich.

„Nun, nicht jeder schläft wie du mit offenem Mund und sabbert auf das Kopfkissen", konterte Alf.

Willie wunderte sich, woher er überhaupt wußte, wie er beim Schlafen aussah.

„Ich gehe nachts in euer Schlafzimmer und beobachte Kate und dich."

Gerade als Willie sich näher über Alfs neueste Unart auslassen wollte, wurde daraus nur ein lauter Schmerzensschrei.

„Aaahhh!" Willie war in einen Reißnagel getreten.

„Gut, es funktioniert." Alf schien sehr zufrieden zu sein.

Und dann sah Willie, daß Alf überall auf dem Boden Reißnägel verstreut hatte. Auf seine verdutzte Frage nach dem Sinn von all dem erklärte ihm Alf, daß dies sein Alarmsystem gegen Einbrecher sei.

Willie nahm sich fest vor, etwas gegen diese seltsamen Anwandlungen von Alf zu unternehmen.

Schließlich fiel ihm sein Freund Larry ein. Der war Psychiater und unterlag der ärztlichen Schweigepflicht. Aber Willie konnte sich nicht so recht mit dem Gedanken anfreunden, Alf regelrecht untersuchen zu lassen. Er wollte erst darüber nachdenken.

Willie war noch nicht eingeschlafen, als die Tür aufging und Alf hereinkam, eine Banane in der Pfote. Willie richtete sich auf und starrte ihn an.

„Oh, tut mir leid", entschuldigte sich Alf. „Ich dachte, ihr schlaft schon." Dann verschwand er wieder.

Willie beschloß nun endgültig, daß es nicht schaden konnte, Larry aufzusuchen.

Am nächsten Tag saß er Larry in dessen Praxis gegenüber und kam vorsichtig zum Thema, nachdem er lange um den heißen Brei herumgeredet hatte.

„Hast du Probleme zu Hause?" wollte Larry wissen, weil ihm nicht klar war, worauf Willie eigentlich hinauswollte.

„Nicht mehr als andere auch ..., äh ..., das heißt ..., nun ja, bei uns lebt ein Wesen aus dem Weltraum."

Jetzt war es heraus. Larry bog sich vor Lachen und schaute Willie skeptisch an. Natürlich hatte Willie Larrys Reaktion vorausgesehen. Deshalb zeigte er ihm nun ein Foto von Alf. Während Larry konsterniert darauf starrte, verspürte Willie das Bedürfnis, einige Erklärungen zu Alf machen zu müssen.

„Weißt du, ich sollte eigentlich glücklich sein, einen Außerirdischen bei mir zu haben. Davon hat seit Jahrzehnten die Wissenschaft geträumt. Und mir fällt so etwas aufs Garagendach. Aber glaube mir, es hat seine Nachteile. Gewiß, er hat auch seine guten Seiten, aber in letzter Zeit ... Innerhalb einer Minute weiht er dich in die Geheimnisse der Galaxie ein und legt dir dann

Gummivulkane aufs Kopfkissen. Ich weiß nicht mehr weiter, Larry. Was soll ich tun?"

Larry starrte immer noch auf das Foto. Das war ein Ding. „Wann soll ich kommen?" fragte er.

Während Kate vor dem Abendessen wieder eine Gummifliege in ihrem Eiskübel fand, bereitete Willie Alf behutsam auf Larrys Besuch vor. Vor allem darauf, daß Larry extra kam, um ihn zu sehen.

Alf verstand alles völlig falsch.

„Ich verstehe", rief er vorwurfsvoll, „du hast mich an die Kerle von der Anti-Außerirdischen-Truppe verraten."

Er zitterte vor Angst am ganzen behaarten Körper. Als ihm Willie erklärte, daß es sich bei Larry um einen harmlosen Psychiater handelte, beruhigte sich der Melmac langsam.

Angesichts der Tatsache, daß Alf nun das erste Mal offiziell in Kontakt mit einem Nicht-Familienmitglied kommen sollte, gab Brian grinsend noch ein paar Verhaltensregeln zum besten: „Du wirst heute beim Essen den Mund zumachen müssen. Sonst erweckst du einen schlechten Eindruck."

Alf entgegnete trocken, dies gelte auf Melmac als unhöflich, weil es so aussähe, als würde man etwas verbergen.

Endlich läutete Larry, und mit einem Schlag bekam es Alf plötzlich wieder mit der Angst zu tun. Es packte ihn regelrecht das Grauen.

„Laß ihn nicht herein, Willie", bettelte er. „Er wird mich unter ein Mikroskop stecken und analysieren. Vielleicht stellt er mir sogar Fragen über meine Kindheit."

Sie mußten Alf erneut beruhigen, bevor sie Larry hereinließen. Und dann war Alf plötzlich ganz ruhig. Er würde es nicht dazu kommen lassen, daß dieser Larry ihn für den Deppen in dieser Familie hielt.

„Oh, mein Gott", begrüßte Larry Alf. „Ich nehme an, du bist der Außerirdische."

„Um das zu merken, dazu gehört nicht viel", dachte Alf, aber er entgegnete nur: „Tag, Larry. Netten festen Händedruck habe ich, nicht? Gutes Zeichen, oder?"

Larry lächelte unsicher.

„Warte, bis du ihn essen siehst", raunte Willie seinem Freund zu. „Dann weißt du, was ich meine."

„Entschuldigung. Würde mir bitte jemand die Kartoffeln reichen."

Der Satz kam tatsächlich von Alf. Die Tanners starrten ihn fassungslos an.

„Ich habe einen gesunden Appetit", wandte sich Alf an Larry. „Ich denke, daran ist nichts Falsches."

„Nicht, daß ich wüßte", bestätigte ihm Larry.

Alf rülpste.

„Oh, entschuldige, Larry. Wie konnte ich! Wo sind nur meine Manieren?"

„Du hast keine Manieren", stellte Willie sachlich fest.

Alf ignorierte ihn einfach. Er begann hingegen, mit Larry eine politische Diskussion anzufangen, bis Willie schließlich der Kragen platzte.

„Entschuldige, Larry. Aber normalerweise diskutieren wir bei Tisch darüber, welche Gegenstände Alf zerschlagen hat. Ich will dir damit nur den Hinweis geben, daß er sich sonst ganz anders benimmt."

„Oh, wie denn?" fragte Alf höflich.

Willie blieb die Antwort nicht schuldig: „Allgemein machst du ganz eklige Dinge. Los, zeig Larry welche."

Brian klatschte vor Vergnügen in die Hände. „Ja, Alf, zeig ihm, wie du Milch durch die Nase laufen lassen kannst."

„Darf ich Ihnen noch etwas Kartoffeln reichen", kam es statt dessen von Alf an Larrys Adresse.

Willie drehte fast durch. „Larry macht sich nichts aus Kartoffeln. Los, zeig ihm deinen saublöden Vulkan."

„Willie, wir sind hier bei Tisch", wies ihn Alf kühl zurecht. „Und bitte, laß diese Ausdrücke. Die Kinder sind noch da."

Larry überraschte alle mit einem Vorschlag. Er wollte, daß Willie und Alf ab sofort die Rollen tauschten, damit er sich ein klareres Bild machen konnte. Alf sollte sich wie Willie benehmen und umgekehrt. Nach einigem Sträuben willigte Willie schließlich ein.

Er grabschte gierig nach allem Eßbaren und schrie wie im Fieber: „Ha, Fressen, gebt mir Fressen." Dazu lachte er dröhnend.

Alf konterte als Willie: „Nein, Alf! Kein Fressen! Du hast erst letzten Monat etwas bekommen."

Willie wehrte sich als Willie gegen diese Unterstellung und wollte den Tisch verlassen. Aber Larry brachte ihn dazu, seine Rolle als Alf weiterzuspielen.

Willie rülpste und meinte träge: „Ich werde ein bißchen in die Röhre gucken, während ihr abwascht."

„Ich denke, in diesem Haus wird viel zuviel ferngesehen", antwortete Alf streng. „Wir sollten mehr andere Dinge tun. Laßt uns Verben konjugieren oder Proust lesen oder . . ."

Er fing sich einen giftigen Blick von Willie ein, der nun als Alf den Kopf schüttelte: „Nein, nein! Aber was ist mit Porzellan zerdeppern. Oder wie wäre es, wenn wir die Katze fräßen?" Dabei zitterte Willie und setzte einen gierigen Blick auf. Das hatte er Alf gut abgeschaut. Er war fast genausogut wie der Melmac.

„Moment", erwiderte Alf als Willie. „Regel Nummer 856, Abschnitt D, Paragraph 2 lautet: Wir essen keine Katzen!"

„Ich bin für Anarchie", kreischte Willie alias Alf.

Der Melmac setzte eine ernste Miene auf und belehrte als Willie: „Ich glaube nicht an Anarchie. Sie ist zu spontan ..." Er schaute auf die Uhr. „Oh, so spät ist es schon, und ich muß mir noch meine Kleider für den Rest des Jahres zurechtlegen."

Das saß! Willie wurde wieder er selbst. Er sprang auf und schrie: „Das reicht! Das hat nichts mehr mit unserem Rollenspiel zu tun. Jetzt gehe ich wirklich."

„Ich habe gewonnen", stellte Alf zufrieden fest.

„Setz dich ruhig wieder hin, Willie", beruhigte ihn Larry. „Ich habe genug gesehen. Das beste ist, Alf zieht hier aus."

„Ausziehen?" Willie glaubte, sich verhört zu haben. Auch die anderen, Kate, Lynn und Brian, erregten sich über diesen Vorschlag.

„Du kannst zu mir ziehen", schlug Larry Alf vor. „Du bekommst ein komfortables eigenes Zimmer."

„Alf, du gehst nirgendwohin", rief Willie. Es klang fast flehentlich. Als Larry ihn fragte, warum Alf nirgendwohin gehen sollte, suchte Willie krampfhaft nach einer Erklärung: „Weil ... nun, weil ihn jemand sehen könnte."

„Was kümmert es dich?" fragte Larry hinterhältig.

Willie fiel darauf rein. Es brach aus ihm heraus: „Ich will nicht, daß ihm etwas passiert. Ich mache mir Sorgen um ihn, verstehst du. Und ich denke, daß sich Alf auch Sorgen um mich, um uns alle macht."

„Natürlich", rief Alf. „Wie sollte ich mir keine Sorgen machen, um die Leute, die mich all die Monate beschützt und für mich gesorgt haben."

„Du weißt das zu würdigen?" Willie war nun doch verblüfft.

„Natürlich", nickte Alf. „Und wenn du ein Problem hast, sprich mit mir darüber. Und wenn dir mein Vulkan nicht gefällt, vergesse ich ihn."

In Willies Stimme klang echte Rührung durch, als er sagte: „Das ist nett von dir, Alf. Ich werde in Zukunft auch darauf achten, daß ich etwas flexibler werde."

Larry lehnte sich zurück und meinte genüßlich: „Was so ein kleines Rollenspiel doch ausmacht."

„Gut, ich denke, wir sind uns heute abend alle ein bißchen nähergekommen", begriff Alf, was Larry meinte. „Das sollten wir mit einem Gläschen feiern."

„Ja, gute Idee." Alle nickten, und Lynn forderte Willie zu einem Trinkspruch auf.

Willie stand feierlich auf und erhob sein Glas: „Auf die Verständigung und auf ..., uh ..." Aus Willies Glas tröpfelte es. Natürlich steckte da Alf wieder dahinter. Aber Willie vollendete seinen Trinkspruch: „... und auf Alf ... und seine Scherzartikel."

Später, in der Nacht, wachte Willie durch ein Geräusch auf und schlug die Augen auf. Neben seinem Bett stand Alf und beobachtete ihn.

Willie drehte sich auf die andere Seite und murmelte nur: „Gute Nacht, Alf."

„Gute Nacht, Willie", kam es zurück. Dann spürte Willie, wie er sorgfältig zugedeckt wurde. Er lächelte. Dann schlief er ein.

Willie kam völlig außer Atem von der Arbeit nach Hause.

„Kate, was ist passiert, um Himmels willen. Ich habe deine Nachricht bekommen."

„Ich habe keine Nachricht hinterlassen", erwiderte Kate erstaunt. „Du bist ja völlig außer dir."

Willie drehte sich zu Alf um, der mit verschränkten Armen auf der Couch saß.

„Hast du im Büro angerufen und gesagt, ich solle sofort nach Hause kommen, weil ein Notfall vorliegen würde?"

„Ich habe nicht gesagt *sofort*, sondern so bald wie möglich", stellte Alf richtig.

Willie schnaufte tief durch: „Und der Notfall?"

„Der Fernseher ist kaputt", sagte Alf schlicht.

Willie wußte nicht, ob er zuerst fassungslos und dann wütend werden sollte oder umgekehrt. Er entschied sich für beides gleichzeitig und drückte dies in einem einzigen Wort aus: „Was?" schrie er.

Alf blieb sachlich. „Der Ton ist zwar da, aber kein Bild. Ich vermute, die Bildröhre ist kaputt."

„Du treibst mich in Panik wegen einer kaputten Bildröhre?" Willie drehte fast durch.

„Ich gerate in Panik, weil der Fernseher kaputt ist", klärte ihn Alf trotzig auf. „Fernsehen ist meine Lebensader."

Als Willie ihm in Aussicht stellte, aus seiner Lebensader den Saft abzulassen, ahnte Alf, daß es vielleicht keine gute Idee gewesen war, in Willies Büro anzurufen.

Er wurde darin auch gleich bestätigt: Willie stellte fest, daß sowieso zuviel in dieser Familie ferngesehen werde. Er weigerte sich, den Apparat reparieren zu lassen. Er sah auch darin eine Chance, mal wieder ein gutes Buch zu lesen oder miteinander zu reden.

„Super", kommentierte Alf sarkastisch. „Willkommen im Prärie-Blockhaus."

Die fernsehlose Zeit begann. Doch sehr schnell schon wurden die Familienmitglieder von Alfs ständiger Präsenz und seinen bohrenden Fragen über das, was sie gerade taten, derart genervt, daß Willie schließlich doch klein beigab und beschloß, den verdammten Fernseher zur Reparatur in die Fabrik zu schicken. Ohne seine Glotze war Alf einfach noch unerträglicher als sonst.

Alf verstand nicht, warum Willie nicht einfach einen Reparaturdienst anrief.

Willie klärte ihn auf: „Weil ich noch eine Garantie auf den Apparat habe, und die Fabrik deshalb die Kosten übernimmt."

„Und wo ist diese Fabrik", wollte Alf wissen, weil ihn alles interessierte, was mit seinem geliebten Fernseher zusammenhing.

„In Libyen."

„Ist das in der Nähe von Bakersfield?"

„Eh, eher in der Nähe von Ägypten." Willie holte seine Garantiekarte und stutzte beim Durchlesen: „Oh, die Garantie gilt nur, wenn die Arbeit im Werk in Libyen ausgeführt wird. Aber ich sehe hier, daß ich dann die Frachtkosten übernehmen muß."

„Tolle Garantie", spottete Alf. „Man sollte das Kleingedruckte lesen. Das sieht mir ganz nach einem Fall für Verbraucher-Ed aus."

„Wer?" rief Kate aus der Küche. Sie hatte das Gespräch verfolgt.

„Der Kerl im Fernsehen, der für Leute kämpft, die übers Ohr gehauen wurden. Letzte Woche half er einer Frau gegen einen Suppenhersteller, nachdem sie eine Maus in der Gemüsesuppe gefunden hatte."

„Alf“, rief Kate angeekelt.

„Der Hersteller wollte ihr weismachen, daß es sich um eine gigantische Bohne handelte“, fuhr Alf unbeirrt fort. „Schließlich stellte sich aber heraus, daß es ein Finger war.“

Aus der Küche war ein Würgen zu hören.

„Was hast du?“ rief Alf. „Ed hat dafür gesorgt, daß die Frau ein Jahr lang kostenlos Gemüsesuppe bekommt.“

„Jetzt ist es genug, Alf“, mahnte Willie, dem sich auch bereits der Magen umdrehte.

Lynn kam mit Brian herein, der mitten in den Vorbereitungen zu einem wissenschaftlichen Wettbewerb war und nun stolz ein Modell des Sonnensystems präsentierte. Alf schaute es nur kurz an und bemängelte, daß zwei Planeten fehlten.

„Laß mich raten“, meinte Willie dazu ironisch: „Mikky und Donald?“ Er selbst konnte keinen Fehler an Brians Modell entdecken.

Aber Alf meinte es ernst. „Sie heißen Dave und Alvin. Immerhin bin ich auf meinem Weg zur Erde beinahe gegen Alvin geknallt.“

„Wo würden die denn in meinem Modell hingehören?“ wollte Brian wissen.

Alf zeigte in die Nähe von Pluto.

Willie griff ein, weil er Alfs Erklärungen als schlechten Scherz empfand: „Wenn es Dave und Alvin wirklich gibt, dann hätte ich sicherlich schon etwas darüber gelesen.“

„Du hättest es überlesen können“, argumentierte Alf. „Schließlich hast du ja auch das Kleingedruckte auf deiner Garantiekarte übersehen.“

Brian hatte mehr Vertrauen in Alf und fragte, ob er es

sinnvoll fände, Alvin und Dave bei seinem Modell anzufügen.

Willie war strikt dagegen und bekam sich darüber schwer mit Alf in die Haare. Er befürchtete, daß Brian in der Schule ausgelacht werden würde: „Selbst wenn es diese beiden Planeten wirklich gibt, was ich allerdings stark bezweifle, kennt sie doch kein Mensch."

„Selbst, wenn es wahr ist", äffte ihn Alf nach. „Nun reicht es. Ich gehe."

„Du gehst wohin?" wollte Willie wissen.

„Das weiß ich noch nicht. Aber wenn ich es tue, versuch nicht, mich davon abzuhalten."

Alf watschelte hocherhobenen Hauptes davon. Einen Melmac belehrte man nicht über das Sonnensystem. Willie zuckte mit den Schultern.

An nächsten Tag kam Brian völlig niedergeschlagen von der Schule nach Hause. Er traf Alf im Wohnzimmer an.

„Hallo, Brian, wie war es in der Schule?" fragte der Melmac.

Brian musterte Alf unfreundlich.

„Ich bin mit meinem Projekt durchgefallen und darf nicht an dem Wettbewerb teilnehmen."

„Du hättest Alvin und Dave dazutun sollen", meinte Alf mitfühlend. Doch damit traf er Brian voll auf den Nerv.

„Das habe ich getan, deshalb bin ich ja durchgefallen, und meine Freunde haben mich ausgelacht. Es ist alles deine Schuld. Du hast mich angelogen. Es gibt in Wirklichkeit gar keine elf Planeten."

Das saß. Alf wurde ganz hektisch. Nur weil Brians Lehrer Nachhilfeunterricht brauchte, glaubte sein bester Freund jetzt, er würde ihn anlügen. Alf war nun wirklich böse. Er versprach Brian, die Sache geradezubiegen. Aber Brian hörte ihm nicht mehr zu. Doch wer Alf kannte, wußte, daß er diese Schmach nicht auf sich sitzenlassen würde.

Am Abend, als Kate mit den Kindern ins Kino gegangen war, machte sich Willie daran, den Fernseher selbst zu reparieren. Er hob die Rückverkleidung ab und studierte den Schaltplan.

Alf guckte ihm interessiert zu. Schließlich arbeitete Willie hier an seiner Lebensader.

„Ich denke, du solltest dies einem qualifizierten Fachmann überlassen", riet er Willie auch deshalb. Er fürchtete, daß seine Lebensader unter Willies Händen vielleicht ganz versiegen könnte.

Willie griff nach einer Zange. „Nun, Mister Neunmalklug. Zu deiner Information. Ich habe das Problem erkannt. Es geht kein Strom in den Hochspannungstransformer."

Willie steckte seinen Kopf in den Fernseher und fingerte darin herum. Alf sah sich um. Er bemerkte, daß der Netzstecker nicht eingesteckt war. Dieser Willie war wirklich keine Leuchte, dachte sich Alf. Wie sollte Strom dasein, wenn das Kabel am Boden lag.

„Hey, brauchst du Strom?" fragte Alf und nahm das Kabel hoch.

„Würde schon helfen", kam es dumpf aus dem TV-Kasten zurück.

Alf drückte den Stecker in die Steckdose. Ein greller Blitz schoß durch den Fernseher, gefolgt von einer schwarzen Rauchfahne.

Gleichzeitig mit ihr gellte ein „Aaaahhh" durch den Raum. Dann erschien ruckartig Willies Gesicht, stark gezeichnet von Schreck und Ruß.

„Willie, es war ein Unfall“, versuchte Alf die Sache schnell zu klären, weil Willies Ausdruck in den Augen befürchten ließ, daß dazu nur wenig Zeit bleiben könnte.

Willies Stimme überschlug sich: „Ein Unfall? Du bringst mich fast um und redest von einem Unfall?“

Alf zitterte. Er begab sich vorsichtig weiter aus Willies Reichweite, in dessen erhobener Faust die Zange recht bedrohlich wirkte. Unsicher sagte er: „Gut, sagen wir, es war ein Mißverständnis.“

Die Türglocke rettete Alf vor einem weiteren Wutausbruch.

„Wahrscheinlich ist das Verbraucher-Ed, den ich angerufen habe“, vermutete Alf.

Willie meinte: „Dies paßt sehr gut, dann gebe ich dich gleich mit. Das gibt doch eine Bombenstory für die Sechs-Uhr-Nachrichten.“

„Uh“, entsetzte sich Alf und lief in die Küche. „Ich habe den Ofen angelassen.“

Doch es war nicht Ed, sondern Mrs. Lyman, die Rektorin von Brians Schule, die da vor der Tür stand. Willie fragte sich verwundert, was sie um diese Zeit hier wollte. Er bat sie neugierig herein und bot ihr einen Platz an.

Mrs. Lyman sah in Willies geschwärztes Gesicht: „Störe ich Sie bei etwas Wichtigem?“ fragte sie höflich. „Ich habe vorhin einen Schrei gehört.“

Willie erklärte ihr, daß er immer schrie, wenn der Fernseher kaputtginge, worauf Mrs. Lyman zur Sache kam.

„Ich bin hier wegen Ihrem Anruf bei Brians Klassenlehrerin. Da Sie ja nun gedroht haben, Ihren Sohn von der Schule zu nehmen, und in äußerst rüdem Ton die Kompetenz der Lehrkraft angezweifelt beziehungsweise sich geweigert haben, die beiden Extra-Planeten vom Modell Ihres Sohnes wieder zu entfernen, wollte ich mir doch persönlich mal ein Bild machen, was für eine Sorte Vater das arme Kind hat.“

Willie verstand nur Bahnhof. „Die beiden Extra-Planeten?“

Mrs. Lyman schaute ihn seltsam an und nickte. „Ja, auf dem einen von den beiden haben Sie angehalten, um zur Toilette zu gehen – erzählte mir jedenfalls Brians Lehrerin.“

In Willies Brummschädel dämmerte es langsam. Er entschuldigte sich für einen Augenblick und ging zu Alf in die Küche.

„Du hast Brian angestiftet, deine Planeten doch mit einzubauen. Was hast du dir dabei gedacht, hey?“ kam er gleich auf den Punkt.

Alf wies darauf hin, daß Brian dies aus eigenem Antrieb gemacht habe und deshalb aus dem Wettbewerb genommen worden sei. Aber er, der alte Alf, habe das mit einem Anruf in der Schule wieder klargestellt.

„Großartig“, fand Willie ärgerlich. „Und jetzt sitzt Brians Rektorin da draußen, und alles nur wegen deiner lächerlichen Geschichte.“

„Lächerliche Geschichte?“ Alf wollte sich das nicht bieten lassen. „Ich habe heute das Palomar-Observatorium angerufen. Dort weiß man nichts über den Planeten Alvin ...“

„Das überrascht mich aber“, höhnte Willie.

Doch Alf ließ sich nicht aus der Ruhe bringen: „Aber sie kennen Dave. Nur, daß sie ihn Chiron nennen.“

„Objekt Kowal!“ Bei Willie rastete im Gehirn etwas ein. „Meine Güte, Alf. Du hast recht. Ende der siebziger Jahre wurde im Raum ein Objekt entdeckt, das ursprünglich ‚Objekt Kowal' hieß, später Chiron. Die Astronomen glaubten, es könnte ein zehnter Planet sein, irgendwo hinter Pluto."

„Was heißt irgendwo", berichtigte ihn Alf. „Ich werde ihn dir genau zeigen." Er zog ein dickes Buch mit dem Titel „Rand-McNally Führer durch die Sterne" aus seiner Mappe. „Habe ich immer im Handschuhfach."

„Unglaublich", entfuhr es Willie. „Ein Führer durch die Galaxie!"

Alf schlug eine Karte auf und zeigte Willie, wo Dave und Alvin waren. Willie gab beschämt zu, daß er Alf eine Entschuldigung schuldete. Damit war zwar Alf rehabilitiert, aber wie sollte Willie nun Brians guten Ruf wiederherstellen? Er konnte Mrs. Lyman doch nicht einfach die Sternenkarte präsentieren, ohne zu erklären, woher er die hatte. Willie nahm eine schwere Bürde mit hinaus zu Mrs. Lyman.

Wider besseres Wissen erklärte er ihr, daß sich alles um ein großes Mißverständnis gehandelt habe. „Es tut mir leid, daß dies alles passiert ist. Aber vielleicht könnte man doch Brians Modell mit den beiden Planeten beim Wettbewerb vorstellen."

Mrs. Lyman lehnte ab, stellte dafür aber in Aussicht, daß Brian am Wettbewerb teilnehmen dürfe, wenn er die beiden Planeten entfernte.

„Ich, ich kann ihn nicht darum bitten, das zu tun", seufzte Willie, der keinen Ausweg aus diesem Dilemma fand.

Mrs. Lyman stand auf, um sich zu verabschieden. „Gut, dann kann ich meine Lehrkraft auch nicht darum bitten, ihre Meinung zu ändern."

Willie startete einen letzten Versuch an der Tür: „Bitte, Mrs. Lyman. Sie sind Pädagogin. Da muß doch in unserem System ein Raum für freies Denken sein. Ich meine, wo wären wir heute, wenn es nie Träumer gegeben hätte, wo wäre dann die Wissenschaft."

„Guten Abend, Mr. Tanner", wünschte ihm Mrs. Lyman kühl.

In diesem Augenblick kam Verbraucher-Ed mit einem Kamerateam.

Willie und auch Mrs. Lyman fühlten sich von ihnen zurück ins Wohnzimmer gedrängt, wo der Kameramann sofort zu filmen begann. Ed sah den angekohlten Fernseher und pflanzte sich davor auf, um mit der Einführung zu beginnen. Dies wiederum wurde von Mrs. Lyman mißverstanden, denn sie glaubte, Willie hätte das Fernsehteam wegen ihr angerufen.

„Es hätte es nicht gebraucht, die Medien in diesen Disput mit hineinzuziehen", ärgerte sie sich.

Ed war sofort bei ihr. „Ein Streit? Geben Sie uns Ihre Version, gnädige Frau."

„Da gibt es nichts zu sagen", wehrte Mrs. Lyman entsetzt ab.

Hinter ihr ging die Tür auf, und Kate kam mit den Kindern herein.

„Willie, was, um Himmels willen, ist hier los?"

Willie stöhnte. „Die Herren wollten gerade gehen."

„Ihre Familie?" überging Ed die Aufforderung. Und Willie hatte in dem Moment eine zündende Idee.

„Das ist Verbraucher-Ed", stellte er den Fernsehmann vor. „Und er ist wegen Brians Extra-Planeten hier."

„Welche Extra-Planeten?" Nun blickte Ed zwar nicht mehr durch, aber es hörte sich ganz interessant an.

Mrs. Lyman warf Willie einen giftigen Blick zu. „Die Planeten, von denen sein Sohn glaubt, daß sie existieren."

„Sie existieren!" blieb Willie nun hart. „Wer will denn beweisen, daß sie es nicht tun?"

Ed gab seinem Kameramann die nötigen Anweisungen: „Sid, volles Rohr auf den Jungen hier. Das scheint mir ein Stoff von großem menschlichen Interesse zu sein. Fahren Sie fort, Mr. Tanner."

„Nun, Brian begann ein Projekt für einen wissenschaftlichen Wettbewerb, aber die Schule will ihn nicht daran teilnehmen lassen, außer ..."

Er hörte sich von Mrs. Lyman unterbrochen, die schnell eingriff: „Außer mit einer angemessenen Würdigung der Vorstellungskraft von Brian Tanner."

„Entschuldigung", war Willie platt. Aber jetzt hatte die Schulrektorin bereits die Kamera in Beschlag genommen und plapperte hinein: „Und ich möchte sagen, daß es das freie Denken ist, das unseren Wettbewerb ausmacht. Brians Projekt nicht vorzustellen wäre engstirnig."

Tage später saß die ganze Familie um den Fernseher herum, ein neues Gerät, das Verbraucher-Ed besorgt hatte. Allerdings hatte es dazu eines langen Gesprächs mit der Fabrik in Libyen bedurft, das, wie Willie gerade ärgerlich feststellte, dreihundert Dollar gekostet hatte. Soviel war nicht einmal für seinen ersten Apparat zu bezahlen gewesen.

Auf dem Bildschirm tauchte Verbraucher-Ed auf und verkündete dem staunenden Publikum aus dem Festsaal von Brians Schule, daß der wissenschaftliche Wettbewerb in Zukunft um eine Rubrik erweitert würde, die „Die Welt der Phantasie" heißen würde.

In dem Moment schoß eine Stichflamme aus dem Apparat, und der Fernseher gab seinen Geist auf.

Eine unglaubliche Hitzewelle hatte das Land in diesen Tagen heimgesucht. Es war so heiß, daß ständig das Stromnetz zusammenbrach.

Im Augenblick herrschte gerade wieder mal Totalausfall, so daß Alf weder fernsehen noch sich mit einem Videospiel beschäftigen konnte.

Im Moment allerdings bekämpfte er seine Langeweile anders.

Als Lynn ihn später in seinem Zimmer aufsuchte, saß Alf über ein Buch gebeugt und fuhr beim Lesen mit einem Finger über die Zeilen.

„Was machst du da?" wollte Lynn wissen.

„Ich übe mich im Schnell-Lese-Verfahren! Interessante Methode!" kam als Antwort.

„Was für ein Buch ist es?" Lynn schaute ihm neugierig über die Schultern.

„Keine Ahnung. Aber das Fell an meinem Finger nützt sich schon ab", erwiderte Alf.

In dem Moment drang durch das offene Fenster Mrs. Ochmoneks schrille Stimme herüber: „Du bist schlimmer als ein Kind, wenn es ums Geld geht. Man sollte dich entmündigen."

„Sieht so aus, als hätten sie den Kampf wiederaufgenommen", stellte Lynn fest, worauf Alf sie belehrte, daß es nicht höflich sei, anderer Leute Konversation zu belauschen.

Lynn bedankte sich artig für den Hinweis und wünschte ihm noch viel Spaß bei seinem Buch.

Rachel fuhr inzwischen schwere Geschütze auf: „Meine Mutter hat mich davor gewarnt, einen arbeitsscheuen Kerl zu heiraten", schoß sie eine Breitseite ab.

Trevor konterte mit der Empfehlung, sie sollte sich einen Korken in den Mund stecken, weil sie sonst die ganze Nachbarschaft aufweckte. Dann schloß er das Fenster.

Alf sah von seinem Buch hoch. „Wie soll man bei dieser Totenstille lesen können“, fragte er sich. Die Neugier trieb ihn zum Fenster, um zu sehen, was die Ochmoneks jetzt hinter verschlossenen Fenstern so trieben.

„Aaaahhh!“ Alf gefror das Blut in den Adern.

Sekunden später schoß er schreiend ins Schlafzimmer zu Willie und Kate: „Ruft die Polizei! Ruft die Polizei! Schrecklich! Furchtbar!“

Zitternd stand er neben Willies Bett. Der schaltete das Licht an. Alf schien in einem aufgelösten Zustand zu sein, bemerkte nun auch Kate, die natürlich von seinem Geschrei auch aufgewacht war.

„Wovon sprichst du?“ fragte Willie, verärgert über die nächtliche Ruhestörung.

Alf war nicht zu beruhigen und schrie unter Schockstößen, die durch seinen Körper jagten: „Ich spreche von Mord, von Verstümmelung, von einer Bluttat.“

„Alf, komm zur Sache oder geh ins Bett“, mahnte Willie, weil Alf sich an ihn klammern wollte. „Nicht in meins, in dein Bett.“

„Mr. Ochmonek hat Mrs. Ochmonek umgebracht“, stieß Alf heraus. „Ich habe sie streiten gehört. Dann sah ich, wie Mr. Ochmonek einen Eispickel nahm und . . .“ Es schüttelte ihn wieder.

„Du hast mal wieder etwas mißverstanden“, war Willie sofort klar.

„Wie immer“, mischte sich Kate nun auch ein. „Wie damals, als du Mr. Litwak beschuldigt hast, in seinem Keller eine Atombombe zu bauen.“

„Es war eine Atombombe“, beharrte Alf.

„Es war ein Heizgerät für seinen Pool“, erinnerte ihn Willie sanft. „Schau, Alf. Es ist eine heiße Nacht. Und du bist müde. Deine Phantasie hat dir einen Streich gespielt. Geh schlafen.“

„Gut, ich gehe“, schimpfte Alf. „Aber ich werde nicht ruhen, nicht bis dieser Mörder hinter Gittern ist.“

„Wir sollten ihn für ein neues Hobby begeistern“, seufzte Willie, als Alf wieder gegangen war.

Er war gerade wieder eingeschlafen, als ein Schrei durchs Haus gellte. Dann noch einer. Dann ganz viele hintereinander. Die „Aaaahhhs“ kamen aus der Küche und hätten Tote aufwecken können. Im Nu war die ganze Familie dort versammelt.

Man fand Alf am Tisch, bebend und weiterhin schreiend: „Aaahh, Aaaahh, Aaaahhh.“

Kate packte den Kleinen an den Schultern und schüttelte ihn kräftig. „Alf, komm zu dir. Was ist passiert?“

Alf beruhigte sich etwas. Das heißt, er hörte zwar auf zu schreien, zitterte aber weiter und jammerte: „Es war furchtbar. Trevor Ochmonek stand direkt hinter mir. Er grinste teuflisch und hielt einen Eispickel in der Hand.“

„Ich kann Mr. Ochmonek nirgends sehen“, stellte Brian nach einem kritischen Blick in die Runde fest.

„Brian, Alf hatte einen Alptraum.“ Kate war sich da sicher.

„Und so geht es denen, die in fremde Fenster schauen“, konnte sich Willie nicht verkneifen zu sagen.

Lynn streichelte Alf mitleidig. „Möchtest du, daß wir eine Weile bei dir bleiben?“

Alf nickte heftig. „Ja, für immer.“

„Vergiß es“, riet Willie. Er war fest entschlossen, sich diese Nacht den restlichen Schlaf nicht mehr rauben zu lassen. „Wir gehen alle ins Bett. Und du versuchst auch, wieder zu schlafen, Alf."

„Ich kann nicht, ich bin zu aufgekratzt", schüttelte sich Alf.

„Auch gut", meinte Willie. „Aber wir anderen brauchen unseren Schlaf."

Er duldete keine Widerrede, und bald darauf saß Alf wieder alleine in der Küche. Er versuchte sich wach zu halten, indem er sich selbst vorsagte: „Schlaf nicht ein, schlaf nicht ein."

Seine empfindlichen Ohren hörten Geräusche von draußen.

„Ignoriere sie", flüsterte Alf, „ignoriere sie."

Dabei war er schon auf dem Weg zum Fenster und schalt sich selbst: „Warum, zum Teufel, muß ich nur so neugierig sein."

Vorsichtig schob er den Vorhang zur Seite und lugte hinaus. Es war eine sternenklare und mondhelle Nacht, und in Nachbars Garten war Mr. Ochmonek gerade dabei, eine Grube zu schaufeln. Neben ihm lag etwas großes Längliches, in eine schwarze Plane verschnürt.

„Leben Sie wohl, arme Mrs. Ochmonek", flüsterte Alf schaudernd. „Ich habe Sie gut gekannt." Dann schwor er sich, den Mörder zur Strecke zu bringen, alleine, weil von dieser Familie hier keine Hilfe zu erwarten war.

Am nächsten Abend versuchte Alf, den unheimlichen Mörder mit einem Telefontrick in die Falle zu locken. Er gab sich Trevor gegenüber als Fernsehmoderator einer Quizsendung aus und stellte ihm einige belanglose Fragen. Kate kam genau in dem Moment dazu, als Alf die letzte Frage abschoß: „Haben Sie Ihre Frau umgebracht?"

„Alf!" rief Kate empört, und der Melmac ließ erschrocken den Hörer auf die Gabel fallen.

„Kate, ich habe gesehen, wie der Kerl gestern im Garten Mrs. Ochmonek eingegraben hat", rechtfertigte sich Alf. Er drückte ihr Polaroidfotos in die Hand. „Hier, ich habe ihn dabei fotografiert."

„Willst du mich auf den Arm nehmen?" fragte Kate bei der Durchsicht. „Die sind ja völlig schwarz."

„Ja, glaubst du vielleicht, ich fotografiere einen Mörder, der gerade sein Opfer vergräbt, mit Blitzlicht?" entsetzte sich Alf über so viel Naivität.

„Uh", war alles, was Kate machte. Kopfschüttelnd ging sie in die Küche. Zur Zeit war es schon besonders schlimm mit Alf.

Das fand auch Willie in hohem Maße, als er kurz darauf ins Schlafzimmer ging und sein Blick zufällig hinüber zum Haus der Ochmoneks fiel.

„O Gott", fuhr Willie zusammen. Hinter einem der beleuchteten Fenster sah er, wie Alf Trevors Schubladen durchstöberte, während dieser gerade in ein anderes Zimmer ging.

Willie hetzte zum Telefon und wählte Trevors Nummer. Er schickte Stoßgebete zum Himmel, Trevor möge doch nicht ins andere Zimmer gehen und den Hörer abheben. Leider tat dies Alf im anderen Raum. Zum Glück drehte Trevor auf halbem Weg zu seinem Apparat wieder ab.

„Alf, um Himmels willen, warum gehst du an den Apparat?" bellte Willie nervös. Sein Pulsschlag erreichte die Höhen eines Leistungssportlers nach einem neuen Weltrekord.

„Eh, es hat geläutet", antwortete Alf einfach. „Wo bist du?"

„Gegenüber, wohin du jetzt auch sofort unauffällig verschwinden wirst", drängte Willie verzweifelt. „Und paß ja auf. Trevor ist im Nebenzimmer."

„Hey, ich kann dich sehen", freute sich Alf aber erst einmal und winkte zu Willie hinüber.

„Verschwinde", zischte der nur, am Ende seiner Nervenkraft. „Und laß das Telefon in Ruhe, wenn ich jetzt wieder anrufe. Ich muß Trevor ablenken."

Willie wählte erneut Trevors Nummer. Diesmal ging Trevor an den Apparat, und Willie beobachtete schweißgebadet, wie Alf hinter ihm vorbeischlich. Er quasselte allerlei dummes Zeug mit Trevor, bis er sicher sein konnte, daß Alf das Nachbarhaus verlassen hatte.

Nachdem er sich von Trevor verabschiedet und sich wegen der Störung entschuldigt hatte, raste er wütend, mit geschwollenen Stirnadern, in die Küche, gefolgt von Kate und Lynn. Alf war gerade eingetroffen.

Willie geriet außer sich und beschimpfte Alf als Einbrecher. Und er schrie ihn an, daß er ihn hiermit endgültig zum letzten Mal verwarnte.

„Hey, du bist aufgeregt", traf Alf den Nagel auf den Kopf. „Aber ich zeige dir hier Beweisstück *A*." Er hielt plötzlich ein Gebiß in der Hand und triumphierte: „Das habe ich drüben gefunden. Es gehörte Mrs. Ochmonek." Er klappte das Gebiß auseinander und sagte: „Seht! Und so lachte sie!"

„Alf, das beweist noch gar nichts", bremste ihn Kate. „Das sind falsche Zähne."

„Ich gehe auf einen Drink zu Trevor", sagte Willie voller Zorn. „Ich muß mich abreagieren, sonst ziehe ich ihm das Fell ab."

Als Willie weg war, gab Lynn grüblerisch zu bedenken: „Mam, ist es nicht doch seltsam, daß Mrs. Ochmonek das Haus ohne ihre Zähne verlassen hat?"

„Vielleicht traf sie sich mit jemand auf eine Suppe", erwiderte Kate konfus. „Was weiß ich. Alf macht uns noch alle verrückt."

„Vielleicht hätten wir Paps nicht dort rübergehen lassen sollen." Lynn war offensichtlich nun vom Alf-Virus infiziert.

„Ganz recht", schürte der Melmac das Mörder-Fieber. „Trevor könnte sich ja entschlossen haben, zum Massenmörder zu werden. Die bekommen mehr Publicity."

„Alf, hör auf", warnte ihn Kate und wandte sich an Lynn: „Schau, Liebling. Trevor ist bestimmt kein Mörder. Wir kennen ihn seit Jahren und ..." Ihr Blick fiel aus dem Fenster. „Oh, oh, nein", stöhnte sie und schaute wie erstarrt hinaus.

„O Gott, er hat einen Eispickel in der Hand!" Jetzt sah es auch Lynn.

„Er geht auf Willie zu", schrie Kate entsetzt, während Alf rief: „Ich wußte es, ich wußte es. Ich ruf' die Polizei an."

In diesem Augenblick, als Kate und Lynn hinaushasteten, um ihren Willie aus den Klauen des Mörders zu befreien, ging das Licht aus. Ein neuerlicher Stromausfall. Alf tastete nach dem Telefon – und schrie vor Schmerz auf! Er hatte aus Versehen nach der heißen Kaffeekanne gegriffen.

Willie, der Trevor Rachels Gebiß hatte zurückbringen wollen und geflunkert hatte, er habe es vor dem Haus gefunden, nahm gerade gemütlich einen Drink zu sich, als Kate und Lynn in Ochmoneks Haus stürzten.

„Was ist los?" fragte er verblüfft, weil die beiden völlig außer Atem waren.

„Ja, was ist los?" schloß sich Trevor an. In der einen Hand hielt er einen Drink, in der anderen einen Eispikkel.

Kate kam ins Stottern. „Oh ... nun, die Lichter gingen aus, und da wollten wir nach Willie sehen, weil der sich im Dunkeln fürchtet." Kate bat Willie in Gedanken für diese Geschichte um Verzeihung, aber ihr war nichts anderes eingefallen.

„Du hast Angst im Dunkeln?" wunderte sich Trevor.

„Weißt du, das ist etwas, worüber ich nicht gerne rede", nickte Willie mit rotem Kopf.

„Trevor, äh, würden Sie mir sagen, was Sie mit dem Eispickel machen?" fragte Kate schüchtern, weil das Ding genau auf ihren Magen zeigte.

Trevor sah sie seltsam an. Diese Tanners benahmen sich wirklich oft sehr merkwürdig. Er hielt Kate sein Glas neben ein Ohr und klingelte mit den Eisstückchen darin. „Sie werden es nicht glauben: Ich zerhacke Eis damit."

„Wir sollten jetzt gehen, Willie", schlug Kate peinlich berührt vor. Sie kam sich ganz klein und häßlich vor.

„Gut, dann gehe ich und mache das Bad weiter sauber", meinte Trevor. „Es ist immer noch voller Blut."

„Ah", machte Kate.

„Blut?" fragte Willie.

„Entschuldigung", sagte in dem Moment eine unbekannte Stimme hinter ihnen. Wie sich schnell herausstellte, gehörte sie zu einem dicken Polizisten namens Lieutenant O'Reilly. Er eröffnete Trevor, daß ihn ein gewisser Willie Tanner angerufen habe. „Er behauptet, Sie hätten Ihre Frau im Garten vergraben", kam O'Reilly zur Sache, was nun bei Trevor Erstaunen auslöste.

„Hey, Tanner, warum sagst du so etwas?"

Doch Willie brummte nur zornig in sich hinein: „Warum muß das Biest immer ausgerechnet meinen Namen gebrauchen!"

Kate verteidigte aufgeregt ihren Mann: „Sie wurden gesehen, wie Sie im Garten eine Grube ausgehoben haben."

Trevor ging ein Licht auf. „Ach so, ich habe doch nur eine Rinderhälfte eingebuddelt. Die habe ich einem Kerl für hundert Dollar abgekauft. Wahrscheinlich war sie geklau. . ., ich meine, ich habe die Rinderhälfte auf einer Fleischtombola gewonnen."

„Aha!" Kate gab sich damit nicht zufrieden: „Und warum ist dann Ihr Bad voller Blut?"

„Weil ich die Hälfte dort zerlegt habe, damit sie in die Kühltruhe paßt", gab Trevor geduldig Auskunft. Man sollte Verrückte nicht reizen. „Aber zuvor wurde das Fleisch schlecht und stank dermaßen das Haus voll, daß Rachel zu ihrer Schwester zog, bis ich die Sache bereinigt hatte. Da habe ich das Fleisch vergraben und Rachel angerufen. Sie müßte bald hier eintrudeln."

„Trevor, es tut ja mir so leid", schämte sich Kate, aber Trevor nahm das Ganze gelassen.

„Vergessen Sie es. Rachel und ich haben auch schon vermutet, daß ihr Tanners eigentlich Mondmenschen seid, die unsere Gestalt angenommen haben. Also waren wir auch nicht besser." Er wandte sich an O'Reilly. „Wenn Sie schon mal hier sind: Da gibt es einen Kerl namens Litwak in der Nachbarschaft. Ich glaube, der baut in seinem Keller an einer Atombombe."

Der dicke Polizist nickte seufzend. „Okay, ich werde der Sache nachgehen."

In diesem Augenblick ging erneut das Licht aus. Als es wieder aufflackerte, stand Mrs. Ochmonek im Türrahmen. Als erstes sah sie ihren Trevor mit ihrem Gebiß in der Hand. Die anderen ignorierte sie vorerst einmal.

„Was machst du mit meinen Zähnen", fragte sie Trevor mißtrauisch. „Bist du schon wieder blau?"

„Du solltest vorsichtiger beim Reden sein", mahnte Trevor gelassen. „Dir fallen bei deinem Geschwätz schon die Zähne aus dem Mund, ohne daß du es merkst."

Damit war der *Mord* an Mrs. Ochmonek aufgeklärt, und Alf bis auf die Knochen blamiert. Deshalb konnte es Lynn auch kaum fassen, als sie ihn später in seinem Zimmer dabei erwischte, wie er schon wieder zu den Ochmoneks hinüberspionierte. Alf hatte dafür aber eine einleuchtende Erklärung.

„Es ist nicht so, wie du denkst", meinte er zu Lynn. „Ich möchte nur den Zeitpunkt nicht verpassen, wo sie drüben ins Bett gehen. Dann kann ich in ihren Garten schleichen und das Rindvieh ausgraben. Hätten wir vielleicht einen guten Beaujolais dazu da?"

Garagen-Flohmarkt ist in Amerika sehr beliebt. Die Leute suchen all ihren Krempel zusammen, den sie loswerden wollen, und verkaufen ihn in ihrer Garage.

Auch die Tanners bereiteten eines Tages einen solchen Flohmarkt vor, wobei sich Willie wie ein kleiner Junge gebärdete, dem man seine Spielsachen wegnahm. Ständig lag er sich mit Kate in den Haaren, besonders wegen eines Buddelschiffs, das die Nina darstellte, ein Schiff aus Christoph Columbus' Entdeckerflotte.

In einen dieser Kämpfe platzte Alf mit Buchhaltermiene rein. Er hatte alte Rechnungen durchgesehen und war auf eine Zahlungsverpflichtung von elftausend Dollar gestoßen, die in einer Woche fällig war. Es handelte sich dabei um ein sogenanntes „Balloonpayment“.

Alf war schier entsetzt, weil man doch, wie jedermann wußte, für nur neunundsechzig Cents bereits ein ganzes Paket Ballons kaufen konnte. Kate mußte ihm erklären, daß es sich hier um eine besondere Art von Hypothek handelte, die Willie und sie vor sieben Jahren auf ihr Haus aufgenommen hatten.

Alf entfernte sich mit sorgenvollem Kopfschütteln. Er sah einen direkten Zusammenhang zwischen dem Flohmarkt und diesen elftausend Dollar. Offensichtlich ein verzweifelter Versuch des Haushaltsvorstandes, der Familie das Dach über dem Kopf zu retten. Alf stimmte dies sehr bedenklich, weil diese immense finanzielle Notlage auch den Lebensmittelnachschub akut zu gefährden drohte – und damit auch sein Wohlbefinden. Da mußte etwas unternommen werden. Aber was?

Die rettende Idee kam ihm, als Kates Mutter Dorothy sie besuchte. Eine ihrer Leidenschaften war offensichtlich, sich Pferderennen im Fernsehen anzuschauen. Als sie eines Tages gerade einmal wieder mit Spannung und unter größter Anteilnahme ein solches Rennen verfolgte, das ein Gaul namens „Butterblümchen“ gewann, rief sie plötzlich ganz aufgeregt: „Ich habe dreihundert Dollar gewonnen!“

Und damit war Alfs Neugier geweckt.

Nur Kate fand es unpassend, daß ihre Mutter auf Pferde wettete, und konnte sich auch überhaupt nicht Dorothy auf einer Rennbahn vorstellen.

Alf wollte sich schier darüber totlachen. Er konnte sich Großmama sehr gut auf einer Rennbahn vorstellen: als teilnehmendes Pferd, wie er dröhnend verkündete.

Das Lachen blieb Alf erst im Halse stecken, als Dorothy sich intensiv dafür zu interessieren begann, wie lange es wohl dauern würde, bis sie ihm jedes Haar einzeln ausgerissen hätte. Zu Kate gewandt erklärte sie, daß sie selbst nie zu Pferderennen ginge, sondern ihre Wetten über einen Buchmacher namens „Nick the Fish" abwickelte.

Nun waren Buchmacher von der Art dieses Nick als sehr zwielichtige Elemente bekannt, die außerdem äußerst rüde Methoden anwandten, wenn jemand seine Schulden bei ihnen nicht bezahlen konnte oder wollte.

Aber Alf wußte von diesen Seiten des Geschäftslebens nichts. In einer ungestörten Minute zu zweit versuchte er hingegen, Dorothy zu überreden, für ihn fünfzig Dollar bei „Nick the Fish", der richtig „Nick Mintz" hieß, zu setzen. Aber Großmama Dorothy weigerte sich strikt, dies zu tun, und ließ ihn sitzen.

Alf war enttäuscht. Unwillig trommelte er mit den Fingern auf die Tischplatte und murmelte in sich hinein: „Wieder einmal werde ich auf meine eigene Entschlossenheit angewiesen sein."

Am Abend, als Willie und Kate aus dem Badezimmer kamen, fanden sie Alf am Telefon in ihrem Schlafzimmer vor. Gerade wollte er eine Nummer wählen.

Alf hielt inne, als er sie wahrnahm. „Könnt ihr nicht anklopfen", maulte er die beiden knurrig an. Kate sah sich genötigt, ihn darüber aufzuklären, daß er sich in *ihrem* Zimmer befand.

„Mir bekannt", nickte Alf unerschüttert. „Aber ich habe hier einen privaten Anruf zu erledigen, sozusagen eine Überraschung. Alles nur zu eurem Besten. Deshalb solltet ihr für zwei Minuten von hier verschwinden."

Kate schnaufte wegen dieser Unverschämtheit erst mal tief durch und erzählte Alf danach schonungslos, was sie davon hielt. Auf seine sogenannten Überraschungen könne sie gut verzichten. Meist ginge dabei sowieso nur irgend etwas in Flammen auf, oder die Familie stünde am Rand des finanziellen Ruins.

Alf wechselte die Taktik und schaltete auf Bitten um. Er sprach von Vertrauen, jenem Band, das eine Familie zusammenschweiße. Er faselte so lange dahin, bis Kate und Willie ihm seine zwei Minuten zugestanden und das Schlafzimmer verließen.

„Tür zu", schrie Alf rüde hinterher. Dann wählte er die Nummer von „Nick the Fish", die er in Dorothys Handtasche herausgeschnüffelt hatte, und stellte sich als deren Freund „Big Red" vor. Auf diese Weise stieg Alf an diesem Abend mit fünfzig Dollar ins Wettgeschäft ein.

Am nächsten Tag verfolgte er aufgeregt und nervös im Fernsehen, wie die „Schlimme Nina" mit einer Nasenlänge ein Rennen gewann. Alf triumphierte lauthals und rief den „Fisch" an, um seine eben gewonnenen dreihundert Dollar sofort zu vervielfachen.

Am Abend gewann „Katzenkiller" mit einer halben Länge Vorsprung, und Alf flippte fast aus. Er war nun fest davon überzeugt, goldene Hände zu haben.

Der „Fisch" nahm kurz darauf am Telefon wilde Wetten seines Kunden Alf an, mit besten Grüßen an das „Fischweib" eingeschlossen.

Während Willie am nächsten Tag wieder einmal seinen Hockeyschläger und das Buddelschiff versteckte, um es vor dem Verkauf in der Garage zu retten, verfolgte Alf fiebernd das nächste Pferderennen, in das er fast sein ganzes Vermögen gesteckt hatte. Als er Willie durchs Wohnzimmer gehen sah, hielt er ihn auf: „He, setz dich her und schau dir das mit mir an. Achte auf die Nummer neun."

Willie, der keine Zeit hatte, sich Pferderennen anzusehen, riskierte nur einen Blick auf den Bildschirm.

„Du meinst das Pferd, das gerade gestürzt ist?"

„Uh", machte Alf. „Genau das."

„Das steht nicht mehr auf", sah Willie mit Kennerblick und wunderte sich darüber, weshalb Alf sich so mächtig aufregte.

„Es wird, es wird", schrie der Melmac. „Vielleicht ist es nur etwas besoffen."

„Na, wenigstens ist der Jockey o.k.", stellte Willie sachlich fest.

„Wen kümmert das", erregte sich Alf. „Steh endlich auf, verdammte Mähre." Willie ging kopfschüttelnd hinaus.

Doch Nummer neun stand nicht mehr auf. „Mutters Liebling" gewann mit drei Längen, und Alf hechelte zum Telefon und kontaktierte den „Fisch".

„Hey, Nick", haspeite er los. „Das Rennen vergessen wir einfach, in Ordnung. Setzt zweitausend auf ... was meinst du mit: ich kann nicht mehr wetten ... wie ... sechstausend in den Miesen ... nein, nein. Deshalb mußt du nicht gleich selbst herkommen. Ich werfe einen Scheck in den Briefkasten ... Hallo ... Halloo ..."

Nick hatte aufgelegt. Das letzte, was er gesagt hatte, hatte sich so angehört wie: „Ich komme um fünf, halte die Knete bereit."

Wenn Kate nicht wegen der Vorbereitungen zu dem Garagen-Flohmarkt voll im Streß gewesen wäre, hätte sie vielleicht bemerkt, daß Alf ungewöhnlich nachdenklich dasaß, als sie ins Wohnzimmer trat. Und alle Alarmglocken hätten bei ihr läuten müssen, als Alf sie mit einem seltsamen Vortrag aufhielt.

„Nehmen wir mal eine theoretische Situation, Kate.

Jemand plaziert eine Wette bei einem professionellen Buchmacher und kommt mit sechstausend Dollar in die Kreide, die er nicht bezahlen kann. Was kann diesem Jemand theoretisch passieren?"

„Theoretisch könnten ihm die Beine gebrochen werden", war Kates Antwort. Sie hatte so etwas schon einmal im Fernsehen gesehen. „Aber warum fragst du?"

„Nur so."

Achselzuckend ging Kate in die Küche. Sie sah nicht mehr, wie Alf eine schmerzhafte Grimasse schnitt und in sich zusammensank.

Lynn und Brian fanden ihn später in der Garage, wie er alle möglichen Sachen dort ausbreitete, auch sein Lieblingsspielzeug, ein Holzpaddel mit einem Ball an einem Gummiband.

„Meinst du, daß ich dafür sechstausend bekommen kann?" fragte er Lynn hoffnungsvoll.

Die Antwort war vernichtend: „Höchstens einen Vierteldollar."

„Na ja, immerhin ein Anfang", murmelte Alf bedrückt und packte weitere Utensilien aus seinen Schätzen aus.

Lynn fragte ihn verwundert: „Alf, warum nur willst du all deine Lieblingsspielsachen verkaufen?"

„Ich will meinen Teil dazu beitragen, der Familie aus ihren finanziellen Schwierigkeiten zu helfen."

„Wir haben doch gar keine", wunderte sich Lynn nun noch mehr.

„Jetzt schon", brummte Alf undeutlich.

„Kate, wir haben nicht ein Stück bisher verkauft", bemängelte Dorothy später verständnislos, als der Tannersche Flohmarkt in vollem Gange war. Auch Willie, der dazukam, war darüber verwundert. Das Rätsel begann sich langsam zu lösen, als sich schließlich eine Frau an Kate wandte und bemängelte, daß tausend Dollar für eine alte Nachttischlampe lächerlich seien. Dasselbe empfand auch ein anderer Kunde, nachdem er das Preisschild auf einer verbeulten Kaffeekanne als zweitausendfünfhundert Dollar entziffert hatte.

Dorothy entdeckte schließlich bei Durchsicht des Warenangebots, daß die angebotenen Steakmesser mit dreitausendfünfhundert Dollar ausgeschrieben waren und ein Schraubenzieher mit achthundert Dollar.

Kate und Willie zweifelten nicht daran, daß Alf ihnen diesen Streich gespielt hatte, auch wenn sie keine Ahnung hatten, warum. Also suchten sie ihn und fanden ihn schließlich unter dem Küchentisch hockend. Willie wollte wissen, was er dort machte.

„Ich zittere", erwiderte Alf kleinlaut. Das war auch nicht zu übersehen. Es schüttelte ihn förmlich durch.

„Komm raus da unten", forderte ihn Kate auf. „Wir wissen, was du getan hast." Sie meinte die Sache mit den Preisschildern.

Alf streckte nur den Kopf unter der Tischplatte heraus und rechtfertigte sich: „Ich habe nur versucht, ein bißchen Geld zu machen." Er meinte die Sache mit „Nick the Fish".

„Wie bist du bloß auf so eine verrückte Idee gekommen", schimpfte Kate wegen der vertauschten Preisschilder.

„Durch deine Mutter", erklärte Alf. „Es ist schließlich ihr Buchmacher."

„Buchmacher? Welcher Buchmacher?" wunderte sich Willie. Hier mußte man sich offensichtlich auf ein anderes Gleis begeben.

In dem Moment läutete es an der Haustür. Es war fünf Uhr.

„Der Buchmacher", kam es kläglich unter dem Tisch heraus. Kate, die die Sachlage noch nicht durchschaute, fragte sich, was ein Buchmacher mit ihrem Flohmarkt zu tun hatte.

Willie gebot in der Zwischenzeit Alf: „Du bleibst hier. Wir sprechen später darüber. Jetzt gehe ich erst einmal die Tür öffnen."

Alf grabschte nach Willies Beinen und jammerte, er solle um seiner Beine willen die Tür nicht öffnen, womit Alf seine eigenen Beine meinte. Willie schüttelte ihn ab und verließ mit Kate die Küche.

„Mein Leben ist keinen Pfifferling mehr wert", klang es dumpf unter dem Küchentisch.

Im Wohnzimmer sahen sich Willie und Kate einem etwa vierzigjährigen Dandy gegenüber, der sich überaus freundlich als Nick Mintz vorstellte und zwischendurch mehrmals kräftig in ein Taschentuch nieste. Offensichtlich hatte der Bedauernswerte eine kräftige Erkältung. Kate empfahl ihm Zitronensaft mit Honig.

„Danke, aber ich vertrage keine Zitrone", schniefte der „Fisch". „Wo ist meine Kohle?"

Willie verstand nicht.

Der „Fisch" war derartige Gedächtnislücken bei anderer Kundschaft schon gewöhnt und meinte freundlich, Alf solle ihm einfach die sechstausend aushändigen. Dann könne er endlich nach Hause gehen und gegen seinen Schnupfen inhalieren.

„Sechstausend", rief Kate. „Guter Gott."

Willie suchte vorsichtig nach Klarheit: „Sie meinen, ich habe bei Ihnen gewettet und schulde Ihnen jetzt sechstausend Dollar?"

Der „Fisch“ nickte freudig. „Jetzt versteher wir uns wieder.“

„Aber ich habe nicht soviel Geld“, sagte Willie ehrlich.

Der „Fisch“ schüttelte betrübt den Kopf. Er griff sich eine Blumenvase vom Tisch. „Ich bin sicher, du wirst es auftreiben.“ Die Vase fiel ihm aus seinen Händen und zerbarst auf dem Boden. „Oh, wie ungeschickt von mir“, sagte der „Fisch“ traurig und verabschiedete sich.

Willie und Kate sahen sich konsterniert an.

In der Küche fanden sie Alf in ein Diktiergerät sprechend vor: „Ich, Gordon Shumway, im vollen Besitz meiner körperlichen und geistigen Kräfte ...“

„Da bin ich ganz anderer Meinung“, unterbrach ihn Willie verärgert. Doch bevor er richtig seinen Ärger loswerden konnte, kam Dorothy herein und verkündete: „So, ich habe die Preisschilder wieder alle in Ordnung gebracht. Wer hatte sie denn nun vertauscht?“

„Oh, wir haben da einen begründeten Verdacht.“ Kate deutete auf den unglücklichen Alf.

„Er plazierte eine Wette bei deinem Buchmacher und verlor sechstausend Dollar“, klärte Willie sie näher auf. „Und jetzt ist der Mob hinter ihm her.“

„Dann hat die Sache wenigstens noch ihr Gutes“, fand Dorothy mitleidlos.

„Du bist an allem schuld“, greinte Alf. „Du hast mich mit Pferderennen vertraut gemacht, obwohl du genau wußtest, wie schnell ich in Zwangslagen komme. Ich bin davon abhängig, daß mich die Leute in diesem Haus vor mir selbst schützen.“

Kate rang die Hände zum Himmel, während Alf fortfuhr. „Ich habe alles für einen guten Zweck getan, alles, um euch vor dem Armenhaus zu bewahren.“

„Eine gute Strategie", erkannte Willie sarkastisch, „uns dabei hoffnungslos in Schulden zu stürzen."

„So!" schimpfte Alf nun seinerseits. „Und wie hattest du es dir gedacht, deine Hypothek zu bezahlen? Mit diesem Kleinkram-Flohmarkt...? Übrigens, wie gehen die Steakmesser weg?" setzte er hoffnungsvoll nach.

Willie konnte es kaum fassen, was sich der Melmac da wieder zusammenphantasiert hatte. „Aber Alf, die elftausend Dollar haben wir längst beiseite gelegt."

„Oh, gut." Über Alfs Gesicht ging ein Aufleuchten. „Dann kannst du mir sechstausend Dollar leihen."

„Natürlich", schüttelte sich Willie über so viel Unverfrorenheit. „Sind sechstausend genug? Oder sollen wir besser gleich warten, bis du uns beim nächstenmal aus der Patsche hilfst? Dann wirst du sicher mehr brauchen."

„Danke für deinen Sarkasmus, Willie", fauchte Alf. „Irgendwo da draußen ist bereits ein Fleischerhaken mit meinem Namen drauf aufgehängt, und du trampelst auf meiner gepeinigten Seele herum."

Im nächsten Augenblick flitzte er quiekend unter den Tisch, weil es wieder geläutet hatte.

„O mein Gott, er ist wieder da", jammerte Alf erbärmlich. „Bitte, laßt uns durch den Seiteneingang verschwinden."

„Mam, ist Mr. Mintz ein sehr gewalttätiger Mann?" fragte Kate unsicher Dorothy.

Die nickte gelassen. „Ja, das schon. Aber er ist fair." Zufrieden sah sie, wie es Alf unter dem Tisch erneut heftig schüttelte.

Aber es war nicht der „Fisch". An der Tür stand ein höflicher junger Mann, der sich als Requisiteur einer Filmgesellschaft vorstellte und sich sehr für das perfekte

Spielzeugraumschiff interessierte, das in der Garage hing. Als Willie ihm erklärte, daß es unverkäuflich sei, bot der Mann an, es für viertausend Dollar eine Woche lang zu mieten.

Willie stutzte verblüfft. Das war die Chance. Er ging in die vollen: „Wie wäre es mit sechstausend Dollar?"

„Einverstanden", nickte der andere sofort.

Kate zog Willie am Ärmel und gab zu bedenken: „Willie, sollten wir dazu nicht erst die Meinung von jemand anders hören?"

Aus der Küche kam postwendend die Antwort: „Um Himmels willen, nehmt bloß das Geld."

„Eh, unser Manager", erklärte Willie dem verdutzten Requisiteur, der einen Scheck bereits zückte.

„Auf welchen Namen soll ich ihn ausstellen?"

„Mr. Nick Mintz", seufzte Willie.

„Oh, der ‚Fisch'." Der Mann kannte sich aus.

Auf diese Weise konnte Alf seine Schulden bei „Nick the Fish" begleichen und seine Beine retten. Am späten Abend trafen sich er und Willie zufällig vor der Garage bei den Mülltonnen, in denen die Ladenhüter des Flohmarktes gelandet waren. Beide wühlten mit Feuereifer in den Abfällen herum.

„Was suchst du denn, Alf?" fragte Willie.

„Rabattmarken. Und du?"

„Meine Nina."

„Viel Glück, Willie", wünschte Alf.

„Viel Glück", wünschte Willie.

Friede war wieder eingekehrt im Hause Tanner, und die Nacht senkte sich gütig über die aufregenden Ereignisse des Tages. Doch schon der nächste begann wortwörtlich gemeint mit einem neuen Schlag.

Es war Sonnabend, und sonnabends pflegte Alf ein Bad zu nehmen.

Er erschien im Wohnzimmer, wo Lynn auf der Couch in einer Illustrierten blätterte. Alfs Kopf steckte unter einer von Kates luftigen rosafarbenen Badehauben. Um seinen feisten Nacken schlang sich lässig ein Handtuch. Und in einer Pfote hielt er den elektrischen Handmixer.

Alf watschelte an Lynn vorbei und informierte sie: „Wenn mich jemand braucht, ich bin im Whirlpool."

Lynn sah nur kurz von ihrer Zeitung hoch. „Wir haben keinen Whirlpool." Sie war Alfs konfuse Bemerkungen längst gewöhnt.

„Ich weiß, aber ich kann improvisieren", meinte Alf und verschwand im Badezimmer.

Kate kam von draußen mit einem Stapel Briefe herein. Für Lynn war keine Post dabei.

„Wo ist Alf?" fragte Kate, während sie die Umschläge genauer durchsah.

„Im Whirlpool. Er improvisiert. Er hat deinen elektrischen Handmixer dabei ... o mein Gott!" Lynns Augen weiteten sich entsetzt. Erst jetzt dämmerte es ihr, was Alf vorhatte.

Auch Kate schaltete richtig. Sie hetzten den Gang zum Badezimmer hinunter, wurden aber von einem Schrei urplötzlich gestoppt.

„Aaaahhh!"

Einen Augenblick standen Kate und Lynn wie gelähmt und sahen sich fröstelnd in die Augen. Sie waren zu spät gekommen. Alf hatte der Schlag getroffen. Doch dann sahen sie, wie sich die Badezimmertüre langsam öffnete und Alf herauskam.

„Gott sei Dank, du bist gesund", war Kates erste Reaktion.

Alf taumelte leicht. Sein Kopf zuckte unkontrolliert. Sein Blick erschien Lynn und Kate bei näherer Betrachtung auch ziemlich abwesend zu sein. Kate lief zu ihm hin, um den Kleinen zu stützen. Alfs Fell war ganz durcheinander. Man konnte sagen, es sträubte sich, offensichtlich eine Folge des elektrischen Schlages, den er bekommen haben mußte. Der mußte ihn völlig durchgerüttelt haben.

„Alf", sagte Kate liebevoll.

Die schwarzen Augen schauten verständnislos zu ihr hoch.

„Alf? Das muß ein Mißverständnis sein." Er reichte ihr die Hand. „Wayne Schlegel. Michigan Lebens- und Unfallversicherung."

„Wovon redet er?" sorgte sich Lynn ratlos.

„Ich sprech' über Ihre Zukunft", erklärte Wayne Schlegel. „Über ein Versicherungspaket, das Ihre Bedürfnisse absichert."

„Er hat das Gedächtnis verloren", befürchtete Lynn, und Kate dachte laut, daß Alf wahrscheinlich das Versicherungswerbeplakat im Bad gelesen hatte, als ihn der Stromschlag traf.

„Michigan Lebens- und Unfallversicherung", betonte Alf noch mal höflich. „Wayne Schlegel. Bitte nehmen Sie einen unserer kostenlosen Kalender."

Wenig später saß die ganze Familie ratlos um Wayne Schlegel alias Alf am Tisch herum. Er improvisierte einen Vortrag über eine Hagelversicherung, weil er seinen Aktenkoffer nicht finden konnte. Aus Willies Schrank hatte sich Wayne Schlegel ein Hemd mit Krawatte und eine Anzugjacke ausgeliehen, nachdem er beschämt festgestellt hatte, daß er aus unerfindlichen Gründen hier nackt herumlief. Weder Willie noch Kate noch Lynn oder Brian konnten ihn davon überzeugen, daß er in Wirklichkeit ein Außerirdischer war, schon immer ohne Hose und Jacke herumgelaufen war und Alf hieß.

Wayne Schlegel begann mißtrauisch zu werden, um so mehr, als er von diesen spinnerten Kunden mit Gewalt am Verlassen des Hauses gehindert und nackt ins Schlafzimmer gesperrt wurde, während sich die Tanners zur Beratung zurückzogen.

Wayne Schlegel rief die Polizei an und meldete seine Entführung. Er zweifelte daran, ob einem seiner Kollegen schon je einmal etwas Ähnliches passiert war.

Als Versicherungsagent erlebte man ja allerhand, aber das hier war der absolute Horror. Wayne Schlegel fühlte Panik in sich hochsteigen. Er würde das Rendezvous mit seiner Sekretärin Brenda versäumen, was bei ihr wieder giftige Reaktionen hervorrufen konnte, vor allem, wo er noch immer nicht mit seinem Eheweib über die Scheidung gesprochen hatte. Nicht, daß er das zu tun gedachte. Aber Brenda war dazu imstande, dies selbst in die Hand zu nehmen.

„Ha, Sie werden große Schwierigkeiten bekommen, Mister“, drohte er Willie, als der wieder ins Zimmer kam. „Dafür wandern Sie ins Gefängnis.“

„Bitte, Alf, bleib ruhig“, bat Willie händeringend. „Wir werden alles versuchen, deine Erinnerung wieder zurückzuholen. Komm mit raus, und wir erzählen dir, wie du zu uns kamst, und was du seitdem alles für Mist gebaut ... äh, was sich seitdem alles ereignet hat.“

Wayne Schlegel sah ihn vom Bett her verächtlich an. „Ich will nicht ruhig bleiben. Ich bin ein hochdynamischer Geschäftsmann. Wie, glauben Sie wohl, bin ich

Mitglied im Millionärsclub geworden. Außerdem habe ich bereits die Polizei verständigt. Würden Sie mir also bitte meine Hosen geben und aufhören, mich zu duzen."

Die Sache mit Alfs Anruf bei der Polizei klang sehr bedrohlich. Es wurde Zeit, Wayne Schlegel von der Michigan Lebens- und Unfallversicherung wieder in Alf, den Melmac, umzuwandeln.

Die ganze Familie bemühte sich anschließend, mit aller Macht und großer Ausdauer, Alfs Gedächtnis mit zahlreichen Episoden aus seinem bisherigen Erdenleben wieder zu reaktivieren. Aber alles war vergeblich.

Dummerweise gab es nun den Versicherungsagenten Wayne Schlegel wirklich, und dummerweise hatte seine Ehefrau ihn gerade jetzt bei der Polizei als vermißt gemeldet, weil er nicht nach Hause gekommen war. Mrs. Schlegel vermutete, daß ihr Gatte sich wieder mal bei einer anderen Frau vergnügte, was sie ihm ein für allemal gründlich vermasseln wollte.

Dabei lag der echte Wayne Schlegel zu diesem Zeitpunkt nach einem Autounfall besinnungslos im Krankenhaus, körperlich nur leicht verletzt, aber eben nicht in der Lage, seinen Aufenthaltsort bekanntzugeben, weder der schon vor Wut rasenden Brenda noch seiner giftigen Gattin.

Die Polizei erinnerte sich an den Anruf eines gewissen Wayne Schlegel, der seine Entführung gemeldet hatte. Bisher hatten die Beamten dies nicht ernst genommen, weil der Anrufer etwas verrückt schien. Welcher Entführte verlangt schon in solch einer Notlage, daß man ihm zu seiner Befreiung Beamte schicken möge, die jung vermählt und ohne ausreichende Versicherungen waren, damit man dies an Ort und Stelle gleich vertraglich ändern könnte.

Aber jetzt zählten die Polizisten zwei und zwei zusammen, und die Spur führte zu einem gewissen Willie Tanner, bisher ein unbeschriebenes Blatt, allerdings schon mal unter dem Verdacht des Terrorismus in Haft gesessen.

Zum Glück trafen zwei wichtige Umstände zusammen, bevor eine Spezialeinheit Willies Haus stürmte und es in Grund und Boden schoß. Zum einen hatte Brian die rettende Idee, dem falschen Wayne Schlegel Lucky unter die Schnauze zu halten, was eine prompte Zurückverwandlung in den Melmac bewirkte. Zum anderen bekam Mrs. Schlegel, die Gattin des echten Wayne Schlegel, einen Anruf aus dem Krankenhaus, daß Wayne dort lag, aber inzwischen aufgewacht war und sich auf dem Weg der Besserung befand.

Mrs. Schlegel, die mit Vornamen Ruth hieß, rauschte zu ihrem Wayne ins Krankenhaus, verständigte aber vorher noch die Polizei und nahm ihre Vermißtenanzeige zurück.

Während auf ihren Wayne recht ungemütliche Zeiten zukamen, mußte sich der falsche Wayne Schlegel alias Alf zunächst verstecken, denn ein Polizist kam vorbei und wollte nur der Ordnung halber nach dem rechten sehen.

Damit kam alles doch noch zu einem guten Ende, und Willie bekam seine Krawatte, sein Hemd und seine Anzugjacke wieder zurück.

Doch natürlich währte der Friede im Hause Tanner nicht lange. Eine Woche später schon stolperte Alf ins nächste Chaos. Wie immer begann alles ganz harmlos – diesmal damit, daß Alf seine Liebe zu Preisausschreiben entdeckte. Daß er zunächst einmal versehentlich Abonnements für hundert Zeitschriften unterschrieb, die danach Woche für Woche Tanners Geldbeutel und Mülltonnen strapazierten, war fast schon normal und regte Willie nicht mehr als üblich auf. Das richtige Durcheinander entstand erst, als Alf tatsächlich einen Preis gewann ...

Alf eröffnete es ihnen beim Frühstück.

„Willie, Kate, ich muß euch etwas sagen. Diesmal hat der alte Alf wirklich etwas gewonnen."

„Was? Elf Schallplatten für einen Pfennig vielleicht?" fragte Kate anzüglich. Sie handelte sich einen strafenden Blick vom alten Alf ein.

„Keine Spur. Es ist etwas für die ganze Familie. Ponyreiten für Brian, Tennisstunden für Lynn, schickes Abendessen und Tanz für euch beide. Und das Beste ist, der alte Alf hat", er legte eine bedeutungsvolle Pause ein, „einen Toaster gewonnen." Er wedelte mit der Benachrichtigung über die Gewinne. Er hatte eigentlich mit überraschten Schreien des Entzückens gerechnet. Aber nichts dergleichen. Ein Rudel Seehunde im Supermarkt hätte die anderen wahrscheinlich mehr aus der Bahn geworfen.

Alf schaute enttäuscht in die Runde. „Ich habe von einem Toaster für den alten Alf gesprochen."

„Wir haben es gehört", nickte Lynn gelangweilt.

„Habe ich etwa vergessen zu erwähnen, daß der Toaster sprechen kann", fragte Alf verzweifelt.

Kate nahm ihm das Schreiben ab und las es durch. „Oh, Alf, das ist nur eine Grundstückswerbung. Du bekommst einen Toaster umsonst, wenn du an einem Verkaufsvortrag für Ferienhäuser teilnimmst."

„Laß mal sehen." Willie überflog nun auch den Text. „Mmh, vielleicht ist da auch Ponyreiten mit dabei. Aber es wären auch sieben Stunden Fahrt, um dorthin zu gelangen. Und ich fahre keine sieben Stunden. Tut mir leid.“

„Alf“, wandte sich Brian hilfesuchend an den Melmac, aber Willie kam dem gleich zuvor, indem er laut und bestimmt wiederholte: „Nein.“

Die Dinge wandelten sich zugunsten Brians, als Trevor Ochmonek auf einen Sprung herüberkam und die Benachrichtigung in Willies Händen entdeckte. Eigentlich wollte er Willie nur eine neue Mülltonne schenken, weil dessen eigene einschließlich des ganzen Platzes vor dem Tanner-Haus von Illustrierten überquoll.

Jetzt stellte er erfreut fest: „Hey, du hast auch einen Brief von der Rancho Estate bekommen. Rachel und ich fahren immer zu solchen Veranstaltungen. Da können wir ja diesmal gemeinsam mitmachen.“

„Ich bin nicht an einer Sieben-Stunden-Fahrt interessiert“, blieb Willie bei seinem vorherigen Entschluß.

„Nachbar, du kannst in einer Stunde dorthin fliegen“, überrumpelte ihn Trevor jedoch. „Ohne einen Pfennig. Ein Freund leiht mir über das Wochenende sein Flugzeug.“

Willie hatte keine Ahnung gehabt, daß Trevor ein Flugzeug steuern konnte. Aber Trevor Ochmonek erzählte ihm stolz von seinen Einsätzen in Korea, zog den Pullover hoch und zeigte Willie eine lange Narbe über den Rippen. Die hatte er sich dort bei einer Bruchlandung geholt.

In dem Moment kam Kate ins Zimmer.

„Juihh“, entfuhr es Kate. Der Anblick war nicht gerade ästhetisch. Sie hoffte, Trevor nie in der Badehose sehen zu müssen.

„Also Freitag nacht am Flugplatz“, sagte Trevor und verabschiedete sich.

Als anschließend die ganze Familie auf Willie einredete, die Reise ja zu machen, gab Willie schließlich widerwillig nach. Alf machte sich sofort in sein Zimmer davon, um zu packen.

„Können wir Alf hier alleine lassen?" zweifelte Willie nun doch an der Richtigkeit seines Entschlusses. Denn er hatte keineswegs die Absicht, Alf in ein Hotel mitzunehmen.

„Immerhin hat er seit einem halben Jahr nichts angezündet", beruhigte Kate ihn und sich selbst.

Minuten später erschien Alf im Hawaiihemd, Sonnenbrille und Kamera hingen um den Hals. Er war bereit zum Abflug.

Die anderen offensichtlich noch nicht.

Alf fragte irritiert: „Muß ich etwa alleine nach Rancho Estate?"

„Nein, Alf. Wir fliegen. Du bleibst hier."

Die Antwort von Willie erschütterte Alf bis in die Zehenspitzen.

„Der Brief war an mich adressiert, wenn ihr euch noch erinnert. Seid ihr unter die Nassauer gegangen? Wollt ihr dem alten Alf seine Reise klauen?"

Kate fühlte sich unwohl. So unrecht hatte Alf da ja nicht. Sie meinte unsicher: „Sieh mal, es tut uns sehr, sehr leid, daß wir dich nicht mitnehmen können, aber wir bringen dir auf jeden Fall deinen sprechenden Schmelzofen mit."

„Toaster", murrte Alf ärgerlich. „Das ist ein Ding, wo man Brot hineinsteckt. In einen Schmelzofen schmeißt man Katzen. Und ihr wollt mich wirklich mit unserem alten Toaster hierlassen? Wenn ich mit dem rede, bekomme ich nicht einmal eine Antwort. Es wird ein langes, einsames Wochenende für den alten Alf werden. Fühlt euch deshalb nur nicht schuldig."

„Das tun wir auch nicht", behauptete Willie fest. „Es bleibt dabei. Wir fliegen, du bleibst hier."

„Wenn ihr euch nicht schuldig fühlt, habt ihr mir nicht zugehört", knurrte Alf düster und zog sich beleidigt in sein Zimmer zurück.

So kam der Tag der Abreise und der erste Schock für Willie und seine Familie. Das Flugzeug war nämlich eine reine Frachtmaschine für allerlei Viehzeug, ohne Sitzplätze, außer im Cockpit. Die Tanners mußten sich mit Rachel Ochmonek zwischen ihren Gepäckstücken auf den Boden hocken, nur durch einen Vorhang von einer Ladung Borstenvieh getrennt. Es stank enorm nach Schweinen.

Nur Trevor Ochmonek strotzte zu allem Überfluß vor bester Laune und nervte seine Passagiere zusätzlich mit rauhem Gesang, den er nur einmal für eine Information unterbrach: „Hier spricht Captain Ochmonek. Links sehen Sie die Tujunga-Giftmülldeponie. Ich werde tiefergehen, so daß Sie eine bessere Sicht darauf haben."

„Wir sehen sie hervorragend von hier oben", rief Willie nach vorne. Sorgenvoll schaute er in das bleiche Gesicht von Lynn, der jetzt schon schlecht war.

Sie waren schließlich alle in ähnlich schlechter Verfassung, als die Maschine endlich landete und sie ins Hotel fuhren. Dort erlebten sie dann endlich einmal eine positive Überraschung. Das Hotel und auch ihre Zimmer waren wirklich äußerst komfortabel.

Allerdings hatten sie noch nicht einmal ausgepackt, als bereits ein aalglatter Verkaufsmanager von Rancho Estate hereinplatzte. Sein Name war Bill Loman. Während er ihnen einen guten Aufenthalt wünschte, drückte er einen Knopf an der Wand, und aus einer Klappe sprang ein Projektor, der einen Tonfilm an die gegenüberliegende Wand warf.

Es war ein knallharter Werbespot für den Kauf eines Ferienhauses.

Willie schaltete ihn entschlossen wieder ab und drängte Loman aus dem Zimmer. Aufmunternd meinte er zu seiner immer noch bleichen Familie: „Das ist alles kein Grund, warum wir den Aufenthalt hier nicht genießen sollten. Wochenende ist Wochenende."

Er öffnete die Schlafzimmertür, wo sie ihre Koffer abgestellt hatten – und stand Alf gegenüber.

„Buenos dias", grüßte der Melmac.

Er starrte in überraschte Gesichter, wobei er nicht entscheiden konnte, wie sein Auftauchen ankam. Zumindest bei Kate und Willie könnte man da ins Grübeln kommen. Deshalb ging Alf in die Offensive: „Laßt uns das gleich klären. Freut ihr euch, mich zu sehen, oder nicht?"

Es ging irgendwie unentschieden aus. Während Brian und Lynn die Frage bejahten, Willies Gefühle gemischt waren, verneinte Kate entschieden, als sie nämlich hören mußte, daß Alf sich in ihrem Koffer versteckt hatte und ihre Klamotten zu Hause im Wandschrank hingen.

Und natürlich kam auch der unvermeidliche Trevor noch alle Augenblicke herüber, um sie alle mit seinem Geschwätz zu nerven. Alf mußte dabei jedesmal ins Bad verschwinden.

Schon am nächsten Morgen, in aller Frühe, erwartete die Familie Tanner der nächste Schock. Alf war nicht aufzufinden. Erst nach mehr als einer Stunde später traf er ein: eine Angel und vier Fische über der Schulter.

Willie, der die Nacht über kein Auge zugetan hatte, weil er direkt an der Wand zum Zimmer der Ochmoneks liegen mußte und deren abwechselndes Schnarchen ihm keine Ruhe gegönnt hatte, fuhr Alf entnervt an: „Kannst du mir sagen, wo du warst?"

Alf deutete auf seine Fische. Erstaunt über Willies mangelnde Beobachtungsgabe, fragte er: „Wonach sieht das hier aus? Nach Hasenjagd?"

„Aber jemand hätte dich sehen können", tadelte auch Lynn ihn leise.

„Kein Problem. Vor Sonnenaufgang sind meine Fischgründe völlig einsam. Ich wollte euch mit Katzenwels zum Frühstück am Bett überraschen." Alf ging ins Bad und drehte sich an der Tür noch einmal augenzwinkernd zu Willie um: „Ich will nur schnell die Hasen ausnehmen."

Willie hätte man daraufhin keinen größeren Gefallen tun können, als sofort zur Heimreise aufzubrechen. Kate teilte seine Gefühle besonders, als sie sich von Mrs. Ochmonek ein Kleid leihen mußte, da um sieben Uhr im Speisesaal die große Werbeveranstaltung stattfinden sollte. Kate jammerte, sie sehe in dem Kleid aus wie ein alter Stock in einem Mehlsack, und traf damit so ziemlich den Punkt. Aber es half nichts, sie mußte sich mit diesen altmodischen Fetzen unter die anderen Gäste mischen. Zuckersüß lächelnd nahm sie die Komplimente der unsäglichen Ochmoneks über ihr Aussehen entgegen, obwohl sie sie beide am liebsten erwürgt hätte.

Die Unterhaltung vor Beginn der eigentlichen Veranstaltung bestritten dann Mr. und Mrs. Ochmonek mit einer Diskussion darüber, ob es gut für Trevor wäre, Schellfisch in derartigen Mengen in sich hineinzustopfen – wo er doch dagegen allergisch sei.

Ja, es war ein herrlicher Abend. Willie und Kate wünschten sich zurück nach Hause. Und das sollte schneller in Erfüllung gehen, als sie ahnten.

Oben im Zimmer hatte Alf nämlich inzwischen seinen sprechenden Toaster geliefert bekommen und amüsierte sich köstlich damit. Er toastete wie ein Wahnsinniger. Um ihn herum stapelten sich bereits etwa hundert Scheiben goldgelben Toasts. Aber Alf konnte sich an der monotonen Computerstimme nicht satt hören. Jedesmal, wenn er die Scheiben hineinsteckte und runterdrückte, sagte die Stimme: „Toast unten." Wenn die gerösteten Scheiben heraussprangen, erklang ein: „Toast fertig."

Als ihm zum x-tenmal das Material für sein Vergnügen ausging und die Küche seine telefonischen Bestellungen nun nicht mehr erfüllen konnte, blickte Alf sinnend auf sein Spielzeug und meinte nachdenklich: „So, dann laß uns mal ausprobieren, wie du auf Fisch ansprichst."

Minuten später sah Willie, wie Alf hektisch am großen Speisesaalfenster vorbeiflitzte und kurz danach mit einem Feuerlöscher retour kam. Bei Willie schrillten alle Alarmsignale gleichzeitig. Mit einem Satz war er auf den Beinen und rannte hinaus.

Wieder eine Stunde später befand sich die Frachtmaschine mit Trevor als Pilot und den übrigen Passagieren bereits in der Luft auf dem Nachhauseweg. Alf war hinter dem Vorhang versteckt, diesmal mitten in einer Ladung hämisch lachender Hyänen. Alf starrte sie wütend an.

Vorne sagte Trevor gerade: „Ich sage dir, Tanner. Bisher habe ich immer geglaubt, nur Rockstars werden aus Hotels rausgeworfen."

„Ja", log Willie, „ich weiß nicht, was den Kurzschluß im Toaster verursacht hat. Aber ich werde es herausfinden."

„Jedenfalls hat es bis in den Speisesaal hinunter bestialisch nach verbranntem Fisch gestunken", bemerkte Trevor.

Kurz darauf, während Willie noch mit Schaudern daran dachte, wie er die verkohlten Welse aus Alfs Toaster gezogen und das Hotel gerade noch vor der Einäscherung gerettet hatte, bahnte sich bereits eine neue Katastrophe an. Der verzehrte Schellfisch begann sich bei Trevor zu rächen. Erst fing er an zu phantasieren und verlangte von einem Leutnant McIntosh irgendwelche Koordinaten, da sie sich schließlich über feindlichem Gebiet befänden. Dann konnte er gerade noch die Automatik einschalten, bevor er endgültig zusammenklappte.

Mrs. Ochmonek befand sich zu der Zeit gerade auf der Toilette. Unter den anderen Passagieren brach Panik aus, weil niemand wußte, wie man diese Maschine landete. Alf streckte seinen Kopf durch den Vorhang, um sich darüber zu beschweren, daß ihn diese unverschämten Viecher ständig auslachten.

Er sah Willie über den besinnungslosen Trevor gebeugt und erfaßte sofort die Situation. Kurz entschlossen watschelte er ins Cockpit. Geistesgegenwärtig hatte Kate die Toilettentür blockiert, hinter der Mrs. Ochmonek zeterte, weil sie nicht herauskonnte.

Willie hatte starke Zweifel, ob Alf ein Flugzeug fliegen konnte, wo er doch nicht einmal mit einem Toaster umgehen konnte. Aber immerhin hatte er ja mal ein Raumschiff gesteuert, auch wenn es über seiner Garage abgestürzt war.

„Was ist das für ein Hebel?“ fragte Alf und zog daran.

„Wrrrrr“, machte die Maschine und sackte seitlich weg. Alf hatte die Automatik ausgeschaltet.

Hastig schaltete Willie die Automatik wieder ein, nachdem er sich wieder hochgerappelt hatte. Das Flugzeug stabilisierte seine Lage wieder, genau in Richtung einer Bergspitze, die mit ihnen auf gleicher Höhe lag.

Willie schrie Alf an: „Tu was, tu doch was!“ Dann schloß er die Augen. Er spürte, wie die Maschine steil nach oben zog, und hörte Alfs muntere Stimme neben sich: „Jawoll, so ist's richtig. Drüber und weg.“

Eine Viertelstunde später spritzte auf dem Flughafen von Los Angeles das Bodenpersonal auseinander wie Laub bei einem heftigen Windstoß. Ein nicht angemeldetes Flugzeug schoß aus den Wolken herunter, tatzte mehrmals auf der Landebahn auf und jagte dann quer übers Gelände, bis es mit funkensprühenden Reifen zum Stehen kam.

Die Fluglotsen im Tower wischten sich aufatmend den Schweiß von der Stirn.

Eine Zeitlang durften sich die Tanners dann auch von dem Horrortrip erholen. Dann aber schlug Alf mit seinem Geschick für Katastrophen erbarmungsloser zu denn je. Allerdings sollte er diesmal auch selbst darart ins Schwitzen kommen, daß er sich schon im Melmac-Himmel sah.

Die unheimliche Begegnung mit Rodney, der Küchenschabe, begann für die Tanners am Frühstückstisch, als Alf wieder mal vergessen hatte, daß er dort keine seiner beliebten Überraschungen starten sollte, bevor alle gegessen hatten. Alfs Einfälle waren nämlich oft mehr als unappetitlich.

Diesmal war es besonders schlimm. Alf hatte einen grünen schmierigen Ball aus einer verschrumpelten Tüte gezogen und vor sich auf den Tisch gelegt. Liebevoll betrachtete er jetzt sein Dessert.

Lynn, die neben ihm saß, wurde sofort von Ekel gepackt, und Kate schob ebenfalls ihren Teller weit von sich und verzog angewidert das Gesicht.

Alf, der die Situation falsch einschätzte, erklärte freudig, daß es sich hier um einen Schlammball von Melmac handelte. Er habe für alle genug davon in seinem Raumschiff gefunden, gerade noch rechtzeitig, bevor sie verdarben. Er habe die Dinger damals in Eds Bäckerei gekauft, plauderte Alf munter weiter, weil der immer eine kleine Überraschung mit in die Tüte packte.

Lynn wurde daraufhin doch neugierig und nahm die Tüte mit spitzen Fingern an sich. Vorsichtig schaute sie hinein und ließ sie zugleich wieder mit einem spitzen Schrei zu Boden fallen. Dort kroch ein kleines Lebewesen heraus, das Brian mit Kennerblick als Küchenschabe einordnete. „Sie hat blaue Augen“, rief er erstaunt.

„Überflüssig zu sagen, daß ich hiermit zum letzten Mal bei Ed eingekauft habe“, stellte Alf daraufhin fest. Er hatte aber bei Kates Blick nicht das Gefühl, daß die Angelegenheit für sie damit erledigt war.

Damit lag er durchaus richtig. Bei der anschließenden hitzigen Diskussion verlangte Kate energisch den Tod des unappetitlichen Viechs. Willie hingegen plädierte dafür, sie einzufangen und zu beobachten, weil sie ein einzigartiges Exemplar aus einer fremden Welt war, ähnlich wie Alf.

Der Melmac machte auf beleidigt und wehrte sich dagegen, mit einer Küchenschabe verglichen zu werden.

Lynn schlug vor, die Schabe weder zu killen noch einzufangen, sondern im Garten auszusetzen, und Willie überlegte, ob Küchenschaben in Gefangenschaft Pfannkuchen fressen würden. Zu den anderen gewandt meinte er: „Ich packe sie in eine Schachtel und lege einen Pfannkuchen dazu. Aber ihr seid mir in meiner Anwesenheit dafür verantwortlich, daß Alf ihr nicht das Fressen klaut."

Kate erinnerte daran, daß Küchenschaben ekelhafte Kreaturen seien und vernichtet gehörten. Sie holte das Ungezieferspray. Brian verlangte eine Feuerbestattung, wenn man die Schabe schon töten müßte. Willie beharrte nach wie vor darauf, das Viech zu studieren. Doch Alf erinnerte ihn daran: „Wir waren beim Thema Pfannkuchen. Wolltest du nicht welche besorgen?"

Kate ließ mittlerweile die Diskussion kalt. Sie versprühte die halbe Ungezieferdose über die Schabe, schüttelte sich noch einmal angeekelt und brachte das Spray ins Badezimmer zurück.

Willie und Alf lagen sich inzwischen wegen der Pfannkuchen richtig in den Haaren. Alf hatte ihn so verstanden, daß in Kürze eine neue Lieferung anstand, während Willie behauptete, dies keineswegs gesagt zu haben.

Schließlich fauchte er Alf an: „Hör jetzt auf mit deinen Pfannkuchen. Wir sind hier, um herauszufinden, was wir mit der Schabe anfangen sollen."

Alf stieß mit einem Fuß wütend die Tüte weg, um dann mit einem Blick seelenruhig festzustellen: „Warum? Sie ist schon weg."

So war es tatsächlich. Kate wurde bleich im Gesicht. Eine Zimmerschabe trieb sich nun unkontrolliert in ihrem Haushalt herum, obwohl sie eigentlich hätte tot sein müssen. Lynn erwog dagegen ernsthaft die Möglichkeit, daß die Schabe sich zurückgezogen hatte, um in Würde zu sterben. Alf verabschiedete sich währenddessen in die Küche, um auf Willies Rechnung Pfannkuchen zu bestellen. Der hingegen forderte den Rest der Familie dazu auf, sich auf die Suche nach der verlorengegangenen Schabe zu machen. Kurz darauf traf er im Flur auf einen sichtlich aufgeregten Alf, der ihm zuwinkte.

„Pssst, Willie. Ich muß dir was sagen", flüsterte der Melmac.

„Schon gut, Alf, meinetwegen bestell dir Pfannkuchen", erlaubte ihm Willie großzügig, um dieses leidige Thema endlich zu beenden. Aber Alf zog ihn zu sich hinunter und brachte seine Schnauze dicht an Willies Ohr.

„Das ist nicht der Grund, warum ich ‚pssst' sagte."

„Warum sagtest du dann ‚pssst'?" wollte Willie wissen. Der Melmac begann schon wieder, ihn zu nerven.

Alf schauderte. „Weil ich Kate nicht erschrecken will, und ich glaube, sie würde erschrecken, wenn sie von einer dreißig Zentimeter langen Küchenschabe hörte."

Willie starrte ihn ungläubig an.

Alf starrte zurück. Dann nickte er gewichtig und erklärte: „Ja, Old Blauauge ist zurückgekommen."

Zehn Minuten später hatte Kate die Koffer für sich und die Kinder gepackt. Sie wollte mit ihnen so lange bei ihrer Mutter bleiben, bis man ihr den Leichnam der Schabe vorzeigen würde.

Willie beteuerte, er habe inzwischen todesmutig eine ganze Spraydose auf die Schabe verwendet, und Alf erklärte, er hätte den Kammerjäger verständigt, und die Schabe würde in jedem Fall bereits am Rande des Grabes stehen.

Brian riß das alles zu der traurigen Bemerkung hin: „Armer Rodney!"

Somit hatte die Schabe einen Namen, wenngleich Willie nicht ganz damit einverstanden war, daß Brian sie nach seinem Bruder benannt hatte.

Doch ohne den Beweis für Rodneys Tod war Kate nicht zurückzuhalten. Auch Alf schien seinen eigenen Beteuerungen nicht ganz zu trauen. Willie erwischte ihn gerade noch, wie er hinter den anderen dreien das Haus verlassen wollte.

„Du bleibst hier. Es ist deine Küchenschabe", ordnete er an.

Alf dementierte dies heftig: „Es war meine Küchenschabe, als sie einen halben Zentimeter lang war. Jetzt gehört sie der ganzen Welt."

Alf kuschelte sich auf der Couch nahe an Willie. So warteten sie gemeinsam auf den Kammerjäger.

Alf grübelte und fragte schließlich: „Eh, womit wird der Ungeziefermensch dieses Ding eigentlich bekämpfen?"

Willie zuckte die Achseln: „Ich denke, mit Spray. Warum?"

Alf wackelte bedenklich mit dem Kopf. „Mmh. Wenn du dich erinnerst, fingen wir mit einem Rodney von dieser Größe an." Er deutete mit zwei Fingern einen winzigen Abstand an. „Dann hat ihn Kate besprüht, und eine Minute später war er groß genug, um einen Pullover zu tragen. Ich will mir jetzt nicht vorstellen, welch einen Rodney wir vorfinden können, nachdem du eine ganze Spraydose auf ihn ausgeschüttet hast. Du verstehst?" Alf schaute ihm fragend in die Augen.

Willie schauderte.

„Du hast verstanden", stellte Alf trocken fest. Sie

schwiegen vor sich hin. Aus dem Schlafzimmer drang plötzlich lautes Poltern zu ihnen hinaus.

„Was tut er dort?" fragte Willie leise.

„Was immer er tun will", antwortete Alf leise.

„Es ist besser, du versteckst dich in der Küche", riet ihm Willie.

„Großartig", sagte Alf sarkastisch. „Genau der Ort, wo sich Küchenschaben am liebsten aufhalten. Oder warum, glaubst du, heißen sie so?"

Willie deutete auf den Flur, wo sich auch die Schlafzimmertür befand. „Willst du dich lieber dort verstekken, solange der Kammerjäger da ist?"

„Ich geh' in die Küche", beschloß Alf daraufhin. „Wenn du mich brauchst, ich steh' auf dem Tisch."

Der Kammerjäger war ein junger schlaksiger Bursche mit einem Tank voll Ungeziefervernichtungsspray auf dem Rücken.

„Wo sind sie?" fragte er lässig.

Willie versuchte, ihn auf das Besondere der Situation vorzubereiten, und ging dabei nicht unbedingt geschickt vor. „Im Schlafzimmer. Aber, äh, eigentlich ist es nur eine."

„Eine Küchenschabe ... aha." Der Bursche schaute sich Willie näher an. „Was haben Sie? Eine Art von Phobie?"

„Ja, so könnte man es nennen", bestätigte Willie.

„Na gut, dann geh' ich jetzt hinein und mach' sie alle", meinte der Kammerjäger achselzuckend. Er wurde aber von Willie zurückgehalten, der ihm erklärte: „Den Spray können Sie aber nicht benützen. Wer weiß, welche Wirkung er auf die Schabe haben wird."

Sein Gegenüber musterte ihn nun noch genauer. Dann sagte der Kammerjäger ganz sanft: „Wenn die

Geschichte nicht lügt, dann wird es in erster Linie so wirken, daß die Schabe draufgeht."

Willie wurde nervös, weil ihn der andere nicht richtig zu verstehen schien. Er zerrte an dessen Spraytank herum und sagte: „Im Idealfall, ja. Aber dies ist ein besonderes Exemplar von Küchenschabe."

„Aha, was denn für eines? Ihr Haustier?"

„Benützen Sie auf keinen Fall Ihr Spray", wurde Willie nun energisch und entriß ihm endgültig den Tank.

Der Bursche wich etwas zurück. Er hatte mal gehört, daß man mit Verrückten vorsichtig umgehen und ihnen vor allem recht geben mußte. Deshalb nickte er gleichgültig: „In Ordnung. Soll ich meine Schuhe auch ausziehen, damit ich nicht versehentlich drauftrete?"

„Ich dachte nur, Sie würden die Sache etwas wissenschaftlicher angehen", ärgerte sich Willie.

„Oh, entschuldigen Sie", sagte der Kammerjäger mit ironischem Unterton. „Aber meine Rakete mit Hitzesucher habe ich draußen im Auto. Doch wissen Sie was?" Er griff sich eine Zeitung vom Tisch und rollte sie zusammen. „Ich gehe jetzt hin und erschlag' sie einfach."

Willie seufzte. Sie redeten aneinander vorbei. Er drückte ihm ein Telefonbuch in die Hand und riet ihm resignierend: „Nehmen Sie wenigstens etwas Stärkeres mit. So haben Sie wenigstens eine kleine Chance."

Kopfschüttelnd machte sich der Kammerjäger auf den Weg ins Schlafzimmer.

Alfs Kopf tauchte in der Küchendurchreiche auf.

„Psst, Willie. Hast du ihn gewarnt?"

„Ich habe es versucht. Aber er hat mir nicht geglaubt."

„Dann ist es besser, du machst schon mal die Haustür auf", riet Alf.

Willie tat es. Eine Sekunde später kam ein vor Entsetzen schreiender Kammerjäger mit irrem Blick aus dem Schlafzimmer gerast, riß Willie seinen Tank aus der Hand und schoß ins Freie hinaus.

Willie schloß die Tür wieder hinter ihm. Dann kamen er und Alf überein, daß es besser wäre, sich vorerst zur Beratung in die Garage zurückzuziehen. Dort begann Willie, Fachbücher über Ungeziefervernichtung zu wälzen. Alf hingegen meinte, er würde der Nationalgarde mehr Vertrauen entgegenbringen.

„Ich suche eine Methode, die uns aus den Nachrichten heraushält", machte ihm Willie klar.

Alf kam immer mehr der Verdacht, daß Willie nicht der richtige Mann war, um mit Rodney fertig zu werden. Er hielt Flucht für angebracht und schlug Willie vor, schon mal den Wagen warmlaufen zu lassen. Willie belehrte ihn, daß Panik hier nicht weiterhelfe, sondern nur akribische Forschung.

Alf ergab sich in sein Schicksal. „Also gut, dann laß uns eben dumm herumstehen, lesen und auf das Ende warten. Du handelst genauso wie die Jungs damals in Detroit. Eines Morgens, als sie aufwachten, fanden sie sich dann von Jaffees belagert."

„Jaffees?"

„Jaffees. Blutsaugende Larven, die die Gestalt ihrer Opfer annahmen."

„Nie gehört, daß in Detroit etwas Derartiges passiert ist", bezweifelte Willie diese hanebüchene Geschichte.

„Ich rede von Detroit auf Melmac", sagte Alf.

„Hier steht, daß der beste Weg, Küchenschaben zu vernichten, Borwasser sei", las Willie in dem Moment eine interessante Stelle aus einem der Bücher vor.

Alf orakelte düster: „Das geht schief. Die Jungs in

Detroit haben auch Borwasser verwendet. Danach wurde Detroit in Jaffee-Town umbenannt."

Sie wurden von Trevor Ochmonek gestört, der hereinkam, um Willie mitzuteilen, daß er den Ungeziefertank eines Kammerjägers vor Tanners Haus gefunden hatte. Alf hörte unter dem Tisch mit, wie Trevor weiter erklärte, er habe sich die Freiheit genommen, rund ums Haus zu sprühen. Willies Reaktion darauf war so, daß sie Trevor Ochmonek aufs höchste erstaunte.

„Oh, mein Gott", rief Willie nämlich aus und hetzte zur Garage hinaus. Trevor kratzte sich nachdenklich am Kopf und kam zu dem Ergebnis, daß es besser sei, nach Hause zu gehen und dabei einen Bogen um Tanners Haus und Willie zu machen. Offensichtlich war der wieder mal etwas daneben.

Alf kroch unter dem Tisch hervor und lief Willie hinterher, der gerade ängstlich das Haus durchsuchte. Plötzlich hörte man einen Riesenkrach aus dem Schlafzimmer. Rodney war am Wüten. Das gab Willie den Rest. Er schnappte sich seinen Mantel und sauste zur Tür hinaus, gerade als Alf hereinkam.

„Wo willst du hin?" fragte der Melmac mißtrauisch, weil ihm das Ganze sehr nach Flucht aussah. Aber Willie erklärte ihm, daß er nun alles Borwasser einkaufen wollte, das er kriegen konnte.

Alf sollte solange warten. Der Melmac war darüber keineswegs erfreut. Er fühlte sich wie die Jungfrau im Märchen, die dem Drachen geopfert wird, um das Untier zu besänftigen.

Nun war er also mit Rodney alleine. Alf setzte sich auf die Wohnzimmercouch und redete nervös mit sich selbst.

„Sei stark, sei stark", sprach er sich Mut zu. Ein Poltern aus der Küche machte den Erfolg schlagartig zunichte. Rodney hatte sich also schon vorgearbeitet. Alf zitterte wie Espenlaub im Wind und redete in Richtung Küche weiter: „Hör zu, Rodney. Du willst mich nicht fressen. Ich bin voller Knorpel, und jeder in unserer Familie hat einen strengen Nachgeschmack. Glücklicherweise ist dort, wo du gerade bist, eine Menge gutes Futter. Und wenn du durchhältst: Es sind schon Pfannkuchen im Anmarsch ..." Quiekend fuhr er hoch. Zwei meterlange Fühler tauchten in der Küchendurchreiche auf.

Alf hastete den Flur entlang, hinein in Willies und Kates Schlafzimmer. Er stürzte zum Telefon und schrie hinein: „Hallo, Vermittlung! Geben Sie mir die Feuerwache oder die Polizei oder wen auch sonst. Ist egal. Dies ist ein Notfall. Eine riesige Küchenschabe will mich umbringen ..."

Bebend vor Angst mußte Alf mit ansehen, wie die Schlafzimmertür splitterte und Rodneys Fühler durchbrachen. Sein erster Reflex ließ ihn unters Bett kriechen. Aber als die Tür krachend aus den Angeln fiel, lief er ins Badezimmer und kauerte sich hinter die Tür. Bald darauf hörte er es wieder kratzen und poltern.

„Besetzt", rief Alf in höchster Not und zog sich bis zum stillen Örtchen zurück.

Keine Sekunde zu früh. Die Tür krachte in sich zusammen, und Alf sah das Monster auf sich zukommen. Die Fühler griffen nach ihm.

„Oh, du willst die Toilette benützen", stammelte der gepeinigte Melmac. „Bitte, bitte, ich kenne das Gefühl, wenn es eilt ... Aaaahhhh!" Einer der Fühler hatte ihn gestreift. Alf grabschte sich eine Zahnbürste und focht einen verzweifelten Kampf gegen Rodneys Fühler. Einer schlug ihm seine lächerliche Waffe aus der Pfote.

„Ah", jammerte Alf erneut. „Du bist böse auf die ganze Welt. Ich kann dich verstehen. Wahrscheinlich hast du als Larve zu wenig Liebe bekommen. Ich habe eine Idee. Wir setzen uns hin und nehmen gemütlich ein Glas kaltes Borwasser. Denk darüber nach." Dabei griff er nach einem Parfümflakon und sprühte es Rodney entgegen.

„Ah, ah", rief Alf dabei. „Ist nur ein Scherz. Aber merkst du, wie gut du riechst?"

Rodney, der Schreckliche, war jetzt dicht vor ihm. Alf griff nach dem nächstbesten anderen Flakon und sprühte weiter. Er schloß die Augen, als er Rodneys heißen Atem spürte ...

Als Willie wenig später ins Wohnzimmer eilte, eine schwere Einkaufstüte im Arm, saß Alf auf der Couch und hielt seine Schnauze in eine Illustrierte. Er sah zu Willie auf und begrüßte ihn locker: „Hallo, Willie. Hast du ein paar Pfannkuchen mitgebracht?"

Erst jetzt bemerkte Willie hinter der Couch Rodney. Das Vieh lag auf dem Rücken und streckte alle sechse von sich. Willie war fassungslos. Rondey hatte offensichtlich sein Leben ausgehaucht.

„Alf, wie um alles in der Welt hast du das fertiggebracht?"

Alf hielt ihm den Flakon hin und sagte wie selbstverständlich: „Billiges Parfum, was sonst."

„Das ist das Parfum, das ich Kate zu ihrem letzten Geburtstag gekauft hatte", protestierte Willie.

Alf nickte verstehend: „Ihr hattet damals auch Probleme mit Küchenschaben?"

„Aber woher hast du gewußt, daß es wirkt?" überging Willie die anzügliche Bemerkung.

„Ich habe die Zusammensetzung der einzelnen Wirkstoffe analysiert", erklärte Alf großspurig, „und zusammengefaßt, was ich über die Mentalität von Küchenschaben aus Melmac wußte ..."

„Alf, im Ernst", unterbrach ihn Willie.

„Ich habe Glück gehabt", gab Alf ehrlich zu. „Aber wenn es darum geht, mein Heim zu verteidigen, kann ich zum Tier werden. Ich werde Rodney ausstopfen. Er wird sich gut über dem Kamin machen."

„Kommt nicht in Frage", entsetzte sich Willie. Dann rief er Kate an, daß sie mit den Kindern wieder nach Hause kommen könne.

Natürlich war Alf der unumstrittene Held. Bevor Brian zu Bett ging, besuchte er den Melmac in seinem Zimmer. Alf vermutete, daß er eine Gutenachtgeschichte hören wollte, und bot ihm zur Wahl „Die Prinzessin auf der Erbse" und „Der tapfere Alf und die gigantische Küchenschabe" an. Brian entschied sich für „Die Prinzessin auf der Erbse", weil er die andere Geschichte an diesem Tag von Alf schon mehrmals gehört hatte.

Alf zog eine Grimasse und drückte ihm das Buch in die Hand. „Da, lies es selbst."

Rodney landete bei einem Schrotthändler, der nicht viele Fragen stellte. Alf mußte auf Kates Befehl sein ganzes Raumschiff mit ihrem Parfum desinfizieren, falls sich dort noch eine Schabe herumtreiben sollte.

Durch Alfs heldenhaften Sieg über das Küchenschabenmonster aus dem All war größtes Unheil von den Tanners abgewendet worden. Alle waren Alf dankbar.

In der Folgezeit verhielten sich sämtliche Familienmitglieder auffallend freundlich und zuvorkommend dem Melmac gegenüber. Man las ihm regelrecht jeden Wunsch von den Lippen ab. Nur Alfs wiederholt geäußerter Wunsch nach einem opulenten Katzenmenü als Belohnung für alles überhörte man gelegentlich.

Alles in allem konnte man sagen: Aus dem Melmac war ein Erdenbürger und ein Mitglied der Familie Tanner geworden – allseits beliebt und wohlgelitten.

Bis Kate auf der Küchendurchreiche eine ganz merkwürdige Pflanze bemerkte.

Sie ahnte, daß Alf die angeschleppt hatte. Auch Lynn betrachtete sie gerade interessiert und meinte: „Sieht aus wie eine Art Fliegenfalle." Sie tippte mit einem Kugelschreiber daran.

Alfs Kopf tauchte in der Durchreiche auf. „Sie kommt von der Venus", sagte er.

„Sie kommt sofort aus dem Haus", entschied Kate resolut.

„Hey, warum?" Alf mochte das nicht einsehen. „Es ist nur eine Pflanze. Es macht das Zimmer freundlicher, gibt Sauerstoff, frißt Insekten ..."

„Und Kugelschreiber", bemerkte Lynn jetzt erschrocken.

In Kate kam Bewegung. „Ich hole das Parfum", rief sie aufgeregt.

Willie meldete sich vom Flur: „Und ich bringe das Borwasser zurück und besorge Entlaubungsmittel." Er hastete zur Tür hinaus.

Alf streckte seinen Kopf durch die Küchendurchreiche und grinste faunhaft. Dann murmelte er: „Da tut ihr gut daran. Aber ihr müßt euch beeilen."

Knaur®

Grave, Stephen
Miami Vice – Heißes Pflaster Florida
Sie fahren schnelle Autos, tragen teure Kleidung, haben tolle Mädchen – aber auch einen gefährlichen Beruf: die zivilen Polizisten von Miami Vice. 192 S. [1475]

Miami Vice – Die Klinge
Wieder einmal müssen Crockett und Tubbs, die beiden Detektive von Miami Vice, sich in den Untergrund wagen – und mehr als einmal steht ihr Leben auf Messers Schneide! 192 S. [1477]

Miami Vice – Schnee aus China
Kühl und gelassen und durch nichts zu erschüttern – so kennen Crockett und Tubbs, Detektive bei Miami Vice, ihren Chef Lieutenant Martin Castillo. Doch die eiskalte Oberfläche täuscht…
192 S. [1478]

Miami Vice – Spiel um Rache
Der zweite Roman nach der erfolgreichen Dienstagabend-TV-Serie, die den ARD-Zuschauern die Dallas-Pause verkürzte. 192 S. [1476]

Heim, Peter
Die Schwarzwaldklinik
Roman nach der ZDF-Fernsehserie von Herbert Lichtenfeld. 336 S. [1485]

Die Hochzeit in der Schwarzwaldklinik
416 S. [1486]

Menschen und Schicksale in der Schwarzwaldklinik
432 S. [1487]

von Lichem, Sylvia
Die glückliche Familie
Langeweile kommt in der Familie Behringer nicht vor. Eher schon einmal die Sehnsucht nach einem beschaulichen Wochenende, an dem Maria und Florian Behringer mal nicht für ihre zwei fast erwachsenen Töchter oder das Nesthäkchen Tami da sein müssen… Der Roman zur TV-Serie mit Maria Schell und Siegfried Rauch in den Hauptrollen. 304 S. [1600]

Rentsch, Alexander
Liebling Kreuzberg
Robert Liebling arbeitet als Rechtsanwalt in Kreuzberg, zusammen mit seinem Sozius Arnold, einem jungen Anwalt aus Stuttgart, der mit dem unkonventionellen Stil seines Arbeitgebers gar nicht zurechtkommt… Der Roman zur TV-Serie. 208 S. [1588]

Stevens, Serita Deborah
Cagney & Lacey
Zwei Frauen im harten New Yorker Polizeieinsatz. Sie könnten Schimanskis Schwestern sein: Cagney und Lacey. Und sie sind das außergewöhnlichste Team, das es bei der New Yorker Polizei je gab. Der Roman zur TV-Serie. 288 S. [1440]

Bücher zu Fernsehserien

Knaur

Ephron, Nora
Sodbrennen
Was macht eine Frau mit Kleinkind, wenn sie – im siebenten Monat schwanger – feststellen muß, daß ihr Mann ein Verhältnis hat? Eine Ehetragödie wird zur Komödie, weil die Autorin auch bei den traurigsten Dingen des Lebens die komische Seite nicht aus den Augen läßt. 240 S. [1457]

Lottmann, Eileen
Der Morgen danach
Für Alex, deren Stern am Filmhimmel zu sinken beginnt, ist alles ein Alptraum: nachdem sie ihren Kummer mit Alkohol betäubt hat, wacht sie in einem fremden Bett auf, neben ihr ein fremder Mann – tot. Alex hat nur noch einen Gedanken – Flucht... 160 S. [1544]

McMurty, Larry
Zeit der Zärtlichkeit
Die Geschichte einer Mutter-Tochter-Beziehung. Eine herzergreifende Story, die als Kinofilm mit 4 Oscars ausgezeichnet wurde. 400 S. [1175]

de Navacelle, Thierry
Woody Allen:
Radio Days – Am Drehort
Woody Allen ist einer der berühmtesten Regisseure der Welt. Fünfzehn international erfolgreiche Filme und der Ruf, der kreativste Regisseur seit Charlie Chaplin zu sein, sprechen für sich. Thierry de Navacelle hat ihn bei den Dreharbeiten zu seinem neuesten Film »Radio Days« (Originaltitel) beobachtet. 512 S. [1598]

Osmond, Andrew
Eine demanzipierte Frau
Der vorliegende Roman entstand nach dem Drehbuch zu diesem gleichnamigen Film. 336 S. [1426]

Proffitt, Nicholas
Der steinerne Garten
Die anfängliche Begeisterung zum Vietnam-Krieg hat sich in den USA gelegt. Kritische Stimmen werden laut. Nur Jack läßt sich nicht davon abhalten, an die Front zu gehen. Als er eine engagierte Friedenskämpferin kennenlernt, geraten seine festen Überzeugungen ins Wanken... Ein Film von Francis Coppola. Ca. 256 S. [1529]

Das Buch zum Film

Knaur

Reilly, Claudia
Verbrecherische Herzen
Hazelhurst, eine kleine Stadt, hat ihre Sensation: Babe Magrath hat auf ihren Ehemann geschossen! Ausgerechnet die sanftmütige Babe soll nach einer Waffe gegriffen haben? Nur der beste Anwalt kann ihr helfen – aber das ist Babes Ehemann… 160 S. [1543]

Schulberg, Budd
Schmutziger Lorbeer
Boxmanager Nick Latka hat nur einen Gedanken: Rache! Rücksichtslos beutet er das etwas dümmliche argentinische Boxwunder »El Toro« aus, das Nicks schöner Frau nachstellt. Damit beginnt der menschliche und moralische Abstieg von »El Toro«, der sich in der mörderischen Welt des Sportgeschäftes verstrickt.
336 S. [1342]

Die Faust im Nacken
Wer erinnert sich nicht an Marlon Brando in der Rolle des Terry Malloy und Karl Malden als Priester Barry in der Verfilmung von Elia Kazans »Die Faust im Nacken«? Budd Schulberg schuf nach seinem erfolgreichen Drehbuch diese packende Romanfassung. 352 S. [1341]

Sienkiewicz, Henryk
Quo vadis?
Dieser historische Roman des polnischen Autors Henryk Sienkiewicz gilt als einer der größten literarischen Erfolge der Welt.
336 S. [1360]

Wind, David
Die letzten Tage von Pompeji
Der Roman um Pompeji (in der Fassung von Edward Bulwer-Lytton) ist seit über 100 Jahren ein Weltbestseller. Die fesselnde Darstellung der dramatischen historischen Ereignisse hat bis heute nichts von ihrer Faszination eingebüßt.
320 S. [1235]

Das Buch zum Film

Jugend

Knaur®

Taschenbücher

Band 2267
176 Seiten
ISBN 3-426-02267-2

Weil sein Vater sich ganz der Astrologie widmen wollte, mußte Arvid mit 13 Jahren König werden. Doch Arvid fühlt sich seiner Rolle nicht gewachsen, und mit den Jahren wird er grüblerisch und menschenscheu. Endlich beschließt der Hof, ihn mit dem Leben vertraut zu machen: Ein Prügelknabe soll dem jungen König zur Seite gestellt werden, und verheiraten will man ihn auch. Zum Prügelknaben wird Helge auserkoren, der aufgeweckte Sohn des Scharfrichters. Königin soll Engelke werden. Doch die Hofastrologen können diese Wahl nicht gutheißen. Es geschehen geheimnisvolle Dinge...

Knaur

Bloomingdale, Teresa
Kinder, Kinder!
Teresa Bloomingdale, Mutter von zehn Kindern, erzählt hier alltägliche, verrückte und herzerfrischende Geschichten aus dem Alltag ihrer großen Familie. 288 S. [1242]

Bohn, Heinrich von
Seine Durchlaucht – mein Hund
Flexi ist ein Rauhhaardakkel, wie er im Buche steht: frech, ungehorsam, eigensinnig. Ein Lesespaß nicht nur für Hundebesitzer. 240 S. [1285]

Denuzière, Maurice
Wenn der Hund sich ein Herrchen nimmt
Als Felix von Freunden der Boxerhund Nero anvertraut wird, ahnt er noch nicht, daß dieses eindrucksvolle Tier sein Leben durcheinanderwirbeln wird…
Ca. 144 S. [1493]

Fabel, Renate / Fischach, Hans
Molly im Glück
Heitere Memoiren einer Familienkatze.
Glauben Sie bloß nicht, daß Tiere nicht schreiben und denken können! Der Beweis: diese »heiteren Memoiren einer Familienkatze«, die – restlos von sich überzeugt – ihre kleinen und großen Abenteuer als Mittelpunkt einer Familie schildert.
96 S. mit s/w-Abb. [1260]

Heim, Peter
O Gott, diese Familie
Vor den Toren von München lebt der Arzt Dr. Paul Rapp mit seiner Frau Ulli und seinen Kindern. Heitere und ernste Erlebnisse gestalten den Alltag dieser Familie nie langweilig. 160 S. [1501]

Lang, Othmar Franz
Alle Schafe meiner Herde
Mit gewöhnlichen klerikalen Maßstäben ist er nicht zu messen, der Pfarrer Michael Daun. Dabei hat dieser beherzte Mann Gottes nichts weiter im Sinn, als das Christentum etwas fröhlicher zu gestalten.
192 S. [1296]

Wolf, Klaus-Peter
Waffeln mit Ketchup – Die Kleinfamilie bekommt Zuwachs
Sieben Geschichten von einem entnervten Schriftsteller, seinen rotzfrechen Töchtern, seiner emanzipierten Frau und ihren merkwürdigen Freunden.
160 S. [1406]

Rock'n'Roll und Reihenhaus
Mit Witz, Selbstironie und Sinn für Situationskomik beschreibt Wolf den Alltag einer Kleinfamilie, in der die Elternrolle nach neuen Gesetzen verteilt ist, aber die Probleme meist die alten sind. 144 S. [1246]

Stein, Florian
Vergebliche Liebesmüh'
oder Die Kunst, zu zweit und trotzdem glücklich zu leben. 112 S. [1423]

Heitere Romane

Knaur®

Alle lieben Pumuckl

Wer kennt ihn nicht,
den kleinen, unsichtbaren und vorwitzigen
Hausgeist in der Werkstatt von
Tischlermeister Eder? Die schönsten
Pumuckl-Geschichten
sind in diesen
Knaur-Taschen-
büchern
enthalten.

128 Seiten. TB 2258

64 Seiten. TB 2287

64 Seiten. TB 2285

Bestseller aus dem Loewes Verlag

Das neue Buch über ALF

Rainer Büttner

ALF – Ich will alles!

Wer geglaubt hat, daß ALF, der kleine rothaarige Außerirdische, genauso schnell wieder im All verschwindet, wie er in das Leben der Familie Tanner „eingebrochen" ist, der hat sich getäuscht. ALF denkt gar nicht daran, die Tanners, geschweige denn die Erde zu verlassen. Er hat sich bei seiner Gastfamilie inzwischen gemütlich eingerichtet. Für die bedeutet das: Langeweile ist ein Fremdwort geworden und mit einem ruhigen und beschaulichen Familienleben ist es vorbei. Denn ALF erweist sich geradezu als „Genie" im Aushecken immer neuer absurder Ideen. Ob als Anwalt in eigener Sache oder für andere – immer will er nur das Beste, und stets endet alles im Chaos.

überall wo es gute Bücher gibt